제국의 열두 달

제국의 열두 달

고대 이집트에서 1년 살기

도널드 P. 라이언 지음

우진하 옮김

A YEAR
IN THE LIFE OF
ANCIENT
EGYPT

티인의사유

차례

고대 이집트 연표

초기 왕조
(Early Dynastic Period, c. 3000~2686 BC)

고왕국
(Old Kingdom, 2686~2125 BC)

제1 중간기
(First Intermediate Period, 2160~2055 BC)

중왕국
(Middle Kingdom, 2055~1650 BC)

제2 중간기
(Second Intermediate Period, 1650~1550 BC)

신왕국
(New Kingdom, 1550~1069 BC)

제3 중간기
(Third Intermediate Period, 1069~664 BC)

말기 왕조
(Late Period, 664~332 BC)

프톨레마이오스 왕조
(Graeco-Roman Period, 332 BC~AD 395)

기원전 15세기경
이집트제국

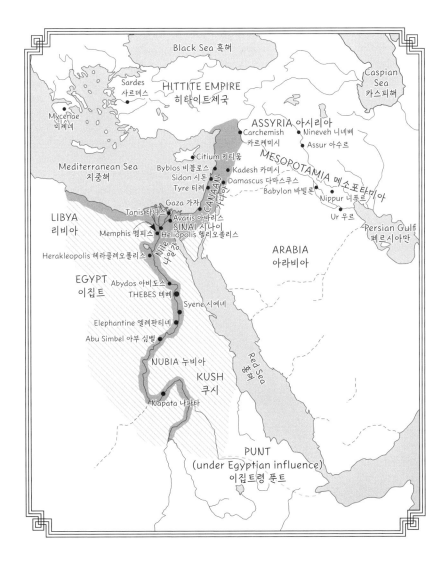

Black Sea 흑해

Caspian Sea 카스피해

Sardes 사르데스

HITTITE EMPIRE 히타이트제국

Mycenae 미케네

ASSYRIA 아시리아
Carchemish 카르케미시
Nineveh 니네베
Assur 아수르

Citium 키티움

Mediterranean Sea 지중해

MESOPOTAMIA 메소포타미아

Byblos 비블로스
Sidon 시돈
Tyre 티레
Kadesh 카데시
Damascus 다마스쿠스
Babylon 바빌론
Nippur 니푸르

CANAAN 가나안

Gaza 가자

Ur 우르

Tanis 타니스
Avaris 아바리스
SINAI 시나이

Persian Gulf 페르시아만

LIBYA 리비아

Memphis 멤피스
Heliopolis 헬리오폴리스

Herakleopolis 헤라클레오폴리스

ARABIA 아라비아

Nile 나일강

EGYPT 이집트

Abydos 아비도스
THEBES 테베
Syene 시에네

Elephantine 엘레판티네
Abu Simbel 아부 심벨

Red Sea 홍해

NUBIA 누비아

KUSH 쿠시

Napata 나파타

PUNT
(under Egyptian influence)
이집트령 푼트

들어가며

고대 역사와 문화에 관해서라면, 이집트는 여전히 강렬한 매력을 지닌 관심의 대상이다. 3,000년이 넘는 세월 동안 큰 번영을 누렸지만, 이제는 그저 지상에 남아 있는 경이로운 흔적만으로 과거의 영화를 추측할 수밖에 없는 현대인으로서는, 이집트문명에 대해 아직까지도 놀라움과 당혹감 그리고 신비스러운 감정을 느끼는 것이다. 이 책은 평범한 일반 백성에서 고위 관료와 왕족에 이르기까지 고대 이집트 사람들의 삶을 12개월이라는 시간에 걸쳐 우리 눈앞에 펼쳐 보인다. 그리고 그 배경은 파라오 아멘호테프 2세Amenhotep II의 즉위 후 26년, 그러니까 기원전 1400년경 무렵이다.

이 책을 통해 펼쳐지는 여러 가지 이야기 속에서 우리는 아멘호테프 2세와 다른 왕족뿐만 아니라, 그의 신하이기도 한 행정관과 군인 그리고 사제로 이루어진 거대한 이집트 관료 집단의 일부도 만나볼 것이다. 통치자와 관료 그리고 상류 계층에 속하는 사람들은 그들의 삶을 후대가 확인할 수 있도록 여러 흔적을 남겨놓았다. 그러나 위대했던 고대 이집트의 문명이 농부나 어부, 벽돌공이나 옹기장이, 양조업자 같은 평범한 일반 백성의 삶에 기반하고 있었음을 잊지 않아야 한다. 이들은 초자연적인 존재가 지켜준다고 믿었던 그 아름다운 땅에서 나름대로 자신들의 삶을 충실하게 이어갔다.

인류학자들이 이야기하는 '복잡한 사회'의 특징을 지닌 문화로서 '문명'을 정의한다면 고대 이집트문명이 시작된 건 기원전 3050년쯤이다. 그리고 이러한 복잡한 사회의 특징에는 관료들의 도움을 받는 통치자, 사회 구성원 사이의 빈부격차 그리고 일반적인 기술자를 넘어서는 장인의 출현이나 궁전과 사원 같은 복잡하고 거대한 건축물 및 문자 체계가 포함된다. 고대 이집트 사람들은 자신들의 문명이 상부 이집트Upper Egypt와 하부 이집트Lower Egypt가 정치적으로 하나로 합쳐지면서 시작되었다고 생각했다. 그리고 여기에서 말하는 상부 이집트는 남쪽의 나일강 계곡을 포함하는 남쪽 지역을 그리고 하부 이집트는 나일강 삼각주를 둘러싸고 있는 북쪽 지역을 의미한다.

지금까지 남아 있는 고대의 기록에 따르면 이집트의 역사는 보통 통치 세력이나 집단에 따라 30개의 왕조로 나뉘며, 또 중요한 '기간'과 세 개의 '왕국'으로 구분되기도 한다. 아울러 이런 시대적 기준에 따라 특정한 인물이나 사건이 출현한 시기를 구분한다. 이른바 '왕국'으로 구분되는 시대에 이집트는 하나의 통일된 국가로서 크게 번영했고, 가장 화려한 문화를 꽃피웠으며, 바로 이 시기에 우리가 잘 알고 있는 여러 거대한 기념비나 기념물이 세워졌다. 그러나 '중간기'를 비롯한 여러 다른 기간에 이집트의 정세는 크게 불안정했고, 외국 세력에 지배를 받는 일도 많았다.

기원전 2686년에 시작해 2125년까지 이어진 고왕국(古王國)은 거대한 석조 건축물인 피라미드가 세워진 시대로 가장 잘 알려져 있으며, 기원전 2055년에서 1650년까지 이어진 중왕국(中王國)은 주로 문학과 미술이 꽃을 피웠던 고전 시대다. 그리고 기원전 1550년에서 1069년까지의 신왕국(新王國) 시절 이집트는 영토의 크기도 크기려니와 주로 남쪽과 동쪽의 훨씬 넓은 지역에까지 영향력을 크게 떨치며 제국의 반열에 올라선다.

이 책의 배경이 되는 시기는 신왕국 세 왕조 중 첫 번째 왕조 시대이며, 이집트 전체 역사로 보면 제18 왕조 시대에 해당한다. 진정한 경이로움과 엄청난 재화가 가득했던 이 시기를 통해, 우리는 전쟁도 불사했던 용맹한 파라오와 최초의 여성 파라오 그리고 종교개혁을 꿈꿨던 이단자 파라오와 '소년 파라오'로 알려진 투탕카멘Tutankhamun 등을 비롯한 특별했던 통치자들을 만날 수 있다. 3,000년이 넘는 세월 동안 이룩된 고대 이집트문명에서 기원전 약 1500년경 시작된 제18 왕조는 그 중간쯤에 위치한다. 기자Giza에 저 유명한 대(大)피라미드가 세워진 뒤 1,000년이 지났을 무렵 그리고 실제보다 더 미화되곤 하는 그리스 혈통의 여성 파라오 클레오파트라Cleopatra가 등장하기 1,000년 전쯤의 일이다.

고대 이집트 사람들은 오늘날 사람들이 사용하는 달력과 크게 다르지 않은 날짜 계산 방식을 바탕으로 일상생활을 꾸려나갔다. 이들에게는 1개월이 30일, 1년이 12개월로 이루어진 달력이 있었다. 하루는 24시간이었으며, 세 시기가 각각 4개월씩 이어졌다. 거기에 1년은 365일이라는 자연적 주기와 거의 일치하도록 닷새가 더 추가되기도 했다. 고대 이집트에서 세 시기란 7월 중순에서 11월 중순까지 이어지는 나일강의 범람 시기, 11월 중순에서 3월 중순까지인 파종과 재배의 시기 그리고 마지막으로 3월 중순에서 이듬해 7월 중순까지 연결되는 수확의 시기를 뜻한다. 지금과 마찬가지로 가을과 겨울에 해당하는 시기에는 낮은 꽤 쾌적했지만 저녁에는 약간 쌀쌀했으며, 봄부터 차차 기온이 올라가기 시작해 여름에는 뜨거운 무더위가 이어졌다.

축제처럼 매년 열리는 여러 행사는 특정한 계절이나 시기에 달이 움직이는 주기에 맞춰 시작 날짜가 정해졌으며, 거기에 각각 파라오의 이름을 더해 기록했기 때문에 구체적으로 어떤 날에 어떤 행사가 있었는지 확인할 수 있다. 예를 들어 '파라오 투트모세 3세Thutmose III 치세 15년, 파종과 재배의 시기 그 세 번째 달의 다섯 번째 날'로 기록하는 식이다.

이 책에 등장하는 몇몇 사람은 아멘호테프 2세와 왕족들을 비롯해 그의 후계자인 투트모세 4세와 관료들처럼, 기록이나 유적을 통해 잘 알려져 있고 역사적으로도 확실하게 증명된 인물들이다. 그러나 고대 이집트 문명을 지탱했던 수많은 일반 백성의 삶이 구체적으로 어떠했는지 여전히 정확하게 알 수 없다는 것도 분명한 사실이다. 파라오가 거대한 조각상이나 건축물을 통해 자신의 업적을 알리는 동안 부유한 관료들 역시 나름대로 기념물을 남기고 자신들의 치적을 기록했다. 반면에 평범한 농부나 기술자는 그런 기록을 남기기는커녕 아예 문맹에 가까웠고 스스로의 삶을 알리는 일에도 무심했지만, 여전히 고대 이집트 사회에서는 절대적으로 중요한 위치를 차지했다.

우리가 알고 있는 이집트 문화에 대한 지식은 대부분 지금까지 남아 있는 사원이나 묘지 그리고 종교와 관련된 기념물로부터 얻은 것이다. 고대 이집트 사람들은 자신들의 영생을 기원하며 이런 건축물과 기념비를 세웠지만, 그들 삶의 극히 일부분에 대해서만 지금까지 전해질 뿐이다. 또 고고학적 유물이나 흔적은 세월의 풍파와 관련해 환경적으로 더 유리한 이집트 남부 지역에서 주로 발견되기 때문에, 매년 정기적으로 범람하는 나일강 유역에서 진흙으로 빚은 벽돌로 작은 집을 짓고 살았던 또 다른 고대 이집트 사람들에 대해서는 거의 알 수 없다. 그러나 다행히 몇 군데 특별한 공동체의 흔적이 남아 있어 흥미로운 이야기들을 전한다. 그중에는 신왕국 시대에 피라미드를 건설하기 위해 모인 인부들의 마을이 있는가 하면, 그보다 더 오래전 또 다른 피라미드를 세웠던 인부들을 위한 편의시설도 있다. 이런 마을이나 시설들은 다행히 나일강의 범람으로부터 충분히 안전한 위치에 자리하고 있었다. 다시 말해, 고대 이집트 사람들의 삶에 대한 우리의 지식은 그렇게 다양하지 못하며, 고대 이집트 사회 전체의 평균적인 모습을 이해하기에 부족하다.

고대 이집트는 상대적으로 교육을 받은 소수의 사람만이 글을 읽고 쓸 수 있는 문화였기 때문에 고대의 생활에 대한 여러 가지 귀중한 통찰력을 제공해주는 비문(碑文)이나 다른 기록을 손에 넣을 수 있는 건, 고고학자들로서는 커다란 축복이다. 상형문자를 비롯한 고대 이집트문자를 어느 정도 정확히 해석하게 되면서 고대 이집트의 역사·경제·종교·개인의 문제에 대한 정보를 바탕으로 그들의 정신과 사고방식을 엿보는 게 가능해졌다. 또한 이집트를 연구하는 고고학자들은 오래전 이집트를 찾아왔던 외국의 방문객들, 특히 그리스와 로마 사람들이 이집트에서 겪은 일을 기록한 일부 자료를 통해서도 많은 도움을 받았다. 물론 그들의 기록조차 이 책의 배경과 비교하면 시간적으로 훨씬 더 우리가 살고 있는 현대에 가깝지만 말이다.

1년이라는 시간을 중심으로 펼쳐지는 이 책의 이야기에서 사건 대부분은 고대 이집트에서도 가장 중요한 도시이자 수도였던 지금의 카이로 근처에 있는 멤피스Memphis와 그보다 더 남쪽에 있는 테베Thebes를 배경으로 한다. 특히 테베는 종교적으로 대단히 중요한 도시였으며, 다양한 모습과 규모의 신전과 사원이 지금도 무수히 남아 있다. 만일 지금 멤피스를 찾아간다면, 진흙 벽돌로 빚은 마을의 빛바랜 흔적 속에서 고대의 영광을 떠올리기란 그리 쉽지 않을 것이다.

그러나 비록 쇠락하기는 했어도 테베가 있던 자리에는 여전히 많은 사원이 남아 있고, 수많은 고관대작의 묘지가 인접해 있다. 그곳의 벽화에는 이상적으로 그려낸 일상생활의 모습이 담겨, 시대상을 가늠할 통찰력을 제공한다. 그러나 주로 사원이나 묘지가 남아 있다고 해서 고대 이집트 사람들이 종교나 내세에 집착했다고 생각해서는 안 된다. 그들이 신들과의 관계를 진지하게 생각한 건 분명하지만, 그런 쪽으로만 관심을 기울인 건 아니다. 고대 이집트 사람들은 분명 죽음보다는 현재의 삶에 더 몰두했으며, 다만 자신들이 사랑하는 아름다운 땅처럼 아무런 고통이나 괴로움 없는 모습으로 또 다른 세계에서 되살아나기를 간절히 바랐던 것이다.

그저 단편적인 증거만이 산발적으로 발견되었음에도, 고고학자들이나 이집트를 전문적으로 연구하는 학자들은 고대 이집트인들의 삶이 어떠했는지 어느 정도는 이해할 수 있었다. 물론 우리의 생각이 완벽하게 정확하거나 오류가 없다고는 확신할 수 없지만, 이 책에 고대 이집트 사회라는 경이로운 시대를 살았던 사람들의 단면을 펼쳐놓음으로써 그 특별하고 흥미로웠던 1년의 다양한 모습을 그려나갈 것이다. 피라미드를 비롯한 묘지와 미라 그리고 보물에 매료된 수많은 사람이 고대 이집트인에게 경외심을 품었지만, 이 책을 읽는 독자는 곧 그들 역시 보통의 인간이었다는 사실을 깨닫게 될 것이다. 비록 수천 년이라는 시차가 있지만, 그들 역시 지금의 우리와 마찬가지로 온갖 희로애락(喜怒哀樂)을 경험하며 살아갔다.

이 책은 고대 이집트가 번영하던 시기에 대해 독자가 쉽게 이해할 수 있도록 풀어 쓴 일종의 역사 소설이다. 우리가 이미 알고 있는 지식에 새롭게 창작한 이야기가 더해졌다. 앞서 언급한 것처럼 고대 이집트 사람들은 대부분 글을 읽거나 쓰지 못했고, 그런 일반 백성들의 진짜 모습은 다른 사람들이 관찰자로서 남긴 기록이나 상류층의 묘지에 새겨진 일상생활에 대한 이상적인 묘사, 고고학적 자료와 관련된 해석을 제외하고는 대부분 제대로 전해지지 못했다. 현대인들은 이름 없는 민초보다는 이집트를 지배했던 통치자나 상류층에 대해 더 많이 알고 있으며, 그런 정보조차 완벽하지 않다.

따라서 이 책에 등장하는 이야기들은 어느 정도 추측을 근거로 한다. 예를 들어, 투트모세 4세의 승계 과정과 관련해 논란이 있었다는 사실은 분명하지만, 이 책에서는 확실한 증거가 부족해 정확히 확인할 수 없는 그럴듯한 이야기를 제시하고 있다. 또한 우리는 투트모세 4세의 아버지인 아멘호테프 2세의 미라를 조사했음에도, 아직까지 구체적인 사망 이유를 밝혀내지 못했기에 그가 왜 갑자기 세상을 떠났는지 여전히 추측만 하고 있을 뿐이다.

다른 이집트 학자라면 고대 이집트에서 보내는 1년의 시간에 대해 또 다른 인물과 상황을 만들어내 자신만의 설명을 시도했겠지만, 이 책에서는 나의 개인적인 지식과 경험을 바탕으로 한 이집트 이야기를 읽게 될 것이다. 이 책을 읽는 독자가 그 안에서 새로운 정보를 찾아내고, 흥미와 재미를 아울러 느낄 수 있게 되기를 바란다.

Chapter

1

나일강이
흘러넘치면,
그 첫 번째 달

마을의 농부
바키

달빛 하나 없는 어두운 밤, 별빛이 점차 희미해지더니 이윽고 하늘은 옅은 잿빛을 띠었다. 아주 조금씩 날이 밝아오자, 수십여 마리의 서로 다른 새들도 잠에서 깨어나 이제 곧 벌어질 거대한 변화를 기대하듯 지저귀기 시작했다. 잿빛 하늘은 희미한 분홍빛으로 색을 바꾸고, 야자수를 비롯한 아카시아와 저 멀리 보이는 산의 어슴푸레한 윤곽이 서서히 선명해지며 주변의 풍광이 조금씩 드러났다.

모로 누워 있던 바키는 잠에서 깨어났다. 농부인 그는 이른 시간에 눈을 뜨는 것에 익숙했다. 끙, 소리를 내며 몸을 뒤척였지만, 이제는 자리에서 일어나야 할 시간이었다. 방 한쪽에서는 두 아이가 여전히 몸을 웅크린 채 잠들어 있었지만, 아내 무투이는 역시나 먼저 일어나 밖에서 집안일을 하는 중이었다.

바키의 귓가에 그녀가 하루 일과를 시작할 때 부르는 부드러운 노랫소리가 들려왔다. 무투이는 널찍한 헛간에 놓아둔 곡물 광주리 안에서 밀알을 한 움큼 집어 들고는 깨끗하게 닦아놓은 돌판 앞에 무릎을 꿇고 앉았다. 밀알을 갈아 가루로 만들기 위해 매끈한 돌로 두드리고 긁어대는 경쾌한 소리는 매일 아침 떠오르는 태양의 빛과 온기만큼이나 편안한 기분을 느끼게 해주었다. 아마도 사람들은 이런 풍경이 매일 계속되기를 바라고 있으리라.

왠지 모르게 두근거리는 마음으로 몸을 일으킨 바키는, 여전히 뻑뻑한 눈을 껌뻑이며 자신의 소박한 집 앞에 놓인 긴 벽돌 의자에 자리를 잡고 앉았다. 눈앞에서 펼쳐지는 하늘의 극적인 움직임을 바라보다가 곧 기도를 드리기 시작했다. 그러는 사이 찬란하게 빛나는 따뜻한 구체가 지평선 위로 그 영광스러운 모습을 완전히 드러내더니, 이윽고 하늘 위를 가로지르기 시작했다. 거의 매일 이렇게 밝고 따뜻한 아침을 맞이해왔음에도, 늘 간절한 마음으로 기도와 경배를 올리지 않으면 그토록 아끼는 비옥한 땅이 추위와 어둠 속에서 죽어갈 수도 있다는 사실을 바키는 잘 알고 있었다.

얼마 지나지 않아 태양의 신, 라Ra의 현신(現身)인 뜨겁게 타오르는 구체가 지평선 위로 완전히 떠올랐다. 그것을 본 그는 안도의 한숨을 내쉬었다. 12시간 전쯤 서쪽으로 모습을 감췄던 라는 밤 동안 저승에서 온갖 위험과 어려움을 물리치고 무사히 살아남아 새로운 날이 밝아왔음을 선언하며 의기양양하게 다시 모습을 드러낸 것이다.

단 한 번도 라가 모습을 드러내지 않은 적은 없었다. 그건 이집트의 통치자이자 모든 사제의 우두머리인 아멘호테프 2세의 주재 아래, 이집트

각지의 신전과 사원에서 수많은 사제가 제사를 드리는 덕분이었다. 바키는 사제들이 맡은 바 소임을 틀림없이 잘 해내고 있다고 생각했다. 각기 다른 이름과 형태로 나타나는 이 태양의 신을 향한 제사는 이집트 전역에서 끊임없이 이어지고 있었다.

태양의 신 라는 다양한 모습으로 알려져 있었다. 우선 불타오르는 원반을 머리에 짊어지고 낮 동안 천천히 하늘을 가로질러 나는 거대한 매, 라 호라크티Ra-Horakhty가 있다. 때로는 거대한 풍뎅이가 매를 대신하기도 했다. 이 풍뎅이는 지상에 살고 있는 친척인 쇠똥구리가 알을 품은 쇠똥덩어리를 앞으로 굴리면서 움직이듯, 역시 불타오르는 거대한 원반을 조금씩 서쪽으로 밀고 나간다. 그리고 여러 신을 태우고 하늘을 동서로 가로지르는 거대한 배의 모습이나 생명을 잉태하는 빛을 여러 갈래로 뿜어내는 원반인 아톤Aton도 있다. 그렇지만 태양의 신 라의 가장 강력한 또 다른 모습은 바로 아문 라Amun-Ra가 아닐까. 아문은 원래 눈에 보이지 않는 공기의 신이었는데, 그 아문이 라와 하나로 합쳐지면서 지금은 이집트의 모든 신을 압도하는 최고의 신이 되었다.

확실히 요즘은 사방에서 아문 라를 떠받들었다. 아문 라의 신전과 사원들은 규모가 크고 재물이 넘쳐흘렀으며 사제들도 셀 수 없이 많았다. 심지어 이집트의 파라오에게는 '아문 신께서 만족해하신다'라는 뜻의 아멘호테프라는 이름까지 주어졌다. 그렇지만 이집트에는 이렇게 강력한 아문이나 라 말고도 생명과 죽음을 포함해 인생의 모든 부분을 대표하는 수백이 넘는 남신과 여신 그리고 정령이나 악마가 있어서 사람들에게 숭배와 두려움의 대상이 되었다. 예를 들어 암소의 모습을 한 하토르Hathor는 다정한 어머니의 모습과 동일시되었지만, 이 하토르가 암사자의 모습을 한 세크메트Sekhmet로 바뀌면 같은 어머니라도 잔혹하고 무서운 존재가 되었던 것이다. 지혜와 기록의 신인 토트Thoth의 변신은 더 흥미롭다. 토트 신은 인간에게 도움을 줄 때는 개코원숭이의 모습으로, 그 반대일 때는 따오기의 모습으로 나타난다.

그 밖에도 세트Seth는 혼돈을 대표하며 마트Maat는 안정을 대표한다. 물론 이승이 아닌 저승에도 영적 존재들이 많았다. 오시리스Osiris 신은 온갖 악당과 사악한 생물이 가득한 저승 세계를 다스리며, 이승을 떠나 저승으로 온 자들을 심판한다. 태양의 신 라는 매일 밤 이 저승 세계에서 자신을 죽이려는 거대한 뱀인 아포피스Apophis와 싸워야 했다. 신들은 인간의 모습은 물론 동물로도, 또 인간의 몸에 동물의 머리가 있는 등 다양한 모습으로 묘사되었으며, 설사 상형문자를 읽을 수 없는 사람이라도 그 머리 모양을 통해 조각이나 그림 속에 있는 신들을 구분할 수 있었다.

● 고대 이집트의 신들. 왼쪽부터 아문 라, 오시리스, 이시스, 하토르, 그리고 베스.

농부 바키는 고된 육체노동에 쉴 새 없이 시달려왔지만 자신의 땅을 진심으로 사랑했다. 방금 추수가 끝난 드넓은 밭을 둘러보며 그는 그 아름다운 모습은 물론, 풍부한 수확물에 대한 깊은 감사의 마음을 느꼈다. 바키의 밭은 남쪽에서 시작해 북쪽으로 구불구불하게 이어져 거대한 녹색의 바다로 흘러들어가는 장대한 강줄기를 따라 길게 펼쳐져 있었다. 이집트에서는 지중해를 '녹색의 바다'라고 불렀지만, 바키는 한 번도 실제로 본 적이 없었다. 세상은 물이 위와 아래에서 평평한 땅을 둘러싸고 있는 모습이라고 생각했던 고대 이집트 사람들은, 나일강이 저 멀리 남쪽 어딘가에 있는 아래쪽 물에서부터 시작된다고 굳게 믿었다.

이집트라는 이름의 유래

❀

'이집트Egypt'라는 영어 이름은 멤피스에 있는 프타Ptah 신의 신전 이름인 '후트 카 프타Hut-ka-Ptah'에서 유래한 것으로 보인다. '프타 신이 머무는 곳'이란 뜻을 지닌 후트 카 프타는 그리스에서 아이깁토스Aigyptos로 알려졌고, 이것이 라틴어로 아이깁투스Aegyptus, 프랑스어로 레집트L´Égypte, 독일어로 에큅튼Ägypten으로 불리게 되었다. 오늘날의 이집트 공화국을 부르는 이집트 표준 아랍어 이름은 마스르Masr로, 원래는 요새나 국경을 의미하는 말이다. 기원전 4세기경 그리스는 이집트를 자신들의 식민지로 삼은 뒤 많은 이집트

도시에 그리스식 이름을 붙였다. 예를 들어, 와세트Waset는 테베Thebes가 되었고 멘 네페르Men-nefer는 멤피스Memphis가 되었다. 서기 7세기경에는 다시 이슬람 문화가 자리를 잡으면서 일부 지역은 새로운 이름을 얻었고, 테베는 현재 룩소르Luxor라는 이름으로 불린다.

나일강은 그야말로 경이로움 그 자체였다. 대부분 나일강의 수위(水位)는 몇 개월에 걸쳐 높아졌다 낮아지기를 반복했고, 그러는 사이 검고 비옥한 부식토나 부엽토가 밀려 내려와 밭의 지력(地力)을 충분히 높여주었다. 밀이나 보리, 아마(亞麻)와 같은 이집트의 주요 농작물을 재배하기에 최적의 환경이 조성되는 것이다. 이런 나일강의 정기적인 범람과 그로 인한 풍요로운 결실 때문인지 바키를 비롯한 이집트 사람들은 나일강 주변의 땅을 '케메트Kemet', 즉 '검은 땅'이라고 불렀다. 수많은 사람이 넉넉하게 먹고 살 수 있을 정도로 걸고 기름진 땅이라는 뜻이었다.

대단히 드물게 일어나기는 했지만 강물이 너무 크게 불어나면 애매한 위치에 자리 잡은 마을들이 위협을 받기도 했으며, 반대의 경우에는 기근을 경험하기도 했다. 나일강 근처 여기저기에 세워진 거대한 곡물 창고들은 그런 기근이 결코 무시할 수 없는 위협이 된다는 증거였다. 넉넉한 풍채에 머리에서는 파피루스가 자라고 있는 하피Hapi 신은 나일강의 정기적인 범람을 상징했으며, 그래서 사람들은 하피 신이 늘 만족스러운 기분을 유지하기를 바랐다.

이집트문명의 토대, 나일강

❦

고대 이집트 사람들은 나일강을 그저 '강'이라고만 불렀다. 아마도 이집트에서 가장 널리 알려진 유일한 강이었기 때문일 것이다. 중앙아프리카의 호수들과 에티오피아의 고원지대에서 시작되는 나일강은 그 길이만 6,600킬로미터가 넘으며 세계에서 가장 길다. '나일Nile'이라는 이름은 그리스어로 강가의 계곡을 뜻하는 '네일로스Neilos'에서 유래했다. 메소포타미아와 이집트를 포함한 여러 고대문명은 주로 거대한 강 주변에 형성된 농업사회를 중심으로 발전했는데, 이집트문명의 경우 비옥한 토양을 만들어주는 나일강의 정기적인 범람으로 인해 수천 년 동안 발전과 번영이 이어지는 이상적인 환경이 조성되었다.

나일강은 주변의 땅을 기름지게 만들었을 뿐만 아니라 물고기와 새, 갖가지 식물처럼 유익한 먹을거리와 물자를 사람들에게 제공했다. 남쪽에서 시작해 북쪽으로 흘러가는 나일강은 일종의 자연이 만든 도로 역할을 했지만, 바람은 주로 그 반대 방향으로 불었기 때문에 남쪽으로 여행하는 사람들은 돛을 세워 배를 움직였다. 나일강 주변은 늘 활기가 넘쳤고, 어부를 비롯한 수많은 사람이 일하는 모습으로 분주했다. 각기 다른 크기의 수많은 선박은 강물의 흐름과 바람을 따라 남북으로 쉴 새 없이 오고 갔다.

나일강 동쪽에는 주로 황량한 사막과 산이 흩어져 있었는데, 이집트 사람들은 이곳을 '붉은 땅'이라고 불렀다. 나일강 서쪽 역시 이와 비슷하게 물이 거의 없는 거칠고 광활한 땅이 펼쳐졌지만, 흔히 오아시스라고 부르는 크고 작은 물웅덩이들이 있었다. 나일강 동쪽 땅에서는 질 좋은 석재와 금광석을 캐내고 다듬는 작업이 활발하게 이루어졌으며, 이 척박한 땅을 가로지르면 남쪽의 이국적인 땅으로 연결되는 거대한 바다, 홍해 Red Sea로 나갈 수 있었다. 수백만에 달하는 이집트 사람들은 대부분 나일강 기슭이나 여러 지류 사이에 있는 검은 땅에 수백 개가 넘는 마을과 대규모의 중심지를 이루고 살아갔다.

바키를 비롯한 이집트 사람 대부분은 글을 몰랐다. 그럼에도 자신들이 살고 있는 이 세상이 어떻게 만들어졌는지만큼은 장로들로부터 배워서 알고 있었다. 태초에 공허 속에서 아툼Atum이라는 이름의 신이 나타났다. 아툼이 나타난 곳은 해마다 범람하는 나일강의 물이 빠져나간 들판과 비슷한, 태고의 끈적거리는 흙더미 속이었다. 일종의 창조신이기도 한 아툼은 남매지간이기도 한 공기의 신 슈Shu와 물의 신 테프누트Tefnut를 창조했으며, 이들은 또 서로 짝이 되어 하늘의 신 누트Nut와 땅의 신 게브Geb를 낳았다. 모두 이 세상이 만들어지고 생명이 지속되는 데 꼭 필요한 요소였다.

그리고 그보다는 훨씬 더 인간에 가까운 또 다른 신들도 탄생했는데 그들이 바로 오시리스와 그의 누이이자 아내인 이시스, 또 세트와 네프

티스Nephthys다. 이들 사이에는 얼마나 많은 인간적인 이야기가 펼쳐졌는지! 또 다른 신인 크눔Khnum은 옹기장이가 사용하는 물레로 인간과 영혼을 창조했으며, 그렇게 태어난 인간들은 나일강을 따라 자리를 잡고 번영을 이루게 되었다. 이 모든 사건은 까마득할 정도로 아주 오래전에 일어났지만, 신들은 여전히 놀라울 정도로 활발하게 활동하고 있었다. 이 세상이 계속 유지되는 데 가장 중요한 역할을 하는 신은 오시리스와 이시스 사이에서 태어난 호루스Horus였다. 그리고 이집트를 지배하는 통치자 파라오는 바로 호루스가 인간의 모습을 하고 이 땅에 내려온 것이었다.

바키는 아주 오래전 북쪽 사람들과 남쪽 사람들 사이에 다툼이 있었다는 사실을 들어서 알고 있었다. 북쪽 지방은 지리적으로는 위쪽에 자리했지만, 나일강의 흐름으로 보면 하류에 위치하기 때문에 하부 이집트라고 불렀다. 이 하부 이집트에는 나일강 삼각주를 중심으로 나일강의 지류가 여러 갈래로 흐르는 반면, 상부 이집트에는 비교적 좁고 구불구불한 강줄기와 계곡들이 있었다. 그런데 1,000년 전쯤 상부 이집트의 왕 메네스Menes가 두 지역을 하나로 합치는 데 성공한 뒤로, 이집트의 통치자는 '두 땅의 주인'으로 군림했다.

오늘날 그리스식 이름인 멤피스로 더 널리 알려진 고대 이집트의 수도는, 이 두 땅이 마주하는 지점과 아주 가까운 곳에 전략적으로 세워진 도시였다. 멤피스는 얼마 지나지 않아 방대한 관료 집단이 모인 행정의 중심지이자 파라오가 머무는 곳이 되었고, 수십 명이 넘는 파라오가 차례차례 그 자리를 이어받으며 수백 년 동안 이집트를 다스려왔다. 물론 적어도 두 차례 이상 분열의 위기가 닥쳐오긴 했지만, 그때마다 이집트는 오히려 더 강성해졌다. 이제 이집트의 국력은 너무나 강력해서 원래의 국경선을 훨씬 뛰어넘어 남쪽과 동쪽의 드넓은 지역에까지 영향력을 행사하기에 이르렀다. 그리고 이 두 지역에서 들여오는 물자들이 바로 이집트가 자랑하는 막대한 부의 원천이었다.

이집트 민족의 정체성

고대 이집트에서 찾아볼 수 있는 국수주의적 성향은 인종이나 피부색이 아니라 민족성을 기반으로 했다. 근동 지역의 여러 문화권과는 다르게, 이집트문명은 지리적 상황으로 인해 다른 문명들과 상대적으로 고립된 상황에서 발전했다. 동쪽과 서쪽, 남쪽의 사막과 북쪽의 지중해는 자연적으로 이루어진 경계선과 장벽을 제공했다. 외부인과의 불편하면서도 때로는 폭력적인 만남은 이집트 사람들에게 외부인에 대한 의심과 불안을 부추겼다. 그러나 외부인이라 할지라도 언어와 종교 그리고 정치를 포함해 이집트 문화에 완전히 순응하고 참여한다면 이집트 사람이 될 수 있었다.

바키는 다시 한번 이집트 사람으로 살아가는 게 가장 낫다고 생각했다. 그의 생각에 이집트 밖에서 살고 있는 사람들은 다 어딘지 모자라고 부족했다. 남쪽 국경 너머에 있는 누비아 지역의 쿠시Kush 왕국만 해도 그랬다. 어디를 보아도 믿을 수 없고 무례한 사람들뿐이었지만, 금을 포함한 여러 귀중한 광석과 보석, 진귀한 목재, 신기한 동물 같은 도저히 포기할 수 없는 이국적인 물자들이 가득했기에 어쩔 수 없이 관계를 이어가고 있을 뿐이었다. 이집트에서는 쿠시 왕국을 보며 종종 '사악함'이나 '비루함'이라는 말을 떠올렸으며, 파라오들은 이들을 복속시켜 검은 땅을 개발하고 부를 쌓아 올린 자신들의 치적을 대단히 자랑스럽게 생각했다.

저 멀리 동쪽과 북동쪽 지역에도 비천하게 여겨지는 수많은 사람이 마을과 도시를 이루어 살아가고 있었다. 이들은 언제든 공격과 정복의 대상이 되었다. 가나안과 시리아 같은 지역에 대한 군사 원정은 허드렛일을 대신할 노예라는 값싼 노동력을 포함해, 엄청나게 가치 있는 자원을 획득할 기회였다. 북서쪽에 있는 리비아 지역 사람들 역시 혐오스럽기는 마찬가지였다.

바키는 스스로 참 운이 좋은 사람이라고 생각했다. 바키와 그의 가족은 테베 근처 마을에 살고 있었다. 테베는 이집트 남부의 종교 중심지이자 파라오가 멤피스를 떠나 왕국을 돌아볼 때 찾아오는 위대한 도시였다. 테베의 분위기는 늘 떠들썩했다. 항구에서는 선박들이 수시로 드나들며 수많은 화물을 싣고 내렸고, 이집트는 물론 외국의 관료나 사절들도 쉴 새 없이 드나들었다. 테베의 수호신이지만 사실상 이집트 전체를 지켜주는 아문 신을 비롯해, 수많은 신을 섬기는 거대한 신전이나 사원도 가득했다. 특히 아문 신을 섬기는 사원들의 규모는 상상을 초월했다. 거대한 벽과 멋진 조각상 그리고 태양 빛을 받으면 마치 폭발이라도 하듯 눈부시게 빛을 뿜어내는 방첨탑을 보면, 저절로 고개가 숙어졌다. 하늘 높이 솟은 이 황금빛 방첨탑을 이집트에서는 오벨리스크obelisk라고 불렀다.

　　나일강 서쪽에는 이전의 파라오들을 기념하는 화려한 사원들이 줄지어 있었다. 강 건너편에서도 눈에 들어오는 이곳들은 지금도 사제들이 정기적으로 제물을 바치며 파라오들을 기리는 신성한 장소였다. 이 사원들 뒤편의 언덕 위로는 이집트 상류층의 개인 묘지들이 하나둘씩 늘어나는 중이었다. 그리고 그 너머에 바로 왕가의 계곡Valley of the Kings이 있었다. 신과 같은 존재로 군림했던 인간 파라오들이 이승에서의 임무를 마감하고 저승에서 영원한 안식을 취하도록 피라미드 대신 마련한 또 다른 신성한 묘역이었다. 비밀이라고는 하지만, 이집트 사람이라면 누구나 모두 알고 있는 곳이었다. 이처럼 고대 이집트 사람들에게 나일강 서쪽 지역은 태양의 신 라가 모습을 감추고 나면 밤이 되어 승냥이들이 배회하는 죽은 자들의 땅이었다.

이집트의 행정구역

오늘날 학자들은 보통 고대 이집트를 42개의 행정구역으로 구분한다. 그리스어로 '노모스nomos'라고 부르던 이 행정구역은 지금으로 말하면 주(州)나 도(道)에 해당한다. 이 중 20개는 북쪽의 하부 이집트에, 나머지 22개는 남쪽의 상부 이집트에 자리했다. 각각의 행정구역은 파라오를 비롯한 수도의 고위 관료들에게 절대적으로 충성하는 총독들이 다스렸으며, 이곳에는 고유한 이름과 수호신 그리고 그 수호신을 섬기는 신전이나 사원들이 있었다. 이집트의 수도인 멤피스는 하부 이집트의 첫 번째 행정구역인 '백색의 벽White Walls'과 동일시되었고, 프타를 가장 중요한 신으로 섬겼다. 멤피스 다음으로 중요한 도시였던 테베는 '왕의 홀Scepter'이라는 이름의 행정구역이었다. 이곳에서는 아문 신을 최고의 신으로 떠받들었다. 고대 이집트 역사에서 정치적으로 불안정했던 시기에는 각 행정구역의 총독들이 권력투쟁을 벌였고, 그로 인해 다양한 결과가 빚어지곤 했다.

또 다른 하루를 밝히는 햇살이 방 안을 가득 채웠다. 바키는 다시 잠자리로 돌아와 등을 대고 누웠다. 강물이 천천히 차오르고 있었다. 물이 밭을 덮기 전에 남은 곡물을 거두어들이느라 전날 힘들게 일한 까닭인지 온몸의 뼈마디가 아파왔다. 오늘은 새해의 시작이자 첫 번째 시기의 첫날이었다. 곧 축하 행사가 열리고 떠들썩한 분위기가 이어지겠지만, 무엇보다 바키는 몇 개월에 걸쳐 강물의 수위가 낮아질 때까지 당분간 가벼운 집안일을 하며 휴식을 취할 수 있다는 사실에 만족했다. 그 뒤에는 다시 새롭게 작물을 재배하고 거둬들이는 시기가 시작될 것이다.

새해 첫날의 축제, 웹 렌페트

얼마간 몸을 뒤척이던 바키는 아이들이 두런거리는 소리에 잠에서 완전히 깨어났다. 무투이는 아이들에게 오늘은 새해의 첫날인 웹 렌페트Wep-Renpet이며, 축하 잔치가 열려 앞으로 며칠 동안 맛있는 음식을 먹고 여러 행사를 보게 될 거라고 알려주었다. 곧 마을은 음식과 술, 음악과 놀이로 시끌벅적해질 터였다. 이날만큼은 그동안 굳어 있던 사람들의 얼굴에도 환한 웃음이 드리워지고, 모두 풍성하고 흥겹게 축제를 즐길 것이다. 웹 렌페트 말고도 다른 축제들이 있었지만, 역시 새해 첫날이 가장 흥분되는 법이다.

빵과 죽으로 대강 요기를 끝마친 바키는 잘 말린 골풀을 엮어 만든 작은 상자를 열었다. 자신과 가족들이 입을 옷과 장신구를 보관하는 상자였다. 위아래가 한 벌로 된 소박한 옷은 아내와 딸을 위한 것이었고, 흰색 아마포로 만든 옷은 바키와 아들의 것이었다. 아내와 아이들이 새해를 축하하기 위해 가장 좋은 옷으로 갈아입고 있을 때, 바키는 상자 밑바닥을 손으로 더듬어 오늘처럼 특별한 날을 위해 아껴두었던 끈으로 엮은 신발 한 켤레를 마저 꺼냈다.

아이들의 손을 잡고 집을 나선 바키와 무투이는 먼지가 흩날리는 거리를 지나 천천히 마을 끄트머리까지 걸어가기 시작했다.

걸어서 한 시간쯤 떨어진 곳에 위치한 위대한 도시 테베. 테베와 함께 이집트가 번영할수록 바키 가족이 살고 있는 마을도 풍요로워졌다. 마을은 전에 사람들이 살았던 주거지역에서도 가장 위쪽 부분에 세워졌기 때문에 매년 나일강이 범람할 때도 대부분 피해를 입지 않았으며, 전체적으로 수백 채의 집이 모여 우뚝 솟아 있는 형태가 되었다. 확실히 이곳은 테베나 다른 지역에서 마주하는 질서정연한 건물들과는 다르게, 누가 봐도 마구잡이로 만들어진 것처럼 보였다.

촘촘하게 늘어선 작은 집들은 보기에 따라 조금씩 달라 보여도, 적잖은 손질과 수리를 거친 진흙 벽돌 벽은 어디를 가나 비슷했다. 완전히 똑같은 모양의 집은 없었지만, 대부분 몇 개의 작은 방 그리고 부엌이나 헛간이 있는 좁은 마당으로 구성되어 있었다. 사정에 따라 당나귀 한두 마리를 키우는 집도 있었다. 집의 출입구라고 부를 만한 곳에 나뭇조각을 얼기설기 엮은 대문이 붙어 있는 곳도 있었고, 문을 대신해 천이나 발을 걸어 사람들의 시선을 가린 곳도 있었다. 이렇게 단순한 구조임에도, 마을의 집들은 실제로는 매우 살기 편했다. 진흙으로 빚은 벽돌로 만든 집은 여름에는 시원하고 겨울에는 비교적 따뜻했으며, 진흙을 바른 야자나무 가지와 줄기로 엮은 평평한 지붕도 외부의 열기나 추위를 막는 데 도움이 되었다.

아직 이른 아침인데도 이미 거리는 축제 분위기로 가득했다. 집 밖으로 나온 사람들은 신선한 먹을거리를 나누거나 사고팔고 있었다. 빈집 몇 채가 전부인 공터에서 즉석 장이 선 모양이었다.

아이들이 앞다투어 내달리는 거리에는 달달한 꿀을 곁들인 갓 구운 빵 냄새가 가득했다. 나중에 풍기게 될 소고기며 거위 고기 굽는 냄새야 대부분 부자를 위한 것이겠지만, 오늘은 평범한 빵조차도 아주 특별하게 여겨지는 그런 날이다. 게다가 평소보다 조금 독하고 맛도 좋은 맥주를 잔뜩 마시게 될 것이며, 운이 좋다면 포도주를 맛보게 될지도 모를 일이다.

이 마을 토박이인 바키는 모르는 사람이 거의 없었다. 그 집의 접시 개수까지 알 정도였다. 이렇게 사람들끼리 가까이 모여 사는 마을에서 서로 감추거나 비밀로 할 수 있는 일은 거의 없다. 누군가 태어나고 죽는 일도 그 즉시 사람들에게 알려졌으며, 연애나 불륜 역시 오랫동안 조용히 진행되기란 불가능에 가까웠다. 소문은 그 진위 여부에 따라 정도의 차이는 있겠지만 보통 눈 깜빡할 사이에 퍼져나갔고, 사람들은 늘 그런 소문에 목말라했다. 가지 많은 나무에 바람 잘 날 없듯, 별문제 없이 사이좋게 지내는 사람들도, 또 시간이 오래 지나도 묵은 감정을 풀지 못하고 지내는 사람들도 있었다.

마을 사람 모두 바키와 무투이 부부를 반갑게 맞이했다. 개중에는 몇 개월 동안 제대로 쉬지도 못 하고, 일만 해온 사람들이 적지 않았다. 바키 같은 농부들은 대부분 중요한 농사일을 얼마 전에야 겨우 마무리 지었고, 달갑지는 않지만 내야 할 세금도 거의 바친 상태였다. 이제 힘든 일은 다 끝났다고 생각하니 기분이 아주 느긋해졌다. 바키의 가장 친한 친구인 목동 세나는 이른 아침임에도 이미 술에 취한 듯 자신의 허름한 집에서 비틀거리며 나와 바키와 그의 가족을 맞이했다. 농부들과는 달리 목동은 당장 내일부터 다시 가축들을 돌봐야 하기 때문에 오늘 하루만이라도 축제를 마음껏 즐길 요량이었다.

길 아래쪽에 메기를 구워 인심 좋게 나눠주는 어부 네페르가 보였다. 그의 옆집에는 안타깝게도 청상과부가 된 타메레트와 사트무트 자매가 살고 있었다. 자매의 남편들은 가나안에서 벌어진 전투에 동원되었다가 전사했다. 자매는 근처에 있는 아마포 작업장에서 실을 잣거나 천을 짜는 일을 하며 생계를 유지했다. 남편들은 원래 테베를 지키는 군인들로, 북쪽의 하부 이집트에 장기간 배치되었다가 그곳에서 자매를 만나 부부의 연을 맺었다. 남편을 잃고 가족들과도 멀리 떨어져 살고 있는 두 자매의 표정은 늘 슬퍼 보였다. 그러나 이날만큼은 그녀들도 자신들을 알아보고 지나가는 사람들에게 옅은 웃음을 지으며 화답했다. 무투이가 들고 있는 작은 천가방에서 대추야자 한 움큼을 건네주자 두 사람의 얼굴이 더욱 환하게 밝아졌다.

바키 가족은 계속해서 목수와 보석 세공사, 그 밖에 온갖 종류의 장인과 상인 그리고 심지어 음악과 춤을 업으로 하는 사람들의 집을 지나쳐 갔다. 근처에 테베가 있었기에 이곳에는 관료 집단을 섬기는 부하나 일꾼들도 많이 살았다. 아주 부유한 대지주나 고위 관료들의 집에서 일을 하는 사람들도 있었다. 이들은 마을 바로 뒤에 더 근사한 집을 짓고 살았으며, 신분이 비천하다고 생각되는 마을 사람들과 거리를 두기 위해 그 사이에 벽과 출입문을 세워두었다.

길을 따라 좀 더 걸어가니 부적을 만들어 파는 아모시의 허름한 오막살이가 눈에 들어왔다. 아모시의 정확한 나이를 아는 사람은 아무도 없었다. 하지만 이 노파가 적어도 아흔이 넘었으며, 아주 오랜 세월을 살아오면서 이전 세대의 위대한 파라오들이 다스리던 시절도 두 눈으로 보아왔다는 풍문이 나돌았다. 뻣뻣하게 늘어진 기다란 잿빛 머리에 이가 거의 다 빠진 꼬부랑 할머니 아모시는 늘 거의 벌거벗고 있었는데, 옷 입는 일 자체를 잊고 사는 것 같았다. 그렇지만 오늘은 아모시도 비록 더러워 보이긴 해도, 천 같은 걸 몸에 두르고 있었다. 그녀는 여느 때와 같이 집 앞에 깔개 하나를 펼쳐놓고 그 위에 여러 가지 물건을 조심스럽게 올려놓은 뒤 자리를 잡고 앉아 있었다.

바키를 본 아모시가 갑자기 낄낄대더니 자신이 만든 부적들을 가리켰다. 마치 목걸이처럼 된 이 부적들을 따로따로, 혹은 여러 개를 합쳐 목에 걸고 다니면 온갖 사악한 존재로부터 자신의 몸을 보호할 수 있다. 목걸이 끝에는 잘 다듬은 돌 같은 장식이 달려 있었다. 초록색이나 파란색으로 예쁘게 반짝이는 이 장식은 진흙으로 빚어 유약을 발라 구워낸 것 같았다. 깔개 끄트머리에는 집 안에 놓아두는 작은 조각상 몇 개도 있었다. 못생긴 얼굴에 쪼그리고 앉아 혀를 길게 내밀고 있는 이 베스 신의 조각상을 집 안 구석에 놓아두면, 달갑지 않은 손님이나 액운을 몰아낼 수 있다고 해서 인기가 좋았다. 바키의 집에는 베스 신 조각상이 이미 세 개나 있었다. 무투이는 하마를 닮은 타와레트Taweret 신의 작은 조각상도 가지고 있었는데, 이 조각상은 임신과 출산을 도와준다고 알려져 있다.

아모시가 입을 열 때마다 무슨 말을 하는지 알아듣는 일도 어려웠지만, 과연 그녀가 제정신으로 말하고 있는지 분간하는 일은 더 힘들었다. 그러나 아모시는 자신의 부적과 조각상을 어떻게 팔아야 하는지는 잘 알고 있었다. 바키의 아이들이 여러 가지 의미를 지닌 다양한 색상과 모양의 부적과 장신구, 조각상 등을 골똘히 바라보고 있자 그녀는 몸을 굽혀 아이들의 목에 파란색 작은 돌 목걸이를 하나씩 걸어주었다. 사람들을 보호해준다고 알려진, 호루스 신의 눈이 새겨진 부적이었다. 아이들의 안녕을 염려하지 않을 수 없었던 무투이는 가방 안에서 대추야자를 넉넉히 한

줌 꺼내 아모시의 손에 쥐어주었다. 아모시는 고맙다는 인사라도 하듯 입을 우물거렸다.

"저렇게 오래 사는 것도 당연한 일이야." 바키는 그 자리를 떠나면서 중얼거렸다. "자신을 지켜주는 부적을 저리도 잔뜩 옆에 두고 있으니 말이야!"

길이 끝날 때쯤, 저 멀리 솟아오르는 작은 연기 기둥이 보였다. 이런 날에도 누군가 일을 하고 있는 것이 분명했다. 가만히 보니 그건 옹기장이의 작업장이었는데, 다행히도 가마에서 올라오는 매캐한 냄새가 미치지 못할 정도로 사람들이 사는 마을과는 멀리 떨어져 있었다.

마을을 한 바퀴 돌아봤으니 이제는 축제가 어떻게 진행되고 있는지 자세히 들여다볼 차례였다. 피리를 불고 북을 치는 악사들과 그 음악 소리에 맞춰 즉석에서 춤을 추는 사람들이 보였다. 길쭉한 상자 위에 있는 말을 이리저리 움직이며 승부를 겨루는 세네트senet를 하고 있는 두 남자 곁으로 구경 인파가 모여들었다. 한편에서는 젊은이들이 모여 씨름을 하기도 했고, 막대기를 휘두르며 봉술 실력을 겨루기도 했다. 인형놀이를 하는 여자아이들도 있었는데, 인형이라고 해봐야 짧은 나뭇조각에 머리카락을 붙여놓은 게 전부였지만 아이들의 상상력에는 끝이 없는 것 같았다.

오후가 되자 네 개의 커다란 항아리를 실은 당나귀 두 마리가 나타났다. 당나귀 몰이꾼이 항아리들을 조심스럽게 모랫바닥 위에 내려놓았다. 그 안에는 예상했던 대로 파라오가 하사한 독한 맥주가 가득 들어 있었다. 그리고 얼마 지나지 않아, 마을의 공동 예산으로 준비한 늙은 암소도 꼬치구이 신세가 되어 사람들에게 제공되었다. 소고기는 드물게 맛볼 수 있는 진미였다. 그렇게 새해의 첫날이 시작되었다. 지난 한 해를 무사히 보냈다는 사실을 자축하며, 사람들은 앞으로도 건강하게 그리고 적어도 어느 정도는 행복하게 보낼 수 있기를 간절하게 바랐다.

Chapter
2

나일강이
흘러넘치면,
그 두 번째 달

파라오
아멘호테프

파라오 아케페루레 아멘호테프Aakheperure Amenhotep는 벌거벗은 채 가만히 서 있었다. 옆에 선 시종은 따뜻한 물이 담긴 단지들을 정해진 숫자만큼 준비해 그의 몸을 조심스럽게 씻기고 닦았다. 이윽고 몸을 다 말린 파라오는 높이가 낮은 의자에 자리를 잡고 앉았다. 이번에는 궁전의 이발사와 피부관리사가 나설 차례였다. 파라오는 멤피스나 테베, 그 어디에서나 매일 아침 죽을 때까지 똑같은 절차를 반복하며 몸을 관리해야 했다. 여느 때와 마찬가지로 두 사람이 맡은 일을 끝마치기 위해 연신 고개를 조아리며 나타났지만, 파라오는 수염이나 털을 밀거나 피부를 깨끗하게 손질하도록 내버려둘 기분이 아니었다.

"오늘은 그만두거라!"

파라오가 명령하자 깜짝 놀란 두 사람은 말없이 조용히 뒤로 물러났다. 그러자 또 다른 시종이 달착지근한 향기가 나는 연고와 기름을 몸에 바르기 위해 다가왔는데, 아멘호테프도 그것만은 어쩔 수 없이 참아 넘겨야 했다. 잠시 뒤 의복을 담당한 시종이 나타나 오늘의 일정에 맞게 입어야 할 의복을 설명했다.

"이 소매가 없는 아름다운 겉옷에 화려한 허리띠를 더하면 어떻겠습니까?"

그의 손에는 최고급 아마포로 만들어 목과 앞부분에 아름답게 수놓은, 흰색의 주름 잡힌 긴 겉옷이 들려 있었다. 귀한 보석들로 장식한 빨간색 허리띠도 함께였다.

"나쁘지 않군."

파라오는 무심한 표정으로 대꾸했다.

"그리고 화려하게 치장한 가발을 머리 위에 얹으신다면…?"

파라오는 짜증스러운 목소리로 말했다.

"내 머리카락만으로는 부족하다는 것인가?"

아멘호테프는 머리를 모두 밀어버리고 가발을 쓰는 걸 그다지 좋아하지 않았다. 장식용 가발은 무거울 뿐만 아니라 너무 덥기까지 했다.

"오늘은 머리에 두르는 띠 모양의 관만 쓰고 나가겠다."

파라오의 명령에 다른 의견을 제시할 수 있는 사람은 아무도 없었다. 시종은 아무 말 없이 얌전하게 파라오에게 겉옷을 입히고는 그 위에 허리띠를 둘렀다. 또 다른 시종이 파라오의 눈을 돋보이게 할 검은색 화장품을 들고 서둘러 들어왔을 때, 의복을 담당한 시종이 잠시 뒤로 물러나 만족스러운 표정으로 파라오의 옷차림새를 바라보고 있던 참이었다.

"그만하면 되었다. 이제 다들 나가 보거라." 아멘호테프는 퉁명스럽게 명령했다. "나는 다시 침실로 돌아가 잠시 쉬어야겠다."

경비병은 출입문을 대신해 걸려 있는 벽걸이 천을 한쪽으로 갈랐다. 장인의 정교한 손길이 느껴지는 벽걸이 천을 무심하게 지나친 아멘호테프는 발판이 있는 고급스럽고 편안한 나무 의자에 자리를 잡고 앉았다. 궁전에 있는 다른 방들과 마찬가지로, 파라오를 비롯한 왕족들의 침실은 낮 동안에는 벽 위에 수평으로 난 틈을 통해 햇빛이 들어왔고, 밤에는 기름등잔으로 불을 밝혔다. 물론 밤이 아니더라도 언제든 필요할 때마다 등잔을

● 아멘호테프 2세.

사용했다. 차분해 보이는 기하학적 문양들을 새긴 벽과 별이 가득한 밤하늘을 연상하는 색으로 칠한 천장은 고요하고 편안한 분위기를 자아냈다.

아멘호테프는 늘 피곤했다. 가장 높은 자리에서 감당할 수 없을 만큼의 책임감을 짊어지고 지내온 지난 26년의 세월이 조금씩 쌓여가며, 정신까지는 몰라도 몸에 영향을 미쳤음이 분명했다. 이집트의 평화와 안녕은 마트maat, 즉 우주와 이 땅의 질서를 어떻게 계속 유지하느냐에 달려 있었다. 이집트를 통치하는 파라오는 최고 지위에 있는 대사제로서 신들의 마음을 달래고, 이집트 전역에서 신전과 사원들이 계속 세워지고 유지되게 하며, 적절한 의식이 진행되도록 하는 책임을 맡고 있었다. 물론 파라오가 모든 행사나 의식에 일일이 모습을 드러낼 수는 없었기에 이집트 전역에는 수많은 사제 집단이 있었다. 그렇다고 하더라도 이달 말에 열릴 예정인 오페트 축제Opet Festival처럼, 이따금씩 파라오가 특정한 지역이나 행사에 모습을 나타내는 일도 드물지는 않았다.

파라오에게 주어진 이름들

❊

이집트를 다스렸던 통치자에게는 대부분 여러 개의 이름과 칭호가 있었다. 우선 태어나면 '아멘호테프'처럼 보통 사람들과 같은 이름이 주어졌고, 통치자로 즉위하면 '아케페루레'와 같은 공식적인 존칭이 주어졌다. 이런 존칭은 똑같은 이름을 가진 파라오들을 구분할 때 대단히 중요한 역할을 한다. 예를 들어 아멘호테프나 투트모세라는 이름을 받은 파라오들의 숫자는 적지 않으며, 람세스라는 이름으로 불리는 파라오는 무려 11명이 넘는다. 태어날 때 받은 이름과 즉위했을 때 받은 이름은 '카르투슈cartouche'라고 부르는 타원형의 명판(名板) 안에 상형문자로 기록되어 있다. 이 명판은 많은 기념물이나 공예품의 겉면에 새겨져 있어, 그것이 만들어진 시기와 당시 이집트를 지배하고 있던 파라오가 누구였는지 확인하는 데 큰 도움을 준다.

또한 통치자라면 당연히 이집트의 적들을 물리쳐야만 했다. 이집트는 자연적으로 이루어진 경계선과 장벽이라는 축복 덕분에 오랫동안 외부 침략자들의 공격을 힘들이지 않고 막아냈지만, 이제는 남쪽과 동쪽에서도 물리쳐야 할 적들이 모습을 드러내고 있었다. 불과 몇 세대 전까지만 해도 이집트는 북쪽에 정착한 동방의 이민족인 힉소스Hyksos 민족에게 공격당해 영토를 빼앗기고 그들의 지배를 받았었다. 그러나 테베에 다시 집결한 이집트군은 힘을 길러 힉소스 민족과 싸웠고, 결국 자신들의 검은 땅에 질서와 안정을 가져왔다. 전쟁은 승리로 끝이 났지만, 이집트 사람들은 외부의 침입자나 세력을 축출하는 것으로 만족하지 않았다. 대신에 다시는 이민족에게 지배받지 않기를 바라는 마음으로 국경 넘어 먼 지역까지 자신들의 권위와 영향력을 떨치려고 했다. 그리하여, 이집트에 대한 두려움은 널리 퍼져가 전리품은 물론, 매년 공물까지 기대할 수 있는 새로운 제국으로 등극하게 되었다.

아멘호테프의 아버지이자 세 번째 투트모세라고 불리는 파라오 투트모세 3세는 역사상 이집트의 영향력을 가장 크게 넓히는 치적을 이루었다. 50년이 넘는 기나긴 재위 기간에 그는 싸움을 두려워하지 않는 파라오로서 17차례가 넘는 군사 원정을 감행했고, 저 멀리 시리아 북부와 누비아 깊숙한 곳까지 위세를 떨쳤다. 그 결과 수많은 전리품과 물자가 이집트로 들어오면서 이집트는 더 큰 번영을 구가했다. 이렇게 그의 아버지가 착실하게 닦아놓은 기틀 위에서 이집트에 고개를 숙이고 있는 외부 세력들의 움직임을 통제하고, 필요한 행동을 취하는 것이 이집트 최고 사령관인 아멘호테프가 짊어진 책임이었다. 아멘호테프가 파라오로 즉위한 이후 지금까지 중요한 군사작전이 펼쳐진 건 세 번 정도였지만, 이집트를 따르는 지역들을 정기적으로 방문해 문제가 발생하지 않도록 하는 것은 꼭 필요한 외교적 절차였다.

아멘호테프의 첫 번째 군사 원정은 이집트의 지배에 저항하며 반란을 일으킨 레테누Retenu 사람들을 겨냥해 시작되었다. 두려움의 대상이었던 투트모세 3세가 세상을 떠난 뒤 레테누 사람들은 새로운 후계자를 크게 과소평가했고, 즉위 직후의 혼란한 상황을 이용하기 시작했다. 그러나 아멘호테프는 자신이 아버지 못지않게 만만치 않은 전사임을 보여주었고, 직접 전투에도 참전했다. 시리아에 있는 타크시Takhsy 부족의 일곱 족장을 포로로 붙잡아 이집트로 끌고 온 사건은 그의 전설적인 전공 중 하나였다. 족장들은 테베로 개선하는 파라오의 전용선 뱃머리에 거꾸로 매달린 채 끌려왔으며, 아멘호테프는 직접 철퇴를 들고 그들의 머리를 내려

치고 손을 잘라 죽였다. 그리고 이들에게 더 큰 치욕을 주기 위해 여섯 구의 시체와 손을 테베 성벽에 매달았다. 나머지 시체 한 구는 경고의 의미로 썩어 문드러진 채 누비아로 보내졌다.

그로부터 몇 년 뒤 아멘호테프는 또다시 시리아의 레테누 지역으로 원정을 떠났고, 오론테스강Orontes River을 건너 이집트의 권위에 도전한 모든 사람을 응징하고 약탈했다. 그리고 2년 뒤에는 다시 가나안에서 일어난 반란을 진압하기 위해 출정했으며, 그 기간에도 그의 잔혹한 행위는 계속되었다. 어느 날, 아멘호테프는 죄수들에게 구덩이를 파게 한 뒤 그 안에 밀어 넣고 기름을 부은 다음 운명을 기다리라고 명령했다. 그러고는

● 풍뎅이 모양의 부적에 아케페루레 아멘호테프라는 이름이 상형문자로 새겨져 있다.
아래 그림은 앞서 언급했던 카르투슈라는 타원형의 명판이다.

그곳에 불을 지르고 누군가 그 화염지옥에서 빠져나올 것을 대비해, 직접 도끼를 들고 그 무시무시한 광경을 무감하게 지켜보았다. 이집트 통치자의 잔악무도한 행위와 성향에 대한 소문이 널리 퍼져나가면 반란을 꿈꾸는 무리도 한 번 더 고심하게 될 것이 분명하기 때문이었다. 누비아와 리비아의 반란 세력들 또한 상황에 따라 처리가 되었다.

전사 파라오의 두 얼굴

적들에게는 잔혹하기 그지없었던 아멘호테프 2세는 동물, 그중에서도 특히 말을 좋아했고, 꽃도 아꼈다. 그의 아버지인 투트모세 3세는 궁전 안에 진귀한 식물들을 모아놓은 정원과 동물원을 만들었는데, 그 영향을 받지 않았을까 싶다. 1906년 왕가의 계곡에서 별다른 장식이 없는 세 개의 소박하고 작은 묘지가 발견되었는데, 그 안에는 개코원숭이, 개, 새의 미라가 들어 있었다. 다만 이 묘지들은 이미 오래전 도굴꾼에게 약탈을 당해, 함께 매장된 귀중품과 장신구들은 모두 사라진 뒤였다. 동물의 미라가 들어 있는 묘지가 만들어진 이유는 여전히 수수께끼지만, 근처 가까운 곳에 파라오 아멘호테프의 묘지가 있는 것으로 보아선 그가 살아생전 아끼고 좋아했던 애완동물을 함께 미라로 만들어 묻었다는 설명이 가장 유력하다.

침실 문이 열리고, 티아 왕비Queen Tiaa가 모습을 드러냈다. 그녀 역시 평상시처럼 정해진 순서대로 목욕과 몸의 치장을 끝마친 모습이었다. 몸에서 풍기는 짙은 향기는 파라오의 것보다 훨씬 더 강렬했다.

티아 왕비는 분명 아름답고 현명한 어머니였지만, 아멘호테프는 그녀가 두 사람 사이에서 태어나 살아남은 왕자 중 가장 나이가 많은 투트모세 왕자를 특별히 편애한다고 생각했다. 아버지가 세상을 떠나면 가장 나이가 많은 아들이 파라오로 즉위하는 것이 당연한 관례라고는 해도 아멘호테프는 아들 투트모세를 좀처럼 신뢰할 수 없었다. 왕자는 어딘지 모르게 허약하고 무기력해 보였으며, 다른 왕자들이 군사훈련을 받는 동안 그저 말을 타고 돌아다니며 사냥이나 사막 여행을 즐길 뿐이었다.

그런 아들과는 정반대로 아멘호테프 자신은 뛰어난 운동 실력으로 큰 명성을 얻었고, 이러한 사실은 이집트 사람들에게 널리 알려져 있었다. 그는 누구보다 능숙하게 전차를 몰았을 뿐만 아니라 달리는 전차 위에서 활을 쏴서 두꺼운 청동판을 꿰뚫은 명사수였다. 물 위에서 배를 타거나 땅 위에서 달리는 일에도 매우 능숙했으며, 그 누구와 맞서 싸워도 부족함이 없는 전사였다. 이집트제국은 지금 모습 그대로 유지되어야 했기에 나약한 자들은 설 자리가 없었다. 투트모세 왕자와 관련된 이런 상황은 계속해서 파라오의 몸과 마음을 무겁게 짓눌러왔다.

아멘호테프는 의자에서 일어나 아침 식사가 기다리고 있는 식탁으로 걸어갔다. 여느 때와 마찬가지로 식탁 위에는 이집트가 제공할 수 있는 최고의 음식들이 쌓여 있었다. 너무 과하지 않을까 싶었지만 신과 마찬가지인 이집트의 파라오에게 어울리는 식탁이었다. 낭비되거나 버려지는 것은 없었다. 남은 음식은 궁전에서 일하는 수많은 시종과 일꾼이 적당한 곳에서 확실하게 처리할 것이다. 게다가 저녁에는 화려한 연회를 위해 더 많은 요리가 차려질 예정이었다. 티아 왕비와 몇몇 왕자는 이미 아침 식사를 끝낸 뒤였지만, 파라오의 옆에 앉아 조금이나마 그의 부담이 줄어들도록 거들고 나섰다.

파라오는 포도 몇 알과 대추야자 몇 개, 구운 오리고기 몇 조각을 큰 잔에 담긴 맥주와 함께 삼키듯이 목구멍 안으로 넘겼다. 그러자 바로 기다렸다는 듯 흠잡을 데 없이 아주 잘 차려입은 풍채 좋은 한 신사가 들어왔다.

페어리였다. 페어리는 아메네모페트Amenemopet의 별명이었다. 그는 파라오의 소꿉친구였을 뿐만 아니라 현 총리대신으로, 이집트에서 일어나는 모든 일을 대부분 알아서 처리하는 파라오의 오른팔이었다. 아메네

● 카르나크 대신전의 화강암 부조에는 아멘호테프 2세가 달리는 전차 위에서 화살을 날려 두꺼운 청동판을 꿰뚫는 놀라운 모습이 새겨져 있다.

모페트는 매일 다른 고위 관료들을 만나 회의를 하고, 그 내용을 정리해 파라오에게 전달했다.

동쪽에서 온 방문객

아멘호테프가 불편한 듯 소리를 내며 자리에서 일어섰다. 한 시종이 달려 나와 번쩍이는 황금관을 파라오의 머리 위에 조심스럽게 올려놓았다. 황금관은 코브라의 형상이었다. 부채 같은 목덜미를 가진 코브라의 머리가 정중앙에 튀어나올 듯 자리했고, 나머지 몸통 부분이 파라오의 머리를 감싸는 역할을 했다. 앞장선 페어리의 뒤를 따라 파라오가 알현실로 향했다. 파라오가 모습을 나타내자 자리에 줄지어 앉아 있던 서기관들이 공손히 절을 올렸다. 완전무장을 하고 벽을 따라 두 줄로 늘어선 위압적인 모습의 병사들은 필요하다면 언제든 검과 창을 휘두를 준비가 되어 있었다. 창문을 통해 흘러드는 빛, 그림자를 드리운 기름등잔, 향을 태우며 자욱하게 피어오르는 연기와 요란하게 울리는 북소리. 그 사이에 선 매섭게 벼려진 병사들의 모습은 감히 파라오 앞에 나서려는 사람들을 주눅 들게 만들기에 충분했다.

화려하게 차려입은 파라오가 높다란 단 위에 마련된 아름다운 황금 보좌에 앉았다. 역시 황금으로 만든 파라오의 발받침대에는 아시아와 리비아 그리고 누비아 사람들의 모습이 새겨져 있었는데, 파라오가 그들을 자신의 발아래에 두고 지배하고 있다는 사실을 상징적으로 드러내는 장치였다. 보좌 뒤에 서 있던 두 시종이 타조 깃털로 장식된 부채를 부드럽게 흔들기 시작했다. 두 사람 역시 아멘호테프의 믿을 수 있는 친구였다. 티아 왕비의 자리는 좀 더 뒤쪽에 있었는데도 그녀의 모습은 놀라울 정도로 화려하고 근엄했다. 페어리가 아름답게 장식된 나무 상자 하나를 들고 다가오자, 아멘호테프는 그 안에서 자신의 권위를 상징하는 황금과 보석으로 장식된 두 물건을 꺼내 들었다. 이 갈고리와 도리깨를 손에 들고 그는 사람들에게 자신이 자비로운 아버지이자 동시에 무자비한 응징자 어느 쪽도 될 수 있다는 사실을 선포했다.

"그들을 들라 하라."

파라오가 명령을 내리자, 나무로 만든 두 개의 커다란 문이 열리고 방문객들과 청원자들이 들어왔다. 무장한 경비병을 양옆에 세우고 등장한 사람들은 손과 발을 완전히 바닥에 대고 엎드려 다른 지시가 있을 때까지 얼굴을 바싹 숙이고 있으라는 명령을 받았다. 때로는 병사들 옆에 통역관이 함께 서 있기도 했다. 아멘호테프는 피어오르는 연기 속에서 말없이 사람들을 내려다보았다. 갈고리와 도리깨를 엇갈려 쥔 손은 전혀 움직임 없이, 그저 화장으로 강조된 두 눈만이 번뜩이고 있을 뿐이었다. 다분히 의도적인 연출이었다. 파라오를 이렇게 가까이서 볼 수 있는 귀한 특권을 누린 사람들은 경외감에 가득 찬 채 그 자리를 떠나 자신의 놀라운 경험을 사람들에게 전할 터였다.

이윽고 페어리가 한 걸음 앞으로 나서더니 큰 소리로 파라오를 소개하기 시작했다. 이미 셀 수 없을 정도로 이 일을 반복해왔기 때문에 필요한 모든 내용을 외워서 소리칠 수 있었다.

"모두 들어라! 그대들은 살아 있는 호루스 신의 현신 앞에 나와 있느니

라. 그분은 날카로운 뿔을 가진 강하고 무서운 황소이시며, 위엄이 넘치는 무시무시한 모습으로 테베에 나타나셨도다. 자신의 힘으로 이집트의 대지를 지배하고 계시는 태양의 신 라의 아들, 파라오 아케페루레 아멘호테프께서 여기 계시느니라!"

페어리는 이어서 첫 번째 청원 내용을 파라오에게 알렸다.

"하레 지역Hare Nome 케메누Khemenu에 있는 토트 신전의 대사제 이아무네페르가 파라오께 간청을 드리나이다."

파라오가 고개를 끄덕이자 바닥에 엎드려 있던 사제가 몸을 일으켰다.

"저희가 맡고 있는 신전은 보수와 확장이 필요합니다. 토트 신께서는 우리에게 늘 잘 대해주셨으니 정성을 보이는 건 당연한 일입니다. 위대하신 파라오께서 이 작업에 지원을 해주시는 것으로 우리에게 축복을 허락해주시길 바랍니다."

아멘호테프는 이미 이 요청에 대한 조언을 들었고, 페어리와 재무대신을 불러 의논도 끝마친 상태였다. 사제의 요청은 받아들여졌다. 아멘호테프는 아무런 말도 하지 않고, 그저 사제를 똑바로 쳐다보며 천천히 고개를 끄덕였다.

"그대의 요청은 받아들여졌노라." 페어리가 선언하자 사제는 고개 숙여 감사의 인사를 올리고는 그대로 뒤로 물러났다.

엇비슷한 청원 내용을 들고 온 행정관이며 사제들이 이리저리 들락거리는 사이, 이윽고 페어리가 오늘의 마지막 방문객을 들여보내라는 명령을 내렸다.

"다음은 먼 땅에서 온 특별한 방문객들입니다."

총리대신의 소개가 끝나자, 줄무늬가 있는 긴 겉옷을 걸치고 턱수염을 기른 한 늙은 남자와 발목까지 덮는 양털 옷을 단정하게 차려입은 두 소녀가 파라오의 앞으로 나왔다. 세 사람은 무릎을 꿇고 있다가 자리에서 일어서라는 말을 듣고 나서야 비로소 몸을 일으켰다.

"레케시Rekhesh 근처의 작은 마을에서 온 야코프와 소녀들이여, 모두 일어서라. 그리고 옆의 통역관도 함께 일어서라."

그러자 남자가 입을 열었다. "호루스 신의 살아 있는 현신이시고 날카로운 뿔을 가진 강하고 무서운 황소이시며, 위엄이 넘치는 무시무시한 모습으로 테베에 나타나셔서 자신의 힘으로 이집트의 대지를 지배하고 계시는 태양의 신 라의 아들, 파라오 아케페루레 아멘호테프시여. 당신께서는 당신과 당신의 아버지께서 응징하셨지만, 여전히 완전한 복속을 거부하고 있는 당신의 마을과 백성들을 기억하고 계실 것입니다."

옆에 서 있던 통역관이 그의 말을 이집트 말로 바꿔서 전하자, 야코프는 다시 이야기를 이어갔다.

"저는 가나안에 있는 작은 마을의 촌장입니다. 저를 포함한 우리 백성들은 우리가 저질렀던 용납할 수 없는 행동에 대해 대단히 유감스럽게 생각하고 있습니다. 파라오께서는 당신의 강력한 군대를 보내셨고, 우리는 어리석게도 싸움을 거부하지 않았습니다. 이제 우리는 당신의 위대함을 기릴 것입니다. 우리에게는 남아 있는 것이 거의 없지만 그럼에도, 아직 갖고 있는 것들을 이집트에 바치려 합니다."

아멘호테프는 노인의 장황한 찬사와 사과의 말이 지겨운 듯 보였다.

"그리하여 이렇게 아주 특별한 선물을 가져왔습니다. 그건 바로 제 두 딸입니다. 이 아리따운 딸들은 이집트와 우리 가엾은 마을 사이에 맺어지는 평화의 표시가 될 것입니다."

아멘호테프는 별다른 인상을 받지 못했다. 그의 아버지 투트모세 3세도 이 작은 마을의 촌장보다 훨씬 더 강력한 지역의 우두머리들로부터 이방인 여인들을 선물로 받았다. 그러나 이 노인의 마음은 진심인 것 같았다. 페어리는 이런 상황에서 자신이 해야 할 일을 아주 정확하게 알고 있었다.

"살아 있는 호루스 신의 현신이시고 날카로운 뿔을 가진 강하고 무서운 황소이시며, 위엄이 넘치는 무시무시한 모습으로 테베에 나타나셔서 자신의 힘으로 이집트의 대지를 지배하고 계시는 태양의 신 라의 아들, 파라오 아케페루레 아멘호테프께서는 그대의 선물을 가납하실 것이니라. 저 소녀들은 몸을 깨끗이 씻고 향수를 뿌린 뒤 좋은 옷을 입고 좋은 음식을 대접받으며 파라오의 후궁으로 지내게 될 것이니라. 그리고 노래하고 춤을 추며 파라오의 마음을 흡족하게 만드는 법을 배우게 될 것이니라."

통역관으로부터 이 말을 전해 들은 남자와 지금까지 얌전히 있던 두 소녀가 몸을 떨기 시작했다. 병사 몇 명이 앞으로 나와 조용히 흐느끼는 세 사람을 끌고 알현실 밖으로 나갔다.

"이만하면 되었다."

파라오가 페어리에게 조용히 말하자, 그는 모두에게 오늘의 알현은 이것으로 끝났다고 선언했다. 황금관이 벗겨지고 파라오의 근엄한 권위를 상징하는 갈고리와 도리깨가 제자리에 놓이자, 이 상부 이집트와 하부 이집트의 통치자는 앞으로 계속해서 치러야 할 수많은 국정 업무를 떠올리며 침실로 돌아갔다.

고대 이집트의 행정관료

대단히 정교하게 움직였던 고대 이집트 사회는 곡물 창고에서 파라오의 후궁들에 이르기까지 거의 모든 분야를 수많은 국가 공무원과 행정관들로 이루어진 관료 집단이 관리했다. 이집트 사회의 각 분야를 감독하는 관료 집단에는 전문적인 감독관이나 검사관, 서기관 그리고 회계사 등이 포함되었다. 또한 파라오가 살고 있는 궁전에는 의사와 집사, 부채 담당, 신발 담당, 의복 담당 등을 포함해 파라오의 필요를 충족하기 위한 수많은 시종과 수행원, 일꾼들이 있었다. 공무원과 행정관은 국가로부터 임금을 비롯해 활동에 필요한 수당을 지급받았는데, 이 비용은 일반 백성들이 납부하는 세금은 물론, 정복 전쟁을 통해 얻은 전리품이나 공물 등으로 감당했다.

막이 오른 오페트 축제

그달의 15일이 되자 테베와 그 근방에 살고 있는 사람들은 이제 막 시작될 행사에 대한 기대감으로 한껏 부풀었다. 방문객들이 몰려오면서 테베를 오고 가는 사람들도 크게 늘어났다. 사람들은 장엄하면서도 진심으로 경외심을 불러일으키는 축제를 경험하고 싶다는 열망과 뜨거운 흥분에 휩싸였다. 매년 같은 시기에 열리는 오페트 축제는 현재 이집트에서 가장 숭배되고 있으며 나날이 승승장구하는 신, 아문을 기리는 행사였다. 사제들을 제외한 보통 사람들에게는 신들의 모습을 가까이서 볼 수 있는 유일한 기회이기도 했다. 아문을 비롯해 그의 아내 무트Mut와 아들인 콘수Khonsu의 모습을 새긴 조각상들이 매년 이때를 즈음해서 신전에서 신전으로 옮겨졌기 때문이다. 그리고 그 출발지는 엄선된 거룩한 신전인 카르나크 대신전이었으며, 도착지는 남쪽에서 아문 신을 모시고 있는 남부의 성역, 룩소르 신전이었다.

인테프는 그날 아침 일찍 일어나서 아문 신을 모시는 동료 사제들과 매일 빠지지 않고 진행하는 정화 의식을 치렀다. 온몸을 깨끗하게 씻고 털한 올도 남기지 않고 깨끗하게 면도한 뒤 아마포로 지은 반짝이는 흰옷을 입었다. 매일 하는 일이었지만, 오늘이 얼마나 중요한 날인지를 생각하면 경건한 마음이 더욱 커질 수밖에 없었다. 오늘은 사람뿐 아니라 주변의 모든 것이 완벽한 상태여야 했다. 인테프는 1년 중 11개월을 멤피스에서 관료로 일했으며, 나머지 1개월은 여러 지역에서 교대로 사제의 직분을 수행하는 영광을 누렸다. 그런 인테프에게 테베에서의 사제 봉사는 이번이 처음이었고, 오페트 축제 역시 처음 맞이하는 중요한 행사였다.

해가 떠오르자, 아문 신을 섬기는 대사제인 아메넴하트Amenemhat와 최측근 보조 사제들이 제사 의식을 치를 시간이 되었다. 이들은 안뜰을 통해 신전 안에 따로 마련해놓은 아문 신의 사원으로 향했다. 점점 작아지는 방들을 지나 마지막 방에 이르렀다. 이곳에서 신은 자신을 위한 음식과 옷 그리고 사제들의 인사를 기다리고 있었다. 값비싼 향을 태우는 연기로 가득한 방 안의 탁자 위에는 먹을거리가 산더미처럼 쌓여 있었다. 아메넴하트는 커다란 장으로 다가가 봉인을 풀고 문을 열었다. 안에 들어 있는 것은 바로 아문 신이 깃든 조각상이었다. 보조 사제들이 밖에서 찬양의 노래를 읊조리는 동안, 대사제는 전날 밤 의식을 치르며 입혔던 향료에 적신 아마포 천을 조심스럽게 걷어내고 조각상의 몸을 씻겨 새 천으로 감쌌다. 이 의식은 하루에 두 번씩 정기적으로 치러졌지만, 오늘만은 아문 신도 이곳이 아닌 다른 곳에서 저녁을 대접받는다.

아메넴하트는 성스러운 사당 역할을 하는 나무 장의 문을 닫고 다시 봉인했다. 그리고 이것을 튼튼한 나무 들것 위에 조심스럽게 옮겨 싣기 위해 다른 사제 여섯 명을 불러들였다. 작업이 끝나자 아문 신의 조각상은 정해진 여정을 떠나기 위해 마당으로 옮겨졌다. 그곳에는 갑판 위에 아문 신을 위한 자리를 마련해놓은, 화려하게 장식된 배 한 척이 기다리고 있었다. 배 밑부분에는 배를 들어 올려 땅 위에서 운반하기 위해 설치한 긴 나무 장대가 붙어 있었다.

모든 과정이 마무리된 뒤, 아메넴하트는 정성을 다해 단정하게 차려입은 수백 명의 사제가 기다리는 신전의 넓은 마당으로 향했다. 이윽고 사제들 앞에 선 그는 큰 소리로 선언했다.

"오페트의 축제가 시작되었노라! 그리고 우리의 위대한 신 아문께서
는 가장 웅장하고도 신성한 방식으로 축하와 영광을 받으실 것이다."

인테프는 그 감격의 순간이 시작되기도 전에 벌써 경외감에 사로잡혔
다. 대사제는 말을 이어나갔다.

"바로 오늘, 남쪽으로 향하는 두 시간의 여정 동안 12명의 장정이 아
문 신과 그분의 배를 짊어질 것이다. 어렵고도 난감한 일이겠지만 절대
로 실수해서는 안 된다. 아문 신의 배는 무사히 목적지에 도착해야 한다!"

대사제가 말을 끝마치자마자 한 상급 사제가 모두에게 키에 맞춰 순
서대로 줄을 서라고 명령했다. 이 배를 들어 올려 움직이려면 키와 몸집
이 비슷하고 아주 힘이 센 남자 12명이 필요했다. 인테프는 만감이 교차했
다. 아문 신을 모신다는 건 대단히 영광스러운 일이었지만, 아주 긴장되
는 일이기도 했다. 육체적으로 고될뿐더러 크게 혼란스럽지는 않더라도
주변이 시끄러워지고 사람들도 많이 몰려들 게 분명했기 때문이다.

아메넴하트는 이리저리 살펴보며 걷다가 비슷한 키의 사제들이 줄
지어 선 모습을 보고 발걸음을 멈추었다. 웃음을 머금은 사람들도, 차분
하고 금욕적인 표정의 사람들도 있었다. 아메넴하트는 인테프를 포함해
12명의 사제들을 불러내고, 나머지 사람들에게는 뜰 가장 바깥쪽에 다시
모여 각자의 자리를 지키라고 명령했다. 모든 사람이 아문 신의 영광스러
운 출발을 준비하기 위해 움직이기 시작했다.

인테프를 비롯한 선택받은 12명은 상급 사제의 지시에 따라 배를 짊
어지기 위해 한자리에 모였다.

"배를 아주 조심스럽고 부드럽게 들어 올려 움직여야 한다. 아문 신께서 여기에 계시다는 사실을 명심해라. 아메넴하트 님께서 앞장서서 천천히 걸어가실 것이니 다들 그분의 속도에 맞추도록 한다. 여러 가지로 신경쓰이는 일들이 많겠지만 오직 자신이 하고 있는 일에만 집중해라. 구경 나온 사람 중에는 아문 신으로부터 지혜를 얻으려는 이들도 있을 것이다. 그들은 배가 흔들리거나 움직일 때마다 아문 신께서 내려주시는 대답을 짐작하려 한다. 뭐라고 소리를 지르고 질문을 던져도 신경 쓰지 마라. 배를짊어지고 가는 일은 대단히 힘들겠지만, 가는 도중에 여러 군데 쉴 곳을준비해두었다. 다시 한번 말하지만, 상부와 하부 이집트의 주인이시며 살아 있는 신의 현신인 파라오 아케페루레 아멘호테프 님께서도 직접 찾아오실 테니 그분을 실망하게 해서도, 또 아문 신을 실망하게 해서도 안 된

● 오페트 축제가 시작되자 사제들이 아문 신을 태운 배를 어깨에 짊어진 채 움직이고 있다.

다! 배가 흔들리거나 넘어지는 사고는 없어야만 한다!"

몇 번의 다짐이 이어진 뒤 사제들은 배가 있는 쪽으로 움직였다. 인테프는 온 힘을 다해 두려움을 억눌렀다. 배의 양쪽에 각각 여섯 명씩 줄지어 늘어선 건장한 사제들은 신호에 따라 아문 신의 조각상이 실린 배를 한번에 들어 올려 받침이 되는 나무 장대를 어깨에 단단히 짊어졌다. 그러자 대사제 아메넴하트가 나타나 앞쪽에 자리를 잡았다. 앞장선 그가 수많은 사람이 다 함께 떠날 준비를 하고 있는 뜰 가장 바깥쪽으로 배를 안내했다. 아문 신이 타고 있는 배가 등장하자 웅장한 북소리와 음악 소리가 여정의 시작을 알렸다. 그렇게 성대한 행렬은 신전을 빠져나가기 시작했다.

저 멀리 완전무장을 한 병사들이 길을 따라 늘어선 군중들로부터 파라오가 탄 전차를 보호하듯 감싸고 있는 모습이 보였다. 어디선가 삭발을 한 사제들이 나타나 찬양의 노래를 읊조렸고, 그중 일부는 신의 기분을 달래듯 향에 불을 붙여 연기를 피워 올렸다. 배의 주변에는 많은 병사와 함께 수십 명에 달하는 악사며 춤꾼들이 모여들었다. 이동하는 속도가 그다지 빠르지 않았기에 춤꾼들은 그 틈을 노려 공중제비 같은 어려운 동작들을 선보이며 특별한 눈요깃거리가 되어주었다.

각계각층을 대표하듯 다양한 복색으로 행렬에 동참한 수천 명의 이집트 사람은 아문 신을, 아니 그분이 깃든 조각상이 든 상자라도 볼 수 있다는 사실에 흥분했다. 파라오의 모습도 멀리서나마 볼 수 있다는 생각에 몸이 떨렸다. 가장 좋은 옷을 차려입은 관료부터 이른 아침 일하던 옷을 그대로 입고 나온 평범한 백성까지 행렬에 동참한 군중의 모습은 다양했다. 가족과 함께 구경을 나온 바키는 그 광경을 보여주기 위해 어린 아들을 머리 위로 높이 치켜들었다. 예상했던 대로 구경을 나온 사람들은 각자 하고 싶은 이야기를 크게 떠들어댔다.

"오, 위대한 아문 신이시여! 제 아내에게 아이가 들어섰을까요? 대답을 해주세요!"

"우리 아들이 올해 장가갈 수 있을까요?"

그때 파리 한 마리가 인테프의 얼굴로 날아들었다. 어떻게 할 수 없다는 걸 알면서도 파리가 너무 신경 쓰인 나머지 얼굴을 살짝 찡그렸는데, 그 때문에 아주 잠깐 어깨에 짊어진 배가 흔들렸다. 아문 신을 실은 배가 움직이는 동안 계속 신의 응답을 기다리던 사람들은 그런 잠깐의 흔들림이나 움직임을 보고 각자가 원하는 응답을 받았다고 생각했다.

거룩한 성역, 카르나크 대신전

카르나크 대신전과 인근 시설들에 대한 건설은 기원전 1950년 경 중왕국 시대의 파라오 세누스레트 1세Senusret I의 통치 기간에 시작되었다. 그 후 거의 2,000년에 걸쳐 또 다른 파라오들도 신전 건설에 참여해, 현재 100만 제곱미터가 넘는 면적에 수많은 기둥과 첨탑, 조각상, 인공 호수와 오벨리스크 등이 가득 들어서 있다. 카르나크 대신전은 세계에서 가장 규모가 큰 복합 종교시설로, 그 안에는 아문 신과 그의 아내 무트 그리고 그의 아들 콘수에게 바쳐진 사원들과 여

그리 멀지 않은 곳에 아문 신의 아내 무트를 섬기는 작은 사원이 있었
다. 그곳에서도 사제들이 무트 신을 태운 좀 더 크기가 작은 배를 짊어지
고 출발해, 아문 신의 뒤를 따랐다. 아문과 무트의 아들인 콘수의 사원에
서도 같은 작업이 반복되었다.

어깨에 짊어진 배의 무게도 무게려니와, 모든 감각이 한껏 고조된 인
테프는 벌써 지쳐갔다. 다행히 배를 잠시 내려놓을 수 있는 쉼터에 곧 도
착했다. 잠시 휴식을 취한 뒤 일행의 여정은 계속되었다. 목적지를 향해
계속 나아가다 보니 얼마 지나지 않아 남쪽 신전의 기둥이 어렴풋이 보
이기 시작했다. 커다란 기쁨의 환호성과 함께 아문 신을 실은 배가 정문
과 마당을 지나 마침내 정성을 다해 준비한 자리에 멈춰 섰다. 얼마간 시
간이 지나자, 무트와 콘수를 모신 배들도 그 뒤를 따라 모습을 드러냈다.

인테프가 느낀 안도감은 이루 말할 수 없었다. 그는 성공적으로 임무
를 수행한 자신이 무척 자랑스러웠다. 그를 포함한 12명의 사제는 서로
에게 축하 인사를 건넸다. 고작 두어 시간의 여정이었지만 서로 하고 싶
은 이야기가 산더미처럼 많았다. 한 사제는 군중 속에서 날아온 크고 잘
익은 무화과에 얼굴을 얻어맞았고, 또 다른 사제는 춤을 추던 어떤 사람
과 서로 다리가 부딪혀 거의 넘어질 뻔했다. 그리고 그들 모두 아문 신에

게 쏟아지는 다양한 요청과 질문들을 들었는데, 가장 기억에 남는 물음은 매한가지로 같았던 모양이다. "아문 신이시여, 제 머리가 다시 자라날까요?" 한 사제는 질문을 한 사람과 눈이 마주치자 일부러 고개를 젓고 시선을 피하면서 그 사람이 뭔가 애매한 느낌을 받도록 행동했다고 인정하기도 했다.

아문과 무트 그리고 콘수 신이 열하루에 걸쳐 남쪽 신전에 머무르는 동안, 매일 축제와 만찬이 벌어졌다. 이집트의 최고 대사제인 파라오 아멘호테프도 여기에 적극적으로 참여해 아문 신과의 관계를 다지고 신성한 기운을 새롭게 받기 위해 애를 썼다. 물론 이 행사의 진짜 주인공은 카르나크 대신전에서 이곳 남쪽 신전을 찾아와 매일 몇 번이고 반복해 옷을 갈아입고, 몸에 향료를 바르고, 잔칫상을 받는 신들이었다. 비록 그들의 모습을 실제로 본 사람은 거의 없었을지라도 말이다.

축제가 벌어지는 동안 인테프는 비교적 평온한 나날을 보냈다. 마침내 열하루가 지나고 축제의 막이 내리자, 그를 포함한 12명의 사제는 다시한번 배를 짊어질 준비를 했다. 귀환의 여정은 사뭇 달랐다. 어깨에 장대를 얹고 배를 짊어지자 아직 가시지 않은 아픔이 느껴져 인테프는 잠시 긴장했다. 그러나 이번에는 가까운 강변까지 조금만 이동하면 된다는 이야기를 듣고는 크게 안심했다. 강변에는 한 척의 너벅선(너비가 넓은 배 — 편집자)이 정박해 있었는데, 거기에 세 척의 배를 싣고 물길을 따라 처음 출발했던 신전으로 돌아가는 여정이었다. '두 곳의 왕국을 세운 아케페루레'라는 이름의 거대하고 화려한 파라오의 전용선이 동행하는 이 항해를, 나일강 강둑을 따라 줄지어 늘어선 군중들이 환호하며 환송할 예정이었다. 목적지인 카르나크 대신전의 사제들은 아마도 불안하고 초조한 마음으로 아문 신의 귀환을 기다리고 있으리라. 축제는 강렬한 인상을 남기며 성공적으로 끝이 났다. 인테프의 사제 활동 기간도 끝에 가까워지고 있었다. 그리고 무엇보다도 아문 신을 실은 배는 아무런 사고 없이 무사히 목적지에 도착했다.

Chapter

3

나일강이
흘러넘치면,
그 세 번째 달

나일강의 어부
네페르

농부 바키의 밀밭 가장자리에 우뚝 솟은 땅 위에는 어부 네페르의 작은 오두막집이 있었다. 네페르는 집을 나와 얼마 떨어지지 않은 강둑을 향해 어슬렁거리며 내려갔다. 그는 자신이 살고 있는 집에 대해 별반 신경을 쓰지 않았다. 야자수 잎으로 지붕을 이고, 문을 제외한 나머지 부분에 진흙으로 벽돌을 빚어 세운 집 안에는 누워 자거나 앉아서 쉴 수 있는 깔개와 이불 그리고 베개 역할을 하는 세탁해 접어둔 옷가지가 전부였다.

사실 네페르는 옷을 제대로 차려입고 있을 때가 거의 없었다. 나일강의 어부로 살다 보니 늘 물과 진흙탕 속에서 물고기 비린내와 씨름하는 것이 일상이었다. 가족 없이 혼자 사는 그의 생활은 신경 쓸 일 없이 늘 단순했으며, 일 역시 위험할 때도 있었지만 대부분 느긋하고 재미있게 해나갔다. 물론 나일강의 변덕스러운 흐름은 물에 아무리 익숙한 사람이라도 언제든 목숨을 앗아갈 만큼 위험했다. 물의 흐름만큼 위험한 악어와 하마도 있었다. 이집트에서 가장 무서운 짐승인 악어와 하마는 매년 어부들뿐만 아니라 다른 사람들에게도 많은 피해를 입혔다.

네페르의 아버지와 그의 두 형제도 불과 몇 년 전 하마에게 목숨을 잃었다. 성난 하마가 물속 깊은 곳에서 갑자기 튀어나오더니 그 거대한 입을 벌리고는 세 사람이 타고 있던 조각배를 덮쳤던 것이다. 무서운 야수의 강력한 턱과 날카로운 이빨은 배에 타고 있던 세 사람 모두에게 치명적인 부상을 입혔다. 강둑에서 그 광경을 무기력하게 바라보던 네페르는 그저 비명을 지르는 것 말고는 할 수 있는 일이 없었다. 나중에야 겨우 강 하류에 떠오른 아버지와 형들의 시체를 건져냈을 뿐이다. 아무것도 가리지 않고 무조건 신선한 고기를 찾는 악어와는 다르게 하마는 초식동물이었다. 그런 만큼 오히려 성난 하마의 공격은 순수한 악의 (惡意) 그 자체로 여겨졌다.

그래도 네페르는 어부라는 직업에 대체로 만족했다. 다른 일거리나 직업이 지닌 안 좋은 모습들과 비교했을 때 자신이 하는 일이 더 낫다고 생각했다. 무엇보다 배를 몰고 나갈 때마다 좋든 나쁘든 언제나 깜짝 놀랄 새로운 일들을 마주했기에 늘 두근거리는 마음으로 일터로 향했다.

강둑에 도착한 네페르는 먼저 와서 어제 망가진 그물을 손질하던 동료 어부들과 인사를 나누었다. 이들은 대부분 네페르와 비슷한 또래로 손발이 잘 맞았고, 그중 몇 명은 그의 사촌이기도 했다. 이 어부들의 우두머리가 바로 네페르의 삼촌이었다. 젊은 어부들을 고용한 삼촌은 이집트 사람들의 생활필수품이라 할 수 있는 빵과 맥주는 물론, 잡은 물고기의 일부를 노동의 대가로 제공했다.

"오늘도 나일강을 지켜주시는 하피 신께서 축복을 허락하셔서 무사히 하루를 보내고 많은 물고기를 잡게 되기를!"

네페르가 소리치자 모두 고개를 끄덕였다. 오늘 할 일은 비교적 어렵지 않았다. 어부들은 배를 타고 강으로 나가는 무리와 그대로 강둑에 남는 무리로 나뉘어 각자 맡은 일을 시작했다.

나일강에서 빈손으로 돌아가는 날은 거의 없었다. 어부들은 물가에 대놓은 배들을 주의 깊게 살피며 모든 것이 잘 정돈되어 있는지 확인했다. 배는 강변에서 꺾어온 가벼운 파피루스 줄기로 만들었다. 파피루스 줄기들을 모아 단단히 묶어 만든 여러 개의 다발을 연결해 군데군데 매듭을 조이고, 배의 양쪽 끝부분을 각각 줄로 묶은 뒤 당겨 배의 바닥에 고정하면 훌륭한 배 한 척이 완성된다. 이 작은 어선에는 작살과 삿대, 그물이 담긴 광주리 그리고 나무로 된 곤봉 등이 실린다. 모든 준비와 정리가 끝나면 마지막으로 잘 말려서 둥글게 엮은 파피루스 줄기를 배에 싣는다. 이 파피루스 줄기들은 위험한 상황이 발생했을 때 사람을 구하는 일종의 구명대 역할을 한다.

모든 준비를 끝낸 두 척의 조각배는 습지 가장자리로 이동했다. 오늘 네페르는 가깝게 붙어 움직이는 배들의 위치를 확인하며 그물 치는 일을 지휘할 예정이었다. 어부들은 두 배 사이로 그물을 던졌다. 그물 주변으로 물고기들이 모여들면 좋겠지만, 말처럼 쉽지만은 않았다. 나일강에는 물고기 말고도 수많은 잔해물과 수초가 떠다녀서, 이것들이 그물에 걸리거나 아예 그물을 찢어놓기도 했다. 어부들 사이에서는 야자수를 비롯해 배가 부풀어 오른 개코원숭이, 다른 어부들이 버린 그물, 심지어 사람의 시체까지 그물에 걸리는 별별 기이한 것에 대해 많은 이야기가 오갔다.

네페르는 배 한가운데에 균형을 잡고 서서 다른 어부와 함께 그물의 양쪽을 붙잡고 들어 올렸다. 늘 해오던 익숙한 솜씨로 그물을 옆에 있는 배를 향해 던지자, 그쪽 어부들이 그물을 붙잡아 중간 부분을 그대로 강물 속으로 가라앉혔다. 몇 분 동안 참을성 있게 기다린 뒤 두 척의 작은 배는 뱃머리를 육지 쪽으로 돌렸다. 물가에서 기다리던 다른 사람들의 도움을 받아 그물을 끌어당기자 작은 물고기 몇 마리 외에 물에 흠뻑 젖은 식물과 죽은 따오기 등이 한데 뒤엉켜 올라왔다. 누군가 나무 곤봉으로 물고기가 아닌 다른 쓰레기들을 밀어서 치웠다. 그리고 다시 강으로 떠나기 전에 주의 깊게 그물을 살피고 정리했다.

배를 타고 나가지 않고 강둑에 서서 낚싯대와 작살로 물고기를 잡는 사람들도 그럭저럭 수확이 있는 것 같았다. 그중에서도 탁월한 솜씨를 보이는 한 늙은 남자가 있었다. 강 저편에 멀찌감치 홀로 선 타누니는 거의 보이지 않는 눈으로 강물 위를 가만히 노려보며 작살을 이리저리 겨냥했다. 때로는 족히 수십 분이 넘는 시간 동안 깊은 인내심을 발휘한 끝에 마침내 작살을 던지면, 종종 다른 사람들이 깜짝 놀랄 정도로 커다란 물고기가 잡히곤 했다. 심지어 늙은 타누니 혼자서 네페르와 그의 동료들이 그물로 잡은 것보다 더 많은 물고기를 잡을 때도 있었다. 젊은 어부들은 놀란 눈으로 그 광경을 지켜보며 눈도 거의 보이지 않으면서 어떻게 그런 솜씨를 발휘하는지, 무슨 비결이라도 있는지 물었지만 그는 애매한 대답만 해줄 뿐이었다.

"눈은 보이지 않지만, 아직 귀로 들을 수 있고 냄새도 맡을 수 있지. 그리고 뭔가 느낌이라는 게 있거든. 게다가 참을성도 꽤 있고 말이지.”

그렇게 타누니는 별반 시간도 들이지 않고 광주리를 가득 채운 채 집으로 돌아갔다. 겉으로 보기에는 아주 쉽게 물고기를 주워 담는 것처럼 생각될 정도였다.

물고기가 가득 찬 광주리를 어깨에 둘러멘 두 어부가 땅 위로 솟은 메마른 길을 가로질러 사람들로 북적이는 마을 시장으로 향했다. 초조한 모습으로 기다리던 네페르의 삼촌은 광주리 안을 살펴보며 늘 그렇듯 별반 달갑지 않은 표정을 지어 보였다. 그는 광주리 안에서 가장 작은 물고기들을 꺼내 젊은 어부들에게 한 마리씩 건네며 옆에 놓인 그들의 하루치 일당, 즉 빵과 맥주 단지를 손짓해 보였다.

“내일은 좀 더 애를 써봐.”

언제나처럼 상대방의 기분이나 의견 같은 건 안중에도 없는 듯한 반응이었다.

● 나일강에서 고기를 낚는 어부들.

바야흐로
노역의 계절

신선한 바람과 함께 기분 좋을 정도로 따뜻한 날씨가 이어졌다. 나일강이 범람한 덕분에 밭은 아직 물에 잠겨 있었다. 바키는 비교적 가벼운 집안일을 끝마치고는 만족스러운 기분으로 마을 거리를 어슬렁거리며 돌아다녔다. 다시 집에 돌아가면 점심을 먹고 한숨 늘어지게 낮잠을 잘 수 있으리라. 그러나 농부는 집이 가까워지자 발걸음을 멈추고는 다른 방향으로 돌아서 집으로 들어갈 방법을 궁리하기 시작했다. 낯선 두 남자가 그의 이웃집 문 앞에 서서 집주인과 뭔가를 다투고 있었다. 한 사람은 높은 자리에 있는 나리처럼 말쑥한 옷차림이었고, 다른 사람은 간편한 옷차림에 무시무시해 보이는 창을 들고 옆구리에는 짧은 단검까지 차고 있었다.

바키는 방향을 바꿔 물에 잠긴 밭의 가장자리를 가로질러 뛰었다. 집에 도착하자 몸을 낮춘 채 재빨리 집 안으로 뛰어 들어갔다. 집의 출입문역할을 하는 천을 슬쩍 젖히자 아까 보았던 낯선 남자들이 이쪽으로 점점다가오는 모습이 보였다.

"저 사람들이 여기로 오면 남편은 집에 없다고 해." 바키가 무투이에게 말했다. "다리를 다쳐서 먼 곳에 있는 친척 집에서 요양 중이라고 말하라고!"

그러나 무투이는 그렇게 하지 않겠다고 대꾸했다. 그녀는 이제 나일강이 범람하는 동안 어떤 상황이 펼쳐지는지 아주 잘 알았다. 낯선 두 사람은 파라오가 보낸 사람들로, 이 시기에 노역이나 군역을 시킬 신분이 낮은 남자들을 찾아다니고 있었다. 한 사람은 나라의 부름에 응해야 한다는 소식을 공식적으로 전하는 행정 담당 서기관이었고, 다른 한 사람은 집행을 담당하는 병사였는데, 보기만 해도 아무 변명도 할 수 없을 것 같은 무시무시한 모습이었다. 작년에 바키는 거대한 곡물 창고를 짓는 일에 동원되어 배로 하룻길 정도 북쪽으로 올라가 몇 주 동안 노역에 시달렸다. 대부분 다른 사람들과 줄지어 늘어선 채 햇빛에 말린 진흙 벽돌을 한 장씩 전달해 전문 기술자가 최종 마무리를 하도록 돕는 일이었다. 그리 어렵지는 않았지만 그야말로 따분하고 지루하기 그지없었다.

노역에 동원된 남자들은 대강 설치해놓은 천막이나 임시 숙소에서 매일 밤 동료들이 내는 코골이 소리와 다른 불쾌한 소리에 부대끼며 잠을 자야 했으며, 음식과 맥주는 충분히 제공되었지만 도무지 밍밍하고 맛이 없었다. 게다가 사방이 온통 진흙과 석회 반죽투성이라서 좀처럼 깨끗하게 지내기도 어려웠다. 그렇지만 바키는 특별히 비협조적이거나 게으름을 피우지 않는 이상, 비인간적인 대우를 받는 경우는 거의 없다는 사실을 알게 되었다. 작업을 지휘하는 관리자들은 모인 사람 대부분이 가족이 있는 집을 떠나 어쩔 수 없이 끌려온 평범한 백성들이라는 사실을 잘 알았다. 정말로 위험하거나 힘든 일은 죄수나 외국에서 잡아 온 포로들에게 전적으로 맡겨졌다.

어쨌든 바키는 그 두 사람이 집 가까이 다가오는 것을 보고는 즉시 자신의 잠자리로 달려가 머리 위로 담요를 뒤집어썼다. 잠시 후 예상했던 이야기 소리가 들려왔다.

"안녕들 하십니까? 바키라는 농부와 이야기를 좀 나눠야 하는데…. 여기가 바키의 집이 맞지요? 지금 안에 있습니까?"

무투이는 사람들을 집 안으로 맞아들였다. 말을 걸어온 사람은 행정 담당 서기관이 분명했으며, 그의 손에는 이름이 잔뜩 적힌 파피루스 두루마리 하나가 들려 있었다. 무장한 병사는 아무 말 없이 조용히 옆에 서 있기만 했다.

"네, 바키네 집이 맞습니다." 무투이가 또렷한 목소리로 대답했다. 정작 바키는 누구에게도 숨어 있는 걸 들키지 않기를 바라며 쥐 죽은 듯 조용히 엎드려 있었다. "우리 남편은 지금 저기서 낮잠을 자고 있는데요!"

바키는 어쩔 수 없이 몸을 일으켜 문가에 서 있는 두 남자를 마주했다. 정말로 낮잠이라도 자고 있었던 것처럼 자신도 모르게 눈을 껌뻑거렸지만, 무투이를 노려보는 것만큼은 잊지 않았다. 사실 바키의 아내는 남편에게 별다른 불만이 없었지만, 남편이 집에 없는 시간도 조금 누리고 싶었다. 요즘처럼 나일강이 범람하는 시기에 남편이 집에서 너무 많은 시간을 보내고 있을 때는 특히 그랬다.

"아, 바키! 안녕하시오!" 서기관이 말했다. "우리가 찾아온 이유를 알고 있겠지요? 위대하신 파라오 아케페루레 아멘호테프와 존경하는 그분의 총리대신이신 아메네모페트 그리고 파라오의 공사 감독관인 베니아를 대신하여 전하노니, 파라오께서 영원토록 거하실 새로운 집을 건설하는 최고의 영예를 위해 그대의 능력이 필요하게 되었소."

바키는 침을 꿀꺽 삼켰다. 그 새로운 집이라는 곳은 현재 정성을 다해 세워지고 있는 사원이었다. 언젠가 완성이 되고 지금의 파라오가 세상을 떠나게 되면, 그 사원은 파라오를 기억하고 숭배하는 장소로 영원히 남게 될 것이다. 그러나 바키에게는 그저 벽돌을 이리저리 지고 날라야 하는 또 다른 공사 현장일 뿐이었다. 그곳은 다른 사원들이 위치한 강 건너편에 있었고, 심지어 지금 살고 있는 집에서도 알아볼 정도로 거리가 매우 가까웠다. 바키는 달리 노역을 피할 방법이 없다는 걸 알면서도 몇 가지 질문을 던져보았다.

"일은 언제 시작이 됩니까? 아니, 언제까지 일을 하면 되지요? 일이 끝나고 해가 지면 집으로 돌아가도 될까요?"

"작업 기간은 4주 정도입니다. 편안한 숙소와 좋은 음식이 제공될 테니, 다른 동료들과 함께 일을 마치고 나면 그곳에서 머물도록 하시오. 당신이 집에 없더라도 가족들에게는 충분한 곡물과 맥주가 배급될 것이오. 강 건너편까지 가야 하니 내일 새벽에 부둣가에서 다시 보도록 합니다. 명심하시오, 이건 모두 신들에게 영광을 돌리는 일이라는걸."

옹기장이
로이

로이는 그릇 만들기를 좋아했다. 어린 시절, 진흙 구덩이에서 놀면서 점점 더 정교한 모양의 작은 그릇들을 만들었다. 몇 세대에 걸쳐 옹기장이로 가업을 이어온 아버지조차 깜짝 놀라게 할 만한 솜씨였다. 그의 아버지는 반복적이고 단조로운 작업 과정에 대해 늘 투덜댔지만, 아들 로이는 사람들 대부분이 잘 이해하지 못하는 일종의 열정을 가지고 그 일을 진정으로 즐기는 것처럼 보였다. 매일 아침 일찍, 로이는 가마가 있는 작업장에 도착해 거의 쉴 틈 없이 일에 몰두했다. 빵을 씹어 삼키고 맥주를 몇 모금 들이켜는 것이 그의 유일한 휴식 시간이었다.

로이는 그릇 만드는 작업장을 소유한 부유한 주인 밑에서 일했다. 그곳에서 맥주와 포도주, 기름, 곡물 그리고 보관이나 이동이 필요한 모든 것을 담을 수 있는 온갖 종류의 그릇을 만들었다. 마을 밖에 쌓인 깨진 조각들이 보여주듯, 아무리 잘 빚은 항아리나 그릇이라도 언젠가는 깨지거나 부서지게 마련이니 일은 끊이지 않고 있을 터였다. 그리고 일을 무한정 계속할 수 있는 충분한 재료도 바로 근처에 있었다.

로이는 일하는 동안에는 말도 거의 하지 않았다. 그의 주인 또한 탁월한 솜씨를 지닌 뛰어난 일꾼을 방해하지 않고 그대로 내버려두는 편이 더 낫다는 사실을 잘 알고 있었다. 올해 스물다섯 살로 아직 부모님과 함께 살고 있는 로이는 여자에게도 별 관심이 없었다. 사람들은 그런 그에게 어울리는 짝이 있다면, 진흙으로 구운 항아리일 거라며 농담을 던지곤 했다. 지난주에는 양쪽에 손잡이가 달린 둥글넓적한 항아리를 수백 개나 구워냈는데, 특별히 어렵지는 않아도 어느 정도의 기술과 집중력이 필요한 작업이었다.

작업을 하기 위해서는 우선 나일강 근처의 특정한 지역이나 사막 가장자리의 구덩이에서 진흙을 모아야 했다. 진흙은 어렵지 않게 찾을 수 있는 재료였다. 로이의 작업장에서는 두 군데 모두에서 들여오는 진흙을 사용했는데, 특히 바키의 밭 한쪽 구석에서 발견되는 진흙의 질이 좋았다. 그렇게 진흙을 퍼 가는 대신 농부는 항아리나 그릇을 받았고, 그걸 다시 다른 물건들과 교환할 수 있으니 생활에도 보탬이 되었다. 진흙이 도착하면 어린 남자아이 몇 명이 진흙에 모래나 다른 재료들을 더하고 적당하게 물을 뿌려 치대는 작업을 한다. 그렇게 진흙이 적당한 점도(粘度)에 도달하면 공 모양으로 둥글게 뭉쳐서 바구니에 담아 옹기장이에게 가져간다.

아이들은 이 작업을 하느라 거의 매일 머리부터 발끝까지 진흙으로 뒤덮인 채 지냈지만, 자신도 늘 비슷한 모습인 로이는 별반 신경 쓰지 않았다. 작은 기둥 위에 올려놓은 평평하고 둥근 돌판 앞에 앉은 로이는 진흙 한 덩어리를 위에 올리고 능숙하게 작업을 시작했다. 왼손으로는 둥근 돌판을 돌리고 오른손으로는 진흙 덩어리를 주무르면서 이따금 옆에 있는 물동이에 손을 집어넣어 물에 적시는 걸 잊지 않았다. 얼마 지나지 않아 두께가 똑같은 항아리 몸통이 만들어졌고, 양쪽에 손잡이를 붙여 완성한 뒤 항아리를 그대로 그늘에서 말렸다. 완전히 다 마르지 않은 상태에서 특별한 장식을 추가하거나 색을 칠하기도 했지만, 일반 사람들이 사용하는 실용적인 항아리를 대량으로 빚어낼 때는 그런 불필요한 작업은 하지 않았다.

바로 옆에는 진흙 벽돌을 쌓아 만든 커다란 가마가 준비되어 있었다. 그늘에서 항아리가 마르면 가마 안에 아주 조심스럽게 차곡차곡 쌓아 올린 뒤, 가마 꼭대기의 구멍을 막고 밑에서 불을 붙인다. 그렇게 어느 정도 시간이 지나면, 완전히 구워진 단단한 항아리를 꺼내 식혀서 옆에 모아둔다. 지금까지 셀 수도 없이 많은 항아리와 그릇을 빚고 구워냈지만, 가마에서 새로운 작품이 나올 때마다 로이는 언제나 한 걸음 물러서서 감탄하며 바라보았다. 나일강에서 퍼온 진흙으로 만들어 구워낸 항아리는 갈색이나 심지어 붉은색을 띠는 반면, 다른 곳의 진흙으로 빚어 구운 항아리는 그보다 더 밝은색을 띠었다.

도기에 숨겨진 고고학적 비밀

고대의 유적지에서 나온 도기(陶器)나 그 파편들은 고고학자들에게 귀중한 정보를 제공한다. 이집트를 비롯한 고대문명 대부분에서 진흙으로 빚어 구운 그릇들은 아주 흔한 생활필수품이었다. 항아리와 그릇, 주전자, 접시 그리고 물잔이나 술잔 등은 오늘날과 마찬가지로 어디에서든 사용되었으며, 그만큼 깨지거나 부서지는 일도 많아 끊임없이 새 물건이 공급되었다. 의복이나 가구의 모양이 시대에 따라 달라지는 것처럼, 도기도 마찬가지였다. 도기의 모양이나 양식의 변화에 대한 지식이 쌓이면, 그런 유물들이 발굴된 유적지에 대한 대략적인 연대를 파악하는 데 큰 도움이 된다.

동료들보다 더 많은 물건을 만들어내고, 품질도 계속해서 끌어올리고 싶은 끝없는 열망 때문에 로이는 사람들이 모두 집으로 돌아간 뒤에도 종종 작업장에 남아 늦게까지 일을 했다. 때때로 그는 몇 가지 특별한 작업도 했는데, 가장 최근에는 못생긴 얼굴로 유명한 베스 신의 모습을 닮은 주둥이가 있는 주전자를 만들었다. 자신도 옹기장이면서 별로 일을 즐기지 않는 아버지와는 달리, 언제든 새로운 걸 보면 놀라고 기뻐하는 어머니를 위한 선물이었다.

이런 특별한 주전자를 만들기 위해서는 그냥 돌판을 돌리는 것보다 훨씬 더 정교한 기술이 필요했다. 안쪽에서 시작해 바깥쪽을 향해 빚어나가며 전체적인 형태를 완성한 로이는 베스 신의 기괴한 특징을 조심스럽게 새기고, 진흙 덩어리를 붙여서 몇 가지 눈에 띄는 세부 부분을 추가했다. 마침내 툭 튀어나온 눈에 혀를 쑥 내밀고 긴 턱수염을 단 베스 신의 모습을 닮은 주전자가 완성되었다. 그는 가마에 집어넣기 전에 마지막으로 다시 그 위에 색을 입혔다. 실생활에서 충분히 사용 가능하면서도 예술적인 면까지 곁들여진 이 작품은 어머니에게는 더없이 소중한 선물이 되리라.

몇 년 전 평소처럼 늦게까지 일을 하고 있던 어느 날 밤, 자신을 와라고 소개한 한 남자가 로이를 찾아왔다. 그는 이따금 부탁할 때마다 특별한 항아리나 그릇을 만들어줄 수 있겠느냐고 물었다. 와는 몰고 온 당나귀 옆에 매달린 그물에서 커다란 항아리 하나를 꺼내 바닥에 내려놓았다.

"이건 이집트에서 만든 것이 아닌데요!"

놀란 로이가 소리쳤다.

"잘 알아보시는군요." 와가 대답했다. "나라 밖에서 들여온 것이지요. 그렇지만 그 모양이 무척이나 마음에 들어서요. 그러니까 이런 비슷한 모양의 그릇 몇 개를 만들어주신다면 아주 질이 좋은 포도주를 가져다드리겠습니다."

로이는 손잡이가 달린 밝은 색깔의 이 신기하고 낯선 단지를 찬찬히 살펴보았다. 이집트의 것과 많이 다르다고 해도 로이의 실력으로 만들지 못할 물건은 아니었다.

"그러니까 이런 걸 10개쯤 만들어줄 수 있겠습니까?"

와는 멋진 술잔에 포도주를 따라서 로이에게 권했다. 로이는 포도주를 받아 마시고는 다시 잔을 내밀었다. 그렇게 몇 번인가 더 포도주가 오간 뒤 마침내 로이는 고개를 끄덕였고, 와는 그날 이후 특별 주문을 하는 고객이 되었다.

이집트 왕자
투트모세

시원한 바람이 사막의 뜨거운 열기를 식혀줄 무렵, 말을 탄 두 남자가 거대하게 솟은 장엄한 모습의 기념물을 향해 다가가고 있었다. 투트모세 왕자는 말에서 내려 호위병에게 말고삐를 건네고는 눈이 부신 듯 눈 위를 손바닥으로 가리고, 오래전 그의 조상들이 돌로 쌓아 올린 세 개의 거대한 피라미드를 황홀한 듯 바라보았다.

멤피스에서 북쪽으로 한참 더 올라와야 볼 수 있는 이 피라미드들은 이집트에 있는 다른 피라미드들과는 모습과 느낌이 사뭇 달랐다. 이집트에는 수많은 유적과 유물이 있지만 규모와 장엄함에 대해서라면 감히 비교할 대상이 없을 정도였다. 수도 남쪽에 더 최근에 세워진 일부 피라미드들은 비용을 줄이기 위해 진흙 벽돌을 사용했는데, 그 때문에 이미 손상된 부분이 발생하고 있었다.

이집트의 왕자라면 더 중요하게 여겨야 할 일이 많다고 생각하는 파라오에게는 당혹스러운 일이었지만, 투트모세 왕자는 이 근처를 자주 찾았다. 지금으로부터 1,000년 전 이집트를 통치했던 파라오 쿠푸Khufu가 세운 가장 큰 피라미드가 잘 다듬어 광택이 날 정도로 번쩍이는 석회암 외벽을 자랑하며, 다른 피라미드들을 내려다보고 있었다. 파라오 쿠푸의 시신은 인간의 탐욕을 피해 피라미드 저 깊은 곳 어딘가에 안치되어 거대한 벽의 보호를 받았다. 이 피라미드의 형태는 마치 하늘로 향하는 계단처럼 솟아올라 그 꼭대기에 태양의 뜨거운 빛이 한데 모이는 것처럼 보이기도 했고, 또 어떻게 보면 다른 신들을 만들어낸 창조의 신 아톰이 태어났다고 하는 높이 솟은 태고의 흙더미를 닮은 것 같기도 했다.

전체적인 규모를 보면 그의 아들 카프레Khafre가 옆에 세운 피라미드와 쿠푸의 대피라미드가 서로 비슷했지만, 카프레의 피라미드는 일부러 조금 더 높은 땅 위에 세워졌기 때문에 멀리서 보면 아버지의 것보다 약간 커 보이기도 했다. 마지막 세 번째 피라미드는 파라오 멘카우레Menkaure의 피라미드로 앞서 두 피라미드에 비해 크기는 작지만, 아래의 기초 부분을 이집트 남부에서 가져온 붉은색 화강암으로 만들어서 더 사람들의 눈길을 끌었다. 그 밖에 조금 멀리 떨어진 곳에 세워진 여섯 개의 작은 피라미드 안에는 왕비나 공주들의 시신이 안치되었다고 전해졌으며, 주변을 둘러싸듯 한 줄로 늘어선 수백 개의 직사각형 구조물은 아주 오래전 살았던 수많은 파라오의 시종이나 친구들의 개인적인 묘지로 알려졌다.

이 지역의 중심이 되는 세 개의 거대한 피라미드는 아래 기초 부분에 각각 사원이 있어서 오래전에 제물을 바치는 데 이용되었으며, 돌로 포장된 둑길이 세 파라오의 장례식을 치렀던 다른 사원들과 이어져 있었다. 투트모세 왕자는 얼마나 오랜 세월 동안, 얼마나 많은 사람이 이 피라미드 공사에 동원되었는지 도무지 짐작조차 할 수 없었다.

파라오 쿠푸의 대피라미드

카이로 외곽에 있는 기자 평원에는 이른바 파라오 쿠푸의 대피라미드가 자리하고 있다. 이 피라미드의 바닥 면적은 5만 제곱미터가 넘고, 처음 세워졌을 때의 높이는 146.5미터에 달했던 것으로 추정된다. 현재 확인할 수 있는 바닥의 각 측면 길이는 230.6미터 정도다. 기원전 2550년경에 지어진 이 피라미드에는 커다란 상자 모양으로 다듬은 돌이 200만 개 이상 사용되었고, 20년에서 25년에 걸쳐 연인원 수만 명 이상이 동원되었을 것으로 추정된다. 인부 대부분은 나일강 범람 시기에 집에서 쉬고 있던 근처의 일반 백성들이나 농부들이었을 것이다. 파라오 쿠푸의 피라미드는 1311년 영국에서 160미터 높이의 링컨 대성당 첨탑이 완성될 때까지 인류가 만들어낸 가장 높은 인공 구조물이었다.

수천 명의 사람이 한자리에 모여 정확한 계산에 따라 상자 모양의 무거운 돌덩어리들을 끌어당겨 정해진 자리에 올리는 모습은 무척이나 장관이었을 것이다. 이따금 바람이 불어 오래전 공사에 동원되었던 인부들이 살았던 거대한 임시 주거지의 진흙 벽돌 잔해가 나타날 때마다 젊은 왕자는 감회에 젖어 들었다. 이 주변의 모든 것이 그랬던 것처럼, 과거의 주거지 흔적들도 제대로 남은 것 없이 전부 모래로 뒤덮였다.

공사에 동원된 수많은 남자 인부를 위해 숙소와 먹을거리가 제공되었을 테고, 이들의 주식인 빵을 비롯해 여러 가지 생필품을 가져오는 인력들도 따로 있었을 것이다. 이런 공사에서 반드시 발생할 수밖에 없는 부상자들을 치료하기 위해 의사들도 대기하고 있었을 것이다. 지금과 마찬가지로 매년 나일강이 범람하는 시기에는 많은 농부가 특별히 하는 일 없이 집에 머물러 있었을 것이기에, 전문적인 인력 외에 기본적인 작업 인력을 모으는 건 그리 어려운 일이 아니었을 것이다. 또한 나일강의 범람은 강 반대편에 있는 채석장에서 필요한 석재를 배로 운반할 때 크게 도움이 되었을 터였다.

늘 오래된 피라미드와 그 주변 지역에 대한 호기심으로 가득했던 투트모세 왕자는 호위병 한 사람만을 데리고 돌아다니며 구경하기를 즐겼다. 젊은 왕자는 가장 좋아하는 기념물을 제일 마지막까지 아껴두었는데, 그건 바로 거대한 암석 하나를 통째로 깎아서 만든 스핑크스였다. 파라오 카프레를 상징하는 이 스핑크스는 카프레의 얼굴을 한 사자가 길게 엎드린 모습이었으며, 그 자체로 태양의 신 호레마케트Horemakhet의 현신으로 알려지기도 했다. 그러나 지금 왕자의 눈에 보이는 건 안타깝게도 스핑크스의 거대한 머리뿐으로, 몸은 자연의 힘을 이기지 못하고 모래 더미에 파묻혔다. 파라오를 위한 머리 장식과 수염을 한 스핑크스의 머리는 정확하게 동쪽을 바라보고 있었다.

그러나 사람들은 이 스핑크스를 여전히 중요하게 생각했다. 파라오 아케페루레 아멘호테프도 몇 년 전 스핑크스 근처에 기념비와 함께 작은 사원을 지었다. 사원은 평평한 석회암 바닥 위에 지어졌는데, 입구를 통해서 스핑크스의 거대한 머리 전체를 바라볼 수 있었다.

점심때가 되자 젊은 왕자는 스핑크스의 머리 옆에 깔개를 깔고, 궁전에서 정성 들여 준비한 오리고기와 푸성귀 그리고 포도주로 요기를 했다. 식사를 마치고 난 왕자는 얼마 지나지 않아 꾸벅꾸벅 졸기 시작했다. 여

● 기자 평원의 모래 더미 속에 일부분이 파묻힌 대피라미드와 스핑크스. 스핑크스는 1920년대에 접어들고 나서야 그 모습이 완전히 드러났다.

전히 호위병은 왕자와의 거리를 적당하게 유지하며 경계를 풀지 않았다. 왕자는 낮잠을 자는 동안 꿈을 꾸었다. 깊은 의미가 담긴, 어떻게 보면 예언에 가까운 꿈이었다. 꿈속에서 호레마케트의 모습으로 나타난 스핑크스는 투트모세 왕자에게 이렇게 약속했다.

"나의 몸을 뒤덮은 모래들을 전부 치워준다면 그 대가로 반드시 너를 이집트의 파라오로 만들어주겠다."

낮잠에서 깨어난 왕자는 다시 말에 올라타고 남쪽의 멤피스로 향했다. 그렇지만 머릿속에는 온통 꿈 생각뿐이었다.

멤피스 궁전의 주인, 아멘호테프는 여전히 투트모세 왕자가 못마땅했다. 언젠가는 왕위를 이어받을 왕자가 아직 배울 것이 산더미처럼 많은데도, 자신의 하찮은 호기심을 채우기 위해 시간을 낭비하는 것이 영 마음에 들지 않았다. 어쩌면 파라오는 중대한 결정을 내려야 할지도 몰랐다. 강하고 유능하며 중요한 것을 구분하는 다른 왕자를 찾아 나이에 상관없이 후계자로 삼아야 하는 것은 아닐까? 정말 그런 결심이 섰다면 곧 그 사실을 널리 알려야 할 것이다. 설령 백성들 사이에서 소란이 일어나더라도 그것만이 이집트를 위하는 길일 것 같았다.

파라오는 자신의 생각을 티아 왕비에게 알렸다. 그러나 왕비는 강력하게 반발했다. 파라오 아멘호테프가 특별히 아꼈던 웨벤세누Webensenu 왕자가 세상을 떠난 뒤 왕비가 가장 마음을 쏟은 건 다름 아닌 투트모세 왕자였다. 파라오는 웨벤세누 왕자를 잃은 슬픔이 얼마나 컸던지 테베 근처의 아직 공사가 끝나지 않은 자신의 묘지 속 작은 방에 왕자의 시신을 안치해두기까지 했다.

　호위병과 함께 궁전으로 돌아온 투트모세 왕자는 말에서 내렸다. 어머니가 머물고 있는 방으로 서둘러 찾아간 왕자는 자신이 꾸었던 꿈에 대해 열정적으로 이야기했다. 이야기를 들은 티아 왕비는 아들에 대한 믿음이 되살아나며 어느 정도 안심이 되었지만, 동시에 불안한 마음도 일었다. 파라오인 아버지의 생각을 바꾸려면, 철없는 젊은이의 꿈보다 더 강력한 무엇인가가 필요했다. 왕비는 파라오를 찾아갔지만, 남편의 반응은 그녀가 예상한 그대로였다. 이집트의 신들까지 나서서 아들의 꿈속에서 예언했음에도, 파라오 아멘호테프는 그런 이야기에 흔들리지 않았다.

Chapter

4

나일강이
흘러넘치면,
그 네 번째 달

궁전의 서기관
미나크트와 다기

미나크트는 강으로 이어지는 흙먼지투성이의 길을 따라 걸었다. 한 젊은 이도 그의 뒤를 따랐다. 두 사람이 신은 가죽신의 흔적이 길을 따라 이어지며 다른 이들의 맨발 자국과 확연히 구분되었다. 얌전히 두 사람의 뒤를 따라오는 당나귀의 등에는 원숭이 한 마리가 묶여 있었고, 염소 한 마리도 당나귀와 줄로 이어져 바싹 붙어 가는 중이었다.

  궁전에서 일하는 고참 서기관인 미나크트는 자신들이 사용할 고급 파피루스 종이를 구하기 위해 궁전 밖으로 나왔다. 평소에는 심부름꾼을 보내곤 했지만, 오늘은 새롭게 들어온 수습 서기관 다기에게 서기관으로서의 기본적인 소양을 가르칠 겸 동행하기로 했다. 미나크트는 다기가 파피루스 종이 만드는 과정을 지루하게 여기지 않기를 바랐다. 종이의 품질을 평가하고 가격을 책정하는 법을 가르치는 것은 대단히 중요한 일이었기 때문이다.

궁전에서 일하는 한 관료의 아들인 다기는 최근에 서기관 학교를 졸업했다. 그는 선배 서기관으로 모시게 된 미나크트가 성품이 아주 온화한 사람이란 걸 알고는 무척이나 기뻤다. 아마도 다른 수습 서기관들의 형편은 자신과는 크게 다르리라. 서기관 학교 동기생 하나는 테베에 있는 거대한 아문 사원의 건축 자재를 담당하는 부서에 배치되었는데, 서류에서 실수를 지적받을 때마다 모욕적인 질책과 함께 발길질을 당하는 것이 일상이라고 했다. 실수하지 않았다고 주장해봐야 아무런 소득 없이 똑같은 발길질이 날아올 뿐이라고 했다.

이집트의 상형문자를 능숙하게 읽고 쓰기 위해서는 몇 년의 세월이 걸렸고, 배우는 과정 또한 무척이나 혹독했다. 극소수만이 글을 읽고 쓸 수 있었으며, 그러한 능력을 갖추게 됨과 동시에 정확성과 완벽함이 요구되는 큰 책임이 맡겨졌다. 그리고 주로 이집트를 지배하고 있는 상류층의 자녀들이 서기관이라는 직업을 택했다.

이집트의 상형문자

고대 이집트를 연구하는 학자들은 공식적인 고대 이집트의 문자를 '신성문자hieroglyphics'가 아닌 '상형문자hieroglyphs'로 분류하며, 실제로는 대부분 그림문자를 보조하는 형용사라고 이야기한다. 처음에 학자들은 이집트의 상형문자를 하나의 이야기 형태로 뭉뚱그려 읽으려 했다. 그러나 복잡

> 한 이집트문자가 사실은 일반적인 언어의 소리와 단어를 표현하고 있다는 사실을 깨달았고, 곧 이집트문자 연구에 큰 진전이 이루어졌다. 다만 이집트문자에는 모음이 그다지 많지 않아, 정확히 어떻게 발음해야 하는지에 대해서는 학자들 사이에서도 여전히 의견이 엇갈린다.

서기관 학교는 누가 가르치느냐에 따라 수업 방식이 상당히 혹독했다. 실수를 저지르거나 제대로 주의를 기울이지 않는 학생들은 회초리로 호된 체벌을 받기도 했다. 책상다리를 하고 바닥에 앉으면 입고 있는 남성용 아마포 치마가 팽팽하게 펼쳐지며 책상 역할을 했다. 학생들은 수백 개가 넘는 문자와 그 문자들로 구성된 단어를 읽고 쓰는 법을 배웠다. 문자는 필기체와 정자체 모두를 정확하게 익혀야 했으며, 일상적인 생활에서는 필기체가 더 유용했다.

다기를 가르친 교사는 교육과정이 완벽하게 끝날 때까지 학생들을 질 좋은 파피루스 종이 근처에도 가지 못하게 했으며, 쓰기 연습은 보통 마을 근처 어디에서든 구할 수 있는 깨진 그릇 조각에 하게 했다. 표면이 흰색인 얇은 석회암 판을 사용하기도 했는데, 석회암 판에 날카롭게 다듬은 갈대 막대기로 검은색이나 붉은색 물감을 묻혀 글자를 적으면 어설픈 실력이나 실수가 확연하게 드러나곤 했다. 때론 한번 사용했거나 질이 떨어지는 싸구려 파피루스 종이를 가져와 쓸 수 있는 빈 공간을 최대한 활용하는 학생들도 있었다.

미나크트와 다기는 계속 길을 따라 걸어갔다. 다기가 메고 있는 필기 도구 상자가 가볍게 그의 옆구리를 두드렸다. 그는 학교를 졸업할 때 부모님으로부터 선물받은 이 상자를 아주 귀중한 보물처럼 여겼다. 광택 나는 직사각형의 나무 상자 안쪽에는 갈대 막대기를 여러 개 보관하는 공간이 있었으며, 바깥쪽에는 둥글게 홈이 파인 부분이 두어 개 있어서 글을 쓸 물감을 색깔별로 담아 다녔다. 서기관들은 이 상자에 줄을 달아 어깨에 메고 다녔는데, 이 상자는 수준 높은 교육을 받은 탁월한 사람이라는 사실을 알려주는 증표였다.

"학교에서는 어떤 이야기를 가장 좋아했나?"

미나크트가 물었다. 서기관 학교에서는 문자와 단어를 반복해 모사하는 것 외에도 종종 재미있는 이야기를 그대로 베껴서 적기도 했다.

"난파당한 선원 이야기가 가장 좋았습니다. 정말 재미있었어요!"

다기는 흥분해서 소리쳤다.

"음, 나도 그랬지." 선배 서기관이 대꾸했다.

이 이야기는 배가 침몰한 뒤 말하는 거대한 뱀이 지배하는 이상한 섬에 떠내려 온 어느 선원을 중심으로 펼쳐졌다. 보석과 귀금속이 가득한 이 섬에 살아서 도착한 건 그 선원뿐이었다. 섬을 지키고 있는 뱀은 선원을 위로하며 재앙이나 불운에 대한 자신의 경험을 들려주었고, 뱀의 이야기가 끝나자 수수께끼의 섬이 사라지고 선원은 무사히 고향으로 돌아가게 되었다는 줄거리다.

"어렸을 때는 정말 그런 섬이 있을 거라고 믿었었는데, 지금은 잘 모르겠습니다." 다기는 솔직한 자신의 생각을 말했다.

"그러면 시누헤의 모험담을 베껴서 써본 적은 있나?"

"그 이야기도 몇 번이고 반복해서 써봤습니다!"

"그러면 그 이야기에서 배운 교훈이라도 있는가?"

시누헤의 이야기를 잘 알고 있는 미나크트가 수습 서기관에게 물었다. 아주 오래전 시누헤라는 이름의 궁전 관리가 자신이 섬기던 파라오가 세상을 떠났다는 소식을 듣고 절망해 이집트에서 도망을 쳤다. 그는 사랑하는 조국으로 돌아가기를 갈망했지만, 그 대신 여러 지역을 떠돌면서 영웅적인 삶을 살았다. 그러다 마침내 이집트로 돌아와 사람들의 열렬한 환영을 받았다는 이야기였다.

"교훈이라! 저는 시누헤가 절대로 이집트를 떠나지 말았어야 했다고 생각합니다. 여기 말고 다른 곳에서 사는 걸 상상조차 못 하겠어요. 이 세상에서 이집트가 가장 살기 좋은 곳, 아닌가요? 그리고 학교에서 배운 또 다른 교훈은요···. 살기 좋은 이집트에서도 가장 좋은 직업이 바로 서기관이라는 겁니다!"

그 말을 들은 미나크트는 웃으면서 글쓰기 연습용 문장 중 하나를 소리 내 중얼거리기 시작했다. 물론 다기에게도 익숙한 문장이었다. 그런 문장 중에는 도덕적이거나 교훈적인 내용도 있었고, 다른 직업과 비교할 때 서기관이 되기 위한 노력이 훨씬 가치 있다는 사실을 학생들에게 주지시키는 내용도 있었다. 그리고 보통은 서기관 외의 다른 직업을 아주 보잘것없고 비참하게 묘사하는 경우가 많았다.

"서기관들이여! 게으름을 피우지 말지어다. 게으른 서기관은 큰 벌을 받게 되리니! 헛된 쾌락에 마음을 두지 말지어다. 안 그러면 인생을 망칠 것이니라! 손으로 글을 쓰고 입으로 소리 내 읽어라. 지식이 많은 자에게서 조언을 구하라. 귀를 등 뒤에 두어라. 그리하면 회초리를 맞으면서도 배우고 익힐 수 있으리라."

"그렇지만," 미나크트의 말은 계속해서 이어졌다. "목수든, 옹기장이이든, 농부든, 방직공이든, 어부든, 석공이든, 아니면 이발사든 누구라도 서기관을 제외한 사람들은 그저 고통스럽게 피곤에 절어 더러운 냄새를 피울 뿐이니라. 우리는 무엇을 배웠는가! 낳아주신 어머니보다 글 쓰는 기술을 더 소중히 여기라고 배우지 않았는가!"

다기 역시 이 오래된 문장을 함께 암송하기 시작했다. 얼마간 그렇게 주거니 받거니 하던 두 사람은 파피루스가 무성하게 자란 강변 어느 습지에 도착했다. 길쭉하게 자란 가느다란 풀줄기가 기분 좋은 산들바람에 바스락거리며 흔들렸고, 물새 서너 마리가 그 주변을 선회했다. 그리고 파피루스를 다루는 작업장에서 사람들이 바쁘게 움직이는 모습이 보였다. 파피루스는 다양한 용도로 가공되어 사용되었으며, 서기관들이 쓰는 종이의 원료도 바로 파피루스였다.

미나크트는 한 작업자에게 작업장의 책임자인 타티를 보러 왔다고 말하고는 직접 나서서 그를 찾기 시작했다. 탁 트인 공간 쪽으로 걸어가면서 그는 수습 서기관이자 제자에게 작업장에 대해 설명했다. 칼이며 나무망치를 들고 분주하게 일하는 남자 몇 명이 보였다. 잠시 후 뚱뚱한 두 남자가 벌거벗은 등에 파피루스 줄기를 다발로 둘러메고 온몸이 진흙투성이가 된 채 습지 쪽에서 모습을 드러냈다.

미나크트의 설명이 이어졌다. "우리가 쓰는 파피루스 종이는 다음과 같은 과정을 거쳐 만들어지지. 우선 칼로 가져온 파피루스 줄기의 바깥쪽 녹색 껍질을 벗겨내고, 안쪽의 흰색 줄기를 가느다란 끈처럼 잘라낸다."
다기는 잘라낸 흰색 줄기의 두께와 길이가 놀라울 정도로 균일한 것을 보고 크게 감탄했다. 두 사람은 평평한 돌을 깔아놓은 장소로 이동했다. 설명은 계속되었다.

"여기에서는 아까 끈 모양으로 잘라 가져온 줄기들을 나란히 촘촘하게 붙여서 늘어놓는다. 그리고 다른 줄기들을 직각으로 가로질러 그 위에 늘어놓지. 그런 다음 가장자리에 삐져나온 부분이 없도록 자르고 다듬어서 우리 서기관들이 흔히 쓰는 종이 크기로 만든다. 그렇게 늘어놓은 줄기들이 서로 잘 달라붙도록 두드린 다음 말리면 파피루스 종이가 완성되는 거지!"

몇몇 작업자가 그렇게 붙여놓은 파피루스 줄기를 나무망치로 열심히

● 나일강 습지에서 파피루스 줄기를 거두어들여 손질하고 있는 남자들.

두드리는 모습이 보였다. 그 옆에는 두드리는 작업을 끝낸 뒤 햇빛에 말리고 있는 거의 완성된 파피루스 종이 몇 장이 있었다. 파피루스 종이는 그 쓰임새에 따라 다양한 크기로 잘라서 사용했다. 여러 장을 하나로 길게 연결해 둘둘 말아 쓰는 파피루스 두루마리로 만들면, 회계 관련 자료나 장례식의 축문(祝文) 같은 긴 내용도 모두 기록하는 것이 가능했다.

"미나크트 서기관님!" 지저분한 옷차림의 한 남자가 다가오며 소리쳤다. "이곳까지 웬일이십니까? 뭘 도와드릴까요?"

"일반 종이 100장하고…. 표준 규격의 두루마리 12매가 있었으면 좋겠는데요."

작업장의 책임자 타티는 두 사람을 한쪽에 마련된 방으로 안내했다. 방 안에는 각기 다른 길이의 두루마리 뭉치가 든 광주리와 높다랗게 쌓아놓은 종이 다발이 있었다. 미나크트는 종이 한 장을 집어 들고 햇빛에 비춰보았다.

"이걸 좀 보게. 완벽하게 만들어졌어. 빈틈 하나 없고. 게다가 아름다울 정도로 표면이 부드럽구먼."

"여기서는 항상 최고 품질의 파피루스 종이를 만들지요." 타티도 옆에서 거들었다. "그것도 미나크트 서기관님께만 제공해드리지 않습니까."

"감사한 일이군요. 그나저나 가격은 어떻게 됩니까?"

"데벤deben으로 계산해서 26데벤쯤 되는데…. 오늘은 무엇으로 준비해오셨는지요?"

"지난번에 말씀하셨던 걸 기억했다가 한번 가지고 와봤습니다."

타티는 두 서기관이 가져온 걸 슬쩍 보더니 감탄사를 내뱉었다.

"와! 염소와 원숭이를 가져오셨군요! 정말 고마운 일입니다."

타티는 몇 개월 전 미나크트가 찾아왔을 때 잔치 때 쓸 살찐 염소 한 마리가 있었으면 좋겠다고 넌지시 말한 적이 있다. 원숭이는 주변에 살고 있는 솜씨 좋은 장인을 찾아가면 튼튼하게 잘 만든 의자와 교환할 수 있을 것이다.

"그 집 아이들이 원숭이를 아주 마음에 들어 할 겁니다."

타티가 기쁨을 감추지 못하며 말했다.

고대 이집트의 상징, 파피루스

파피루스 줄기는 고대 이집트를 나타내는 상징과도 같다. 파피루스 종이를 만드는 재료로 특히 유명하지만, 종이 말고 다른 용도로도 많이 사용되었다. 예를 들어 바구니나 신발, 밧줄을 만들었으며, 가볍고 부력이 뛰어나기 때문에 여러 다발로 묶어 엮으면 나일강을 오가는 작은 배를 만들 수도 있었다. 이집트에서 만든 파피루스 종이는 특히 고대 그리스와 로마 시대에 지중해 전역으로 널리 보급되었다. 그러다 수 세기에 걸친 기후와 환경의 변화로 인해 이집트에서 야생 파피루스는 거의 사라졌고, 중앙아프리카 일부 지역에서만 찾아볼 수 있었다. 그러나 1960년대 들어, 고대 이집트의 문양이 들어간 파피루스 종이를 비롯해 다양한 관광 상품을 생산할 목적으로 이집트 정부는 다시 파피루스를 관리하기 시작했다.

주문한 파피루스 종이와 두루마리가 준비되는 동안 미나크트는 다기를 데리고 인근의 다른 작업장을 둘러보았다. 밧줄을 만드는 곳에서는 두 남자가 파피루스 줄기로 밧줄을 만드느라 정신이 없었다. 파피루스 줄기를 두들겨서 길고 납작한 끈처럼 만든 뒤 합쳐서 꼬면 밧줄이 완성되었다. 줄기의 수에 따라 밧줄의 두께가 달라졌다. 또 근처에 자리를 잡고 앉아, 종이 작업장에서 버린 자투리 줄기들을 이용해 솜씨 좋게 신발을 만드는 사람도 있었다. 이렇게 만든 신발은 부자들만 사용하는 사치품까지는 아니어도 꽤나 귀한 물건으로 취급되었다.

포도주 상인과의 흥미로운 거래

당나귀의 등에 원숭이 그리고 염소와 맞바꾼 종이를 싣고 작업장을 나선 미나크트와 다기는 포도주 상인을 방문하기 위해 발걸음을 옮겼다. 미나크트는 오늘 저녁에 혼인 잔치가 열리는 두 곳으로부터 초대를 받은 터였다. 늘 환영받았음에도, 그는 빈손으로 가지 않고 질 좋은 포도주 같은 선물을 들고 가기 때문에 사람들이 환대해주는 거라고 생각했다. 포도주 상인의 가게는 입구부터 눈에 띄었다. 현관은 살아 있는 포도나무 줄기와 잎사귀로 장식되어 있었고, 한쪽 구석에는 다양한 크기와 모양의 항아리가 가득 들어차 있었다. 가게 뒤편에서는 두 남자가 포도 과즙을 짜기 위해 신선한 붉은색 포도가 가득 든 커다란 통 속에서 발을 구르느라 바빴다. 야트막한 담벼락 앞에는 포도주의 수호신으로 알려진 쉐즈무Shezmu를 모시는 작은 사당이 있었다. 가게의 번창을 기원하기 위해 매일 기도를 드리는 곳이었다.

포도주 상인이자 가게의 주인인 와가 미나크트를 알아보고 인사를 해왔다.

"아, 서기관님께서 오셨습니까! 오늘은 무슨 볼일이 있으신지요?"

"좋은 물건이 있습니까?"

"가나안에서 방금 도착한 맛있는 포도주가 있습니다만!" 포도주 상인은 구석에 놓인 커다란 항아리 몇 개를 가리키며 외쳤다. "서기관님처럼 고상한 취향을 갖고 계신 분이라면, 가격이 좀 비싸더라도 그럴 만한 가치가 있다는 사실을 잘 아시겠지요!"

"흠, 좀 더 싼 물건은 없을까요?" 미나크트가 물었다.

"원하신다면 준비해드릴 수 있지요. 이집트에서 빚은 포도주라면 필

● 포도주를 만들기 전, 포도를 따고 발로 밟는 모습.

요하신 만큼 가져올 수 있습니다. 특별할 건 없어도 품질은 늘 일정하지요. 어쨌든 마시면 마실수록 그 맛이 더 나아지거든요!"

서기관은 상인을 향해 몸을 숙이더니 나지막한 목소리로 물었다.

"어…, 그러니까 겉으로는 가나안에서 가져온 것처럼 보이지만 사실은 그렇지 않은…, 비슷한데 조금 싼 그런 물건이 있을까요?"

무슨 뜻인지 단박에 이해한 상인은 웃음을 지으며 서기관을 방 한쪽 구석으로 데려갔다. 그곳에는 진흙으로 밀봉한 크고 길쭉한 항아리가 있었다. 항아리 겉면에는 필기체 상형문자로 설명이 적혀 있었다.

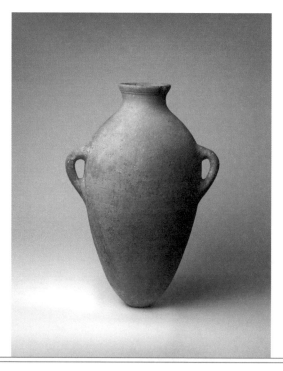

● 　가나안에서 들여온 이런 항아리는 고대 이집트가 무역을 통해
　　포도주와 기름 그리고 수지 같은 물품들을 수입했다는 증거가 된다.

"한번 보십시오. 가나안 항아리에 담긴 이집트 포도주를!"

"이거 아주 좋군요!" 미나크트가 소리쳤다. "전부 가져가겠습니다. 그리고 아까 본 그 진짜 가나안 포도주도 주시오. 다만 가나안 포도주와 이집트 포도주를 서로 구분할 수 있도록 항아리 옆에 표시를 좀 해주시고."

"저 두 항아리에 표시를 해두어라." 포도주 상인은 이 상황이 익숙해 보이는 어린 심부름꾼에게 명령했다.

"그러면 이렇게 가나안에서 들여온 최고급품 포도주 세 항아리를 드리는 대신에 파피루스 종이 20장 그리고 두루마리는 두 뭉치를 받도록 하겠습니다."

다기는 뭐가 뭔지 어리둥절하면서도 흥분된 심경으로 이 광경을 지켜보았다. 그러나 아직도 그가 모르는 일들이 훨씬 더 많이 남아 있었다.

이제 당나귀 등에는 파피루스 종이와 두루마리 말고도, 포도주 항아리까지 실려 있었다. 포도주 가게를 나와 큰길로 접어든 두 사람은 그곳에서 헤어져야 했다. 미나크트는 작은 시골 저택에, 다기는 부유한 부모님 집에서 함께 살았기 때문이다. 미나크트가 다기에게 말했다.

"집으로 돌아가거든 깨끗하고 좋은 옷으로 갈아입게. 오늘 저녁에는 두 곳에서 혼인 잔치가 열리니까. 태양의 신 라께서 서쪽으로 내려가신 후 밤이 되면, 파라오의 공사 감독관인 베니아의 집에서 만나도록 하지."

베니아 저택의 혼인 잔치

약속한 시간이 되자 다기는 베니아의 저택 문 앞에 나타났다. 얼마 지나지 않아 화려하게 차려입은 많은 손님이 도착했다. 주름을 잡아 멋을 낸 흰색 아마포 옷에 비싼 어깨걸이를 두른 남자들 그리고 정교하게 땋아 만든 가발에 멋들어진 옷을 걸치고 보석 장신구로 치장한 여자들이 보였다. 집 안에서는 혼인 잔치에 흥을 더하는 요란한 음악 소리가 들려왔다. 미나크트도 포도주 항아리들을 짊어진 당나귀와 함께 곧 모습을 드러냈다. 베니아가 그를 맞이하기 위해 대문 밖으로 달려 나왔다.

"베니아 감독관, 잔치의 흥을 돋우기 위해 작은 선물을 가져왔습니다. 다기! 미안하지만, 가나안에서 들여온 특별한 포도주 항아리를 가져다주겠나?"

다기는 자신이 할 일이 무엇인지 정확하게 알고 있었다. 그는 곧 미리 표시를 해둔 항아리 두 개를 당나귀 등에서 조심스럽게 끌어 내렸다.

"가나안의 포도주라니!" 베니아가 소리쳤다. "그거 좋기는 하지만 너무 과한 것 아닙니까! 어쨌거나 미나크트 당신은 정말로 좋은 친구요!"

곧 남자아이 둘이 나와서 항아리들을 받아 들었다. 베니아는 두 서기관을 멋들어진 벽으로 둘러싸인 안마당으로 안내했다. 과일나무가 소담스럽게 자리한 작은 연못을 지나쳐 안마당 끝에 자리한 커다란 문에 들어서자 사람들로 붐비는 방이 나왔다.

그곳에선 수십 명의 손님들이 잔치를 즐기고 있었다. 한쪽 구석에서 눈이 보이지 않는 하프 연주자가 하프를 켜며 노래를 부르자, 다른 악사들이 류트며 피리 그리고 북을 연주하며 장단을 맞췄다. 허리에 구슬이 달린 끈을 두르고 머리에도 끈으로 장식한 세 명의 어린 무희들이 정신이 없을 정도로 빙글빙글 돌다가 이따금 동작을 멈추고는 수줍은 듯 손님들과 몇 마디 농담을 나눴다.

고대 이집트의 상업 활동

고대 이집트 사람들은 기원전 500년경까지 금속으로 된 화폐 대신, 단순 물물교환을 하거나 데벤으로 알려진 구리나 은을 계산하는 단위를 기준으로 물건을 교환했다. 다양한 물품은 데벤을 기준으로 가치가 정해졌고, 사람들은 그에 따라 물건과 상품을 교환하거나 거래했다. 피라미드 공사 현장에서 보듯 국가에서 지급하는 급료는 주로 빵이나 맥주 같은 생활필수품이었고, 일반 백성들은 이걸 따로 모아서 다른 물건과 물물교환을 했다.

많은 손님이 박수를 치며 흥겨운 음악에 맞춰 노래를 부르는 가운데, 오늘 잔치의 주인공인 신혼부부가 보였다. 그들은 작은 단 위에 놓인 화려한 의자에 나란히 앉아 있었다. 한쪽 벽을 따라 여러 개가 늘어선 탁자 위에는 얇게 썬 고기와 다양한 과일 등 맛있는 먹을거리가 잔뜩 마련되어 있었다.

손님들은 대부분 술에 취한 상태였고, 무희들도 딱히 맨 정신으로 그렇게 춤을 추고 있는 것 같지는 않았다. 그렇게 시간이 흐르다가 한 소녀가 이리저리 돌아다니며 손님들의 머리 위에 향이 나는 원뿔 모양의 향료를 올려놓았다. 끈적거리는 향료는 곧 머리카락이나 가발 사이로 녹아들어 달콤하고 기분 좋은 향기를 내뿜었다. 모인 사람들로 인해 답답해지기 시작한 방의 분위기가 한결 느슨해졌다.

다소 풀어진 분위기를 즐기며 몇 시간을 보내던 미나크트와 다기는 이미 거나하게 취한 베니아에게 감사의 인사를 하고, 신혼부부에게도 축하의 인사를 전한 뒤 저택을 빠져나왔다. 두 사람이 대문을 지나 막 거리로 들어서자, 예상대로 지나치게 음주가무를 즐긴 사람들이 내는 헛구역질 소리가 마당 쪽에서 들려왔다. 두 서기관은 이제 목동 세나의 집 근처 마을에서 열리는 또 다른 혼인 잔치에 참석하기 위해 발걸음을 재촉했다.

다기는 몸을 부르르 떨었다. 그는 이집트 상류사회에서 부러운 것 없이 자랐지만 사회 경험은 얼마 없었다. 젊은 수습 서기관은 마을이 있어야 백성들이 살고 또 이집트 전체가 움직일 수 있다고 생각했지만, 목동의 혼인 잔치는 자기 같은 사람에게 어울리는 자리가 아니었다. 일반 백성들과는 도저히 친근하게 지내지 못할 것 같았다.

"상인들은 그렇다 치고, 목동하고도 친하게 지내십니까?"

수습 서기관이 물었다.

"몇 년 전 어린 딸아이가 집을 나가 사흘 동안 길을 잃고 집에 돌아오지 못한 적이 있었지. 아내와 나는 걱정이 되어 어쩔 줄을 몰랐어. 그런데 목동 세나가 어느 밀밭 가장자리에서 배고파 지쳐 쓰러져 있는 우리 딸을 발견한 거야. 세나는 딸아이를 자기 집으로 데려가 우리와 연락이 될 때까지 잘 돌봐주었지. 그 선량한 사람에게 우리는 영원히 잊을 수 없는 빚을 진 거야. 그래서 세금이나 토지와 관련된 몇 가지 어려움을 풀어주기도 했는데, 세나의 아들이 오늘 같은 마을에 살고 있는 사촌과 결혼을 한다는군. 새색시는 바구니 만드는 일을 하는데 바로 어제 신혼방을 꾸몄고, 오늘 밤에 본격적인 잔치를 연다고 하네. 낯선 사람들을 만나러 가는 길이니 조금

● 　　　잔치에 초대된 악사들이 흥을 돋우고 있다.

긴장이 되는 모양이지만 막상 가 보면 괜찮을걸세."

마을에서 열린 혼인 잔치

보름달이 밝히는 길을 따라 30분가량 걸어가자 목적지인 마을이 보였다. 베니아의 집과 마찬가지로, 멀리서부터 사람들이 웃고 떠드는 소리, 경쾌한 음악 소리 등 흥겨운 잔치 분위기가 고스란히 느껴졌다. 사람들이 다 모일 만한 적당한 크기의 집이 없어서인지, 잔치는 진흙 벽돌로 지은 집 두 채 사이의 널찍한 마당에서 열리고 있었다. 사람들과의 거리가 가까워지면서 다기는 자신의 모습이 굉장히 의식되었다. 호화롭게 차려입은 두 사람에게 모든 이의 눈길이 집중되는 것처럼 보였고, 두 사람이 등장하자 음악소리마저 잦아들었다. 이런 늦은 시간에 서기관이 그것도 두 사람씩이나 일반 백성들이 사는 마을에는 왜 나타났을까? 분명 무슨 행정 관련 문제를 처리하러 온 것은 아닐 텐데!

그러나 다행히도 세나가 달려 나와서 미나크트와 다기를 열렬하게 환영해주었다. 미나크트는 세나에게 다기를 소개했고, 낯선 사람들이 찾아와 어색해진 분위기를 알아차린 세나는 마을 사람들을 향해 이 서기관들은 자신을 찾아온 귀한 손님이라고 큰 소리로 알렸다. 그러자 잔치는 다시 흥겹게 이어졌다.

"갑자기 찾아와서 실례가 많습니다. 이 자리를 축하하기 위해 가나안에서 들여온 최고급 포도주를 조금 가져왔습니다."

미나크트가 큰 소리로 말하자, 다기가 당나귀의 등에서 진짜 가나안 포도주가 담긴 항아리를 끌어 내렸다. 세나는 크게 감동한 표정을 지었다. "정말이지 뭐라고 감사의 말씀을 드려야 할지…. 감사합니다, 정말로 감사합니다!" 이렇게 두 상류층 손님은 흥겨운 분위기 속에 자연스럽게 녹아들었다.

달빛과 횃불이 드리운 마을 혼인 잔치의 분위기는 베니아의 저택에서 열린 잔치와 비교해 전혀 부족할 것이 없었다. 오히려 더 정겹고 시끌벅적했다. 피리와 류트, 북소리가 뒤섞인 음악은 무척이나 흥겨웠고, 무희들은 손에 쥐고 흔들어 소리를 내고 박자를 맞추는 악기를 들고 거의 벌거벗은 채 춤을 추면서 쉴 새 없이 이리저리 오가며 흥을 돋우었다. 물론 큰 황소 한 마리를 잡아 불에 구워 나눠주는 소고기며 생선구이 그리고 과일과 익힌 푸성귀 등 풍성한 먹을거리도 빠지지 않았다. 마을 사람들이 직접 빚어 내놓은 맥주도 잔뜩 있었다. 오늘 잔치의 주인공인 새신랑과 새색시는 집 앞에 놓인 벽돌 의자에 앉아 사람들과 축하와 축복의 인사를 나누면서 선물로 들어온 고급 가나안 포도주를 마셨다.

한편, 잔치에 참석한 농부 바키는 지난달 자신의 집으로 찾아와 사원 공사에 동원되었음을 알리던 서기관 미나크트를 알아보고는 여간 화가 치미는 게 아니었다. 세나의 형도 자신과 같은 농부였건만, 나일강이 범람해 농사를 쉬는 기간에도 국가적인 공사에 끌려간 적이 한 번도 없었다! "이럴 줄 알았으면 나도 어디 가서 서기관이나 관리의 잃어버린 딸이나 한번 찾아볼걸!" 바키는 포도주를 벌컥벌컥 들이켜며 치밀어 오르는 화를 삭였다.

밤은 점점 깊어갔고, 두 서기관에게는 길고도 바빴던 하루의 피로가 몰려오기 시작했다. 세나는 두 사람이 더 남아 있기를 바랐지만, 이제는 떠날 시간이었다. 사람들은 둘로 갈라져 두 사람이 떠날 수 있도록 길을 터주었다.

"그래, 둘 중 어느 잔치가 더 즐거웠는가?"

미나크트가 다기에게 물었다. 젊은 수습 서기관은 대답을 하기 전에 잠시 생각에 잠겼다.

"두 잔치 모두 충분히 떠들썩했고, 음식들도 훌륭했습니다. 파라오의 공사 감독관인 베니아의 잔치를 찾은 손님들은 분명 더 잘사는 사람들이 겠지만, 마을 사람들을 보니 나름대로 순수하고 열정적으로 잔치를 즐기고 있더군요. 어쨌든 그 가나안 포도주는 베니아의 저택보다는 마을 잔치에 훨씬 더 어울렸다고 말씀드리고 싶습니다."

다기는 이렇게 말하고는 눈을 찡긋해 보였다. 갈림길에 도착하자 적당히 취한 두 서기관은 각자의 집으로 향하기 위해 헤어졌다. 파피루스 줄기로 만드는 상품들, 염소와 원숭이로 했던 물물교환, 포도주 상인과의 흥미로웠던 거래 그리고 흥겨웠던 두 곳의 혼인 잔치. 오늘 꽤 많은 것을 배우고 경험했다고 다기는 생각했다. 매일매일이 오늘처럼 흥미진진하다면 얼마나 좋을까!

Chapter

5

뿌리고
가꾸어가니,
그 첫 번째 달

원정에 나선
이집트 병사들

이집트를 벗어난 지 벌써 몇 주가 지났다. 우려할 만한 일은 일어나지 않았고, 시간은 무난하게 흘러갔다. 모험을 갈망하는 지휘관 파세르가 이끄는 100명가량의 병사들은 앞으로 벌어질 모든 상황을 예상하며 준비를 갖추었다. 이집트 병사들은 불타는 마을을 바라보며, 본국으로 향하는 포로와 전리품의 행렬을 지나쳐 갔다. 파세르는 행군하면서 마주치는 지휘관들과 대부분 안면이 있었고, 친한 친구처럼 그들과 서로 인사를 나누었다. 지난 수십 년 동안, 투트모세 3세는 물론 지금의 파라오인 아멘호테프까지 여러 통치자가 이집트의 생존을 위해 개척한 이 원정길에 그는 정기적으로 참여해왔다. 그리고 때로는 일부 왕자가 왕실의 전통을 지키기 위해 군사 원정에 함께하기도 했다.

얼마 지나지 않아, 그의 상관인 장군이 직접 확인하고 만든 목록에 실린 첫 번째 마을이 눈에 들어왔다. 마을 근처 우물가에 진을 친 이집트 부대는 가장 먼저 불부터 지폈다. 음식을 하거나 몸을 덥히기 위해서뿐만 아니라 마주하게 될 이방인들의 마음에 두려움을 심어주기 위해서였다. 젊은 병사 대부분은 이집트를 벗어난 출전이 처음이었고, 그래서 쉽게 잠을 이루지 못했다.

이 지역에서 나는 푸성귀와 빵으로 전통적인 이집트식 아침 식사를 마친 파세르는 부하들을 불러 모아 오늘 할 일을 설명했다.

"제군들은 들어라. 파라오의 아버지이신 투트모세 3세께서는 이 지역은 물론, 그 너머에 있는 다른 많은 지역까지 이집트의 발밑에 복속시키셨다. 이 땅의 백성들을 정복하고 그들의 재물을 빼앗아 이집트를 더욱 부유하게 만드신 것이다. 저들은 사악할뿐더러 우리를 증오한다. 그러니 동정심 따위는 금물이다. 저들은 절대로 이집트의 백성들이 아니며, 그들이 섬기는 신은 보잘것없고 인간의 도리 같은 것도 모른다. 저들이 살아가는 모습을 한번 봐라! 기댈 수 있는 크고 거대한 강 한줄기 없이 돌로 쌓은 움막에서 살아가고 있지 않은가! 우리는 저들로부터 원하는 것을 빼앗을 것이며 몇 번이고 그 일을 반복할 것이다."

파세르는 이 지역을 잘 알았다. 아멘호테프가 파라오에 즉위한 지 7년째 되던 해, 젊은 파세르는 레테누 공방전에 파라오를 따라 참전해 큰 승리를 거두었다. 몇몇 주요 도시와 수많은 마을을 정복한 놀라운 모험이었다. 이들은 투트모세 3세 시절, 이집트에 무릎 꿇었었지만 아멘호테프가 즉위하자 반란에 나섰고, 새로운 파라오는 이집트의 힘이 여전히 강력하며 한번 이집트에 굴종한 자들은 계속 그렇게 될 수밖에 없다는 사실을 상기시키기 위해 다시 군사를 일으켰다.

파세르는 가나안 사람들뿐만 아니라 이집트 사람이 아닌 모든 이방인을 증오했다. 이 지역으로 처음 출전했던 당시 그는 놀라운 경험을 많이 했지만, 동시에 정신적으로 큰 충격을 받았다. 지금 눈앞에 있는 바로 저 마을을 돌아보는 길에 그를 포함한 몇몇 신병은 전혀 예상치 못한 기습 공격을 받았었다. 순식간에, 골목길을 빠져나가던 병사 둘이 날아오는 돌에 맞아 쓰러졌다. 갑작스러운 상황에 도망을 치던 파세르는 건장한 체구의 주민과 부딪혔고, 주민은 난폭하게 그의 목을 졸랐다. 파세르는 재빠르게 단검을 뽑아 들고 휘둘러 빠져나왔지만, 돌에 맞은 병사들은 이미 숨이 끊긴 뒤였다. 다시 부대로 복귀한 파세르는 자신만이 그런 경험을 한 건 아니라는 사실을 알게 되었다. 부대의 지휘관은 마을을 완전히 파괴하라는 명령을 내렸고, 병사들은 주민 대부분을 학살한 뒤 많은 재물을 전리품으로 끌어모았다.

파세르의 설명과 훈시는 계속되었다.

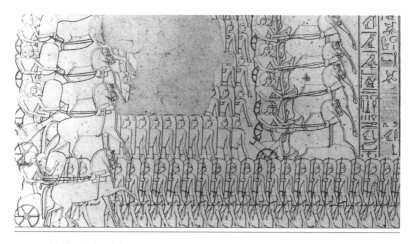

●   진군하는 이집트 병사들.

"이제부터 마주하게 될 적들은 대단히 사악하다. 우리는 몇 년 전에 이미 저들을 무찔렀지만 이렇게 금방 힘을 회복했다. 절대로 아무도 믿지 마라. 우리는 이곳에서 원하는 모든 것을 빼앗아 갈 것이다. 나는 4년 전 여기에 왔고, 그때도 저들은 싸움을 마다하지 않았다. 우리는 싸웠고 승리했다. 이번에도 그리 어렵지는 않을 것이다. 만일 저들이 저항한다면 다시 한번 패배의 쓴맛을 보게 되리라. 우리의 파라오이자 위대한 전사이신 아케페루레 아멘호테프 님도 여기에 와 계시다. 우리는 우리의 힘으로 승리를 거두어 그분께 영광을 돌릴 것이다."

격려의 말에도 불구하고, 젊은 병사들 대부분은 바짝 긴장한 모습이었다. 병사들이 다음 명령을 기다리는 동안, 파세르는 가나안 말에 능통한 서기관을 대동하고 다양한 무기로 완전무장한 12명의 노련한 병사의 호위를 받으며 마을로 접근했다. 마을의 우두머리인 사울이라는 노인이 이들과 마주하기 위해 모습을 드러냈는데, 그는 누가 지휘관인지 한눈에 알아본 것 같았다.

"파세르, 다시 만나게 되었구려." 노인이 말했다. "우리는 이집트 사람들이 무엇을 원하는지 잘 알고 있소. 그래서 이렇게 준비를 했지."

그가 신호를 보내자 무거운 광주리 두 개를 짊어진 두 청년이 힘겹게 이쪽으로 걸어왔다.

"그게 다 무엇인가?"

파세르는 번쩍이는 보석과 귀금속으로 장식한 황금 부적과 장신구에 시선을 던지며 말했다. 그러나 자세히 살펴보던 그는 곧 광주리 밑에 모래와 자갈이 잔뜩 들어 있다는 사실을 알아챘다. 파세르는 광주리를 뒤집어엎고는 사울의 얼굴을 힘껏 후려쳤다.

"가지고 있는 걸 다 내놔. 그렇지 않으면 아무도 살아남지 못해!"

"하지만 이집트 병사들이 다녀간 지 불과 4년밖에 되지 않았소. 우리는 그때 모든 걸 빼앗겨 남아 있는 게 별로 없소이다." 노인은 사정했다.

파세르는 바칠 귀중품이 거의 남아 있지 않다는 사울의 주장이 사실일 거라고 짐작했지만 이집트제국에는 공물과 전리품이 필요했고, 항상모든 일이 순조롭게 진행되지는 않았다. 이집트에 무릎을 꿇은 이방인 중일부는 현실을 그대로 받아들이고 아무런 저항 없이 이집트 군대를 맞았다. 이들은 바칠 만한 물건들을 미리 준비해두었으며, 그러면 병사들은전리품을 챙겨 다른 마을로 이동하면 그만이었다. 그러나 지금 파세르는긴장하고 있었다. 그가 이 마을을 찾을 때마다 사소하게라도 충돌이 일어났으며, 이번에도 상황이 불길하게 돌아가는 것 같았다.

"집들을 뒤져라. 감추고 있는 귀중품이 있으면 모조리 찾아내!"

병사들은 흩어졌고, 얼마 지나지 않아 대부분 빈손으로 돌아왔다. 그런데 좀 더 세심하게 수색하던 한 병사가 뜻밖의 발견을 했다.

"양털 더미 아래에서 제가 찾아낸 것을 좀 보십시오!" 병사가 어린 십대 소녀의 황금 코걸이를 잡아 밖으로 끌어냈다. 그녀는 파세르 앞으로 끌려가 땅바닥 위에 내동댕이쳐졌다.

"그래, 결국 찾아냈군! 이 아이를 끌고 가겠다. 그리고 당나귀 10마리, 염소 30마리, 곡물 20광주리에 아까 내놓은 보물들도 다 가져가도록 하지."

"차라리 나를 데려가서 죽여! 내 딸은 건드리지 마!" 소녀의 아버지가 울부짖었다.

"아이는 데려간다. 물론 네 놈을 죽일 수도 있지만 너 같은 늙은이를 죽여서 뭐하려고. 어서 비켜라." 파세르가 냉혹한 목소리로 대꾸했다. "대신네 놈의 아들도 끌고 가지."

한 젊은이가 앞으로 끌려나왔다. 병사는 그의 팔을 뒤로 꺾어 묶고는 잔뜩 붙잡힌 다른 포로들 사이에 함께 묶었다. 파세르가 부대를 정비하는 동안 부대의 회계 담당이 새로운 전리품을 기록했다.

생각보다 신통치 않은 수확이었지만 파세르는 어쩔 수 없는 일이라고 생각했다. 지난번 원정 이후 4년의 세월이 흘렀지만, 기대했던 것만큼 상황이 호전되어 많은 전리품을 획득하기에는 충분한 시간이 아니었다. 어쨌든 이집트가 제국으로서 계속 유지되려면, 다음에 둘러볼 마을이나 도시들이 고분고분하게 명령에 따르고 어느 정도 형편이 더 좋기를 바랄 수밖에 없었다.

이집트 병사들이 이동할 때마다 위협과 약탈 행위가 반복되었다. 가축이며 곡물, 그 밖의 금은보화나 귀중품을 빼앗았고, 아리따운 젊은 여자나 힘깨나 쓸 것 같은 젊은 남자도 한두 명씩 포로로 끌고 갔다. 그리하여 마을은 완전히 멸망하지 않고 남게 되었지만, 그렇다고 지역 주민들이 모두 온순하게 복종한 것은 아니었다.

다음 마을로 이동하던 중 젊은 이집트 병사 하나가 누군가에게 물매로 공격당해 머리를 심하게 다쳤다. 병사는 잠깐 의식을 잃었지만, 유사한 부상에 경험이 많은 군의관이 바로 그를 적절하게 치료했다. 돌멩이를 가죽끈으로 감싼 뒤 휘둘러서 날리는 이 물매는 가나안에서 많이 사용되는 단순하지만 파괴적인 무기였다.

병사가 공격당하는 현장에 있었던 파세르는 달아나는 주민을 보고 가장 믿는 궁병을 불렀다. 그는 빠르고 침착하게 화살을 뽑아 겨눈 뒤 숙련된 기술에서 나온 계산에 따라 화살을 날렸다. 화살은 그의 뜻대로 하늘을 가르며 날아올라 주민의 어깨뼈 사이를 꿰뚫었다.

궁병은 파세르 쪽을 돌아보며 물었다. "전투용 도끼를 빌려주시겠습니까?" 화살에 맞아 쓰러진 사람을 향해 태연하게 걸어가는 궁병에게 파세르는 도끼를 건네주었다. 궁병은 남자의 등을 한쪽 발로 밟고 서서는 박혀 있는 자신의 화살을 난폭하게 뽑았다. 피에 젖은 청동 화살촉이 번들거렸다. 청동은 귀중한 자원이었으며, 청동 화살촉은 특히 단단해서 살상력이 뛰어났다. 궁병은 남자의 양모 웃옷에 묻어 있는 피를 닦고는 도끼를 치켜들어 남자의 오른손을 내리찍은 후에야 제자리로 돌아왔다.

고대 이집트의 최강 군대

❖

고대 이집트는 막강한 군사력을 자랑했고, 병사들은 다양한 무기들을 자유자재로 다루었다. 보병은 활과 화살, 창, 단검, 도끼, 뼈도 부술 수 있는 철퇴 그리고 대단히 위협적인 갈고리 모양의 칼로 무장했다. 나무로 만든 틀 위에 질긴 소가죽을 덮어 만든 방패는 어느 정도 병사들을 보호해주었다. 신왕국 시대에 접어들어 이집트는 적국으로부터 말과 전차의 사용법을 배워 큰 도움을 받았다. 이집트의 파라오가 질주하는 전차를 타고 병사들의 선두에 서서 화살을 날리는 모습은 어디서든 흔히 찾아볼 수 있는 고대 이집트의 상징과도 같다. 파라오가 실제 어느 정도로 공격의 선봉에 섰는지는 알 수 없지만, 테베에서 발견된 세케넨레 2세 Seqenenre II의 미라 머리에서 치명적인 도끼 자국이 발견된 것으로 보아 파라오가 직접 전투에 참전했던 건 사실인 듯하다.

궁병은 잘린 남자의 오른손을 집어 들고는 천천히 모여 있는 마을 사람들 앞으로 걸어갔다. 그리고 파라오에게 충성을 맹세했던 사람들 앞에 모두가 볼 수 있도록 오른손을 내던졌다. 그 장면을 지켜보던 파세르는 사람들 앞에 나서서 큰 소리로 일갈했다.

"만약 또다시 누군가가 강한 황소이시며 두 땅의 주인 그리고 아문 신의 사랑을 받는 파라오 아케페루레 아멘호테프의 명을 거스르려 한다면, 반드시 그 대가를 치르게 될 것이다. 살아남고 싶다면 내 말을 명심해라. 언제든 우리가 다시 돌아올 때를 대비해 바칠 것을 따로 준비해두어라. 이 마을에서 있었던 일을 기억해두겠다. 누구든 반항하는 자는 이렇게 될 테니!"

영광된 자의
오른팔

아메네모페트는 테베의 산기슭을 따라 위로 이어지는 오솔길을 비틀거리며 올라갔다. 자신의 묘지를 포함해 여러 묘지를 만들며 나온 석회암 부스러기 때문에 자꾸 발이 미끄러졌다. 대단히 바쁜 하루를 보낸 그의 다리에 힘이 풀리는 것도 그리 놀랍진 않았다. 파라오 아멘호테프의 총리대신으로서, 통치자가 감당해야 하는 수많은 역할을 제대로 해내도록 돕는 것이 그의 임무였다. 그날 아침에도 아메네모페트는 여러 분야에서 이집트의 평화와 안녕을 책임지고 있는 많은 감독관을 만났다. 그들이 올린 보고서는 대부분 예상했던 대로 정확하고 긍정적인 내용을 담고 있었다. 곡물 창고에는 유사시를 대비해 곡물이 충분하게 저장되어 있었고, 이집트 병사들이 평정한 지역에서는 공물과 전리품이 계속해서 들어왔다. 또한 파라오를 기리는 사원과 묘지 건설을 포함한 여러 공사와 건설 계획에 대한 새로운 보고도 있었다.

아메네모페트는 과거의 소꿉친구이자 현재의 파라오인 아멘호테프를 섬기는 걸 큰 영광으로 여겼다. 그런 그가 맡은 임무에는 대단히 다양하면서도 흥미로운 부분이 있었다. 그가 가장 좋아하는 일정은 이집트 밖 남쪽과 동쪽에서 올라오는 공물을 확인하는 것으로, 파라오가 자리를 비웠을 때는 아메네모페트가 대신 나서서 귀한 공물을 발아래 가져다 바치는 사신들을 기꺼이 만나곤 했다. 물론 대부분은 왕국 전역에서 올라오는 그저 그런 일반적인 보고를 받고 처리하는 게 그의 일이었지만, 애초에 파라오의 오른팔이자 총리대신이 하는 일이란 그런 것이었고 그로서는 딱히 불만이 없었다.

이집트 최고의 통치자와 가까운 사이라는 건 영광스러운 일인 동시에 저주이기도 했다. 아메네모페트는 이집트 최고의 식재료로 요리한 음식을 매일 먹을 수 있었으며, 그 자신도 그런 특권을 마음껏 누렸다. 그러나 큰 키에 체중까지 늘어가자 몸은 점점 안 좋아지기 시작했고, 조금만 걸어도 숨이 차는 건 일상이 되었다. 자신을 위해 지어지고 있는 묘지까지 걸어서 올라가며, 그는 운동 부족에 건강도 엉망이라는 사실을 다시 한번 자각했다. 그러나 손에 든 지팡이와 간간이 이어지는 휴식 덕분에 어쨌든 목적지까지 계속해서 걸어갈 수 있었다.

이날 아메네모페트를 수행하는 사람은 젊은 신참 서기관인 다기였다. 궁전의 고참 서기관이 전도가 유망하며 앞으로 지켜볼 만한 젊은 서기관으로 그를 추천했다. 다기는 필기도구가 든 상자와 파피루스 종이 몇 장 그리고 작은 빵 덩어리와 물병이 든 그물 가방을 들고는 몇 걸음 뒤에서 총리대신을 따라갔다. 다기는 이집트 상류층의 묘지가 모여 있는 테베의 서쪽에 가 본 적이 없었다. 그래서 이집트를 다스리는 최고위층 인사와 함께 호화로운 배를 타고 강을 건너고, 다시 전차로 이동하는 이번 여행길이 여간 흥미롭지 않았다.

"오늘 해야 할 일이 정확히 무엇인가요?"

다기가 순진한 표정으로 아메네모페트에게 물었다.

"나를 위해 준비된 묘지의 상태를 확인하는 일이야. 한동안 신경을 쓰지 못했거든." 아메네모페트가 설명했다. "그리고 자네는 나 대신 필요한 것들을 기록하거나 다른 식으로 나를 돕게 될 거야."

　길은 산허리에 조성된 수십 개가 넘는 유명한 묘지들 사이를 따라 계속 이어졌다. 일부 묘지 앞에는 넓은 마당이 있거나 흰색의 인상적인 입구가 마련되어 있기도 했다. 묘지의 주인을 구분하는 건 쉬웠다. 입구의 기둥에는 고인을 기리는 글이 새겨져 있었고, 사원 안의 벽에는 고인의 자랑스러운 일대기와 호화스러운 제물, 화려했던 장례 절차와 이상적인 내세에 대한 기원이 그림과 글로 표현되어 있었다.

　아메네모페트는 자신의 묘지 상황을 살펴보기 전에 잠시 가던 길을 멈추고 그의 인생에서 가장 중요한 역할을 했던 두 사람의 묘지와 사원을 둘러보았다. 고인들을 기리는 사원은 기념일이나 다른 특별한 날에 가족이나 친구들이 찾아오기를 바라며 짓는다.

　첫 번째 묘지와 사원은 아메네모페트의 전임자였던 레크미레Rekhmire의 것이었다. 레크미레는 오랜 세월 파라오의 총리대신으로 일해 오면서 30개가 넘는 칭호를 부여받은 인물이었다. 처음에는 투트모세 3세를 훌륭하게 보좌하다가 새로운 파라오 아멘호테프를 돕던 와중에 세상을 떠났다. 그는 금과 은이 보관된 국고(國庫)를 비롯해 기록 보관소 그리고 아문 신을 기리는 다양한 건축물의 공사와 건축을 감독하고 지휘했다. 레크미레는 또한 사제이자 최고 재판관의 임무도 맡아, 궁전 안팎에서 다양하고 중요한 일을 처리했다. 그런 레크미레와는 달리, 아메네모페트가 지금까지 받은 칭호는 아홉 개에 불과했지만, 파라오의 총리대신은 이집트에서 왕족이 아닌 일반 귀족이 얻을 수 있는 최고의 지위였다. 레크미레의 장례식에 참석했던 아메네모페트는 근처 땅속 깊은 곳 어딘가에 늙은 총리대신의 시신이 안치된 작은 방과 그에게 바쳐진 금은보화가 있다는 사실을 잘 알았다. 어쩌면 지금 두 사람은 바로 그 위에 서 있는지도 몰랐다.

두 방문객은 널찍한 방과 좌우 양쪽으로 두 개의 복도가 있는 사원 안으로 들어갔다. 회반죽과 함께 다양한 색으로 칠해진 벽이 장관을 이루었다. 벽에는 먼 나라에서 들여온 신기한 공물이나 전리품을 살펴보거나 다른 임무들을 능숙하게 처리하는 모습처럼, 총리대신이 생전에 했던 다양한 활동이 그려져 있었다. 또한 가족들의 모습, 장신구나 가구를 포함한 온갖 화려한 물건들을 만들어내는 장인들의 모습 그리고 고인이 저승에서 하게 될 생활을 묘사한 그림들도 있었다.

"내가 하는 말을 잘 기억하게." 아메네모페트가 다기에게 명령했다. "내 묘지도 여기와 비슷해야 해. 그리고 내 수많은 업적을 잘 알아보게 요약해서 벽에 그려 넣어야 하고."

"레크미레 총리대신님의 장례식은 아주 특별했을 것 같은데요."

젊은 서기관은 대꾸했다.

"정말 그랬지." 아메네모페트가 말했다. "물론 돈이 아주 많다면 얼마든지 그와 비슷한 규모로 장례를 치를 수 있겠지만, 역시 파라오 아멘호테프 님께서 직접 참석하셨다는 게 중요하거든. 게다가 이집트의 다른 고관대작들도 함께 있었고 말이야. 힘센 장정들이 가구며 먹을거리, 포도주 그리고 아마포 등 함께 묻히게 될 온갖 재물과 귀중품을 짊어지고 행진을 했고, 그 뒤를 수십 명의 여자가 통곡하면서 따라갔지. 대단한 장례 행렬이었어. 물론 내장을 보관하는 단지와 관도 함께 가져갔지만."

아메네모페트는 계속해서 레크미레의 장례식 절차에 대해 간략하게 설명했다. 레크미레의 관이 똑바로 세워지자 사제가 제문을 읽기 시작했다. 어깨에 표범 가죽을 두른 또 다른 사제는 정해진 장례 의식을 진행하면서 고인이 다시 한번 소리 내 말할 수 있도록 관 뚜껑에 새겨진 고인 얼굴의 입술 부분을 끌로 다듬었다. 레크미레가 무사히 저승에서 부활할 수 있도록 갓 잡은 소의 다리와 심장도 관에 함께 매달았다. 고인의 관과 제물이 미리 파놓은 통로를 따라 땅속 깊은 곳에 마련된 작은 방으로 내려진 뒤, 안마당에서 장례식에 참석한 귀빈들을 위한 성대한 연회가 시작되었다. 아메네모페트는 그 연회가 자신이 참석했던 연회 중 최고였다고 말했다. "그 소의 다리는 땅속에 묻지 않고 다시 가져왔지! 그걸 그 자리에서

● 어느 부유한 고대 이집트 사람의 장례식.
사제들이 고인의 묘지 앞에서 의식을 치르는 동안 조문객이 애도를 표하고 있다.

바로 구워 먹었으니까 말이야!"

그곳에서 그리 멀지 않은 곳에는 아메네모페트의 친형인 세네페르 Sennefer의 묘지가 있었다. 세네페르는 살아생전 20가지가 넘는 지위에 임명되어 맡은 역할을 수행했고, 테베의 시장도 역임했다. 세네페르의 묘지 사원도 아름답게 장식되어 있었다. 레크미레의 사원과 분위기가 거의 비슷하면서도 조금씩 달랐다. 세네페르의 사원에 있는 방은 네 개의 기둥이 떠받치고 있었고, 고인이 신들에게 제물을 바치는 장면, 고인 자신이 제물을 받는 장면, 가족들의 모습 그리고 목가적인 느낌을 주는 저승의 풍경으로 장식되어 있었다. 아메네모페트는 형이 살아 있을 때 그와 함께 묘지가 완성되는 모습을 지켜보았고, 근처에 있는 자신의 묘지도 비슷한 수준으로 만들어지면 좋겠다고 생각했다.

파라오의 총리대신은 세네페르의 장례식에 참석했던 사람 중 극소수에게만 알려진 비밀을 알고 있었다. 세네페르의 관은 안마당이나 사원 바닥에 묻히지 않았다. 사원 아래에는 화려하게 장식된 기둥이 세워진, 사방이 그림으로 가득한 웅장한 방이 하나 있었다. 각기 다른 암석이 뒤섞여 울퉁불퉁한 천장에는 결을 따라 포도덩굴과 포도송이들이 그려져, 유쾌하고 독특한 분위기를 자아냈다. 인부들은 세네페르의 관과 여러 가지 장식품을 그 방 깊숙한 곳에 두고 알아보지 못하도록 입구를 막아버렸다. 그리하여 세네페르의 마지막 안식처는 이상적이면서도 특별한 장소로 완성되었다.

테베에 있는 고관대작들의 묘지

❦

레크미레와 세네페르의 묘지가 있는 테베의 서쪽 산기슭에는 수백 개가 넘는 고대 이집트 고관대작들의 묘지가 자리한다. 오늘날 '테베 묘역Theban necropolis' 또는 '귀족들의 묘역'으로 알려진 이 특별한 묘역은 아름답게 장식된 사원들로도 유명하다. 사원에 남겨진 기록과 그림은 개인의 사생활은 물론 역사적 사건들과 장례 절차 그리고 고대 이집트 사람들이 바라보았던 삶과 죽음에 대해 알려주는 귀중한 자료다. 몇백 년 전 이 묘역 사이에 '구르나Gurna'라는 이름의 마을이 세워졌고, 마을 주민들은 여러 묘지에 딸린 방들을 자신들의 집처럼 사용했다. 19세기에 접어들면서 외국인 관광객들이 증가하자 이들에게 팔아 치울 골동품을 찾기 위해 살고 있는 집 아래를 파헤치는 사람들이 나타나기 시작했다. 2009년 구르나 마을은 철거되었고, 묘역을 보호하기 위한 시설이 설치되었다. 주민들은 근처에 있는 새로운 정착지로 이주했다.

아메네모페트는 조금 불안한 마음으로 아직 완성되지 않은 자신의 묘지에 다기를 데려갔다. 언뜻 작업의 진행 상황을 살펴본 그는 당황하지 않을 수 없었다. 비용 문제라도 있었던 것인지 사원은 아직 미완성인 상태였고, 전문적인 장인을 불러와 해결할 문제가 너무 많았다. 그래도 네 개의 기둥이 서 있는 방으로 이어지는 입구는 어느 정도 봐줄만 했는데, 그곳에서부터 직사각형의 복도가 펼쳐져 있었다.

"그럭저럭 괜찮군." 파라오의 총리대신이 말했다. "그렇지만 아직 해야 할 일이 많아. 그나저나 일단 어디 좀 앉아야겠군."

아메네모페트는 거의 작업이 끝난 안마당에서 돌덩어리 하나를 찾아냈다. 기침과 함께 숨을 심하게 헐떡거리면서 그는 앞으로 얼마나 더 살 수 있을지 생각해보았다. 얼마간 신선한 공기를 마신 아메네모페트는 다기의 부축을 받으며 말과 전차가 있는 곳까지 걸어갔다.

아메네모페트에게는 또 다른 비밀 하나가 있었다. 파라오는 자신의 둘도 없는 소중한 친구에게 놀라운 특권 하나를 허락했다. 바로 왕실의 묘역 안, 자신의 묘지 바로 옆의 아무런 특징도 없는 평범한 곳에 친구를 위한 자리를 하나 마련해준 것이다. 테베의 산기슭에 세워진 아메네모페트의 사원은 방문객이나 참배객을 위해 그대로 남아 있겠지만, 미라로 만든 그의 시신은 약간의 장식품과 함께 입관된 뒤 파라오 아멘호테프의 거창한 묘지 옆 통로 끝에 마련된 작은 방에 안치될 예정이었다. 보통 사람으로서는 상상조차 할 수 없는 어마어마한 명예였다.

나일강의 수위가
낮아지는 무렵

지난 몇 주 동안, 바키는 나일강의 수위가 천천히 낮아지는 모습을 지켜보았다. 머지않아 다시 농사를 시작할 시기가 올 테니, 미리 밭을 점검하고 물을 댈 도랑도 파야 했다. 늘 그렇듯 영양분이 풍부한, 검고 끈적거리는 흙이 사방을 뒤덮기 시작했다. 나일강이 선사하는 선물이었다. 적절한 시기에 씨를 뿌리고, 작물들을 잘 가꾸어 수확한다면 또다시 풍년을 기대할 수 있으리라.

바구니를 들고 괭이를 둘러멘 채 집을 나선 바키는 밭을 따라 걸어 내려갔다. 오랫동안 버려둔 도랑을 찾아 치울 생각을 하니 벌써부터 몸이 지치는 것 같았다. 분명 진흙투성이의 피곤한 몸을 이끌고 집으로 돌아오게 될 터였다.

나일강이 범람했다가 물이 빠진 후에는 때로 밭의 경계선을 다시 정하는 문제로 다툼이 벌어지기도 했다. 양심 없는 이웃이 자신에게 유리하도록 밭의 경계석을 새로 세운 뒤 원래 있던 경계석이 물에 휩쓸려 내려갔다고 주장할 수도 있었다. 그건 결코 가볍게 여길 만한 문제가 아니었고, 정말 그런 일을 저지른 게 밝혀지면 감당 못 할 결과가 벌어질 수도 있었다. 그렇지만 바키가 볼 때 올해는 별문제 없이 일이 순조롭게 진행될 것 같았다.

한편, 강 하류에서는 네페르와 웨니를 비롯한 어부들이 손쉽게 물고기를 낚아 올리고 있었다. 물이 빠지면서 메기를 비롯한 물고기가 미처 빠져나가지 못한 웅덩이들이 드러났다. 덩치가 큰 물고기는 그물이나 작살로도 쉽게 잡을 수 있을 정도였다.

"네페르! 우리 솜씨도 그 늙은 타누니 영감 못지않지?"

작살에 찔려 격렬하게 몸을 뒤트는 커다란 메기를 보며 웨니는 큰 소리로 웃었다. 그런데 아쉽게도 작살에서 몸이 빠진 메기가 강물로 뛰어들어 쏜살같이 모습을 감추었다. 벌써 여러 번째 반복되는 풍경이었다.

네페르는 곤봉을 내려놓고 자신이 가장 좋아하는 고기잡이 도구 하나를 집어 들었다. 나무 막대기로 삼각형의 틀을 만들어 그물을 건 이 뜰채는 웅덩이에 갇힌 작은 물고기들을 건져 올리는 데 안성맞춤이었다. 뜰채를 잘만 휘두르면 한꺼번에 대여섯 마리가 잡힐 때도 있었다. 이날은 수확이 아주 좋았다. 가져온 광주리들을 채우던 웨니는 벌써부터 들뜬 것 같았다.

"너무 그렇게 잘난 척하지 말라고." 네페르가 넌지시 타일렀다. "저 웅덩이들은 며칠 지나지 않아 다 말라버릴 거야. 그러면 우리는 다시 조각배를 타고 강으로 나가야 해."

수십 마리나 되는 물고기를 재빠른 솜씨로 손질해 치운 뒤, 네페르는 노끈을 집어 들고 물고기 아가미를 하나로 꿰기 시작했다. 메기는 덩치가 너무 커서 두 사람이 짊어지고 나를 수 있도록 장대에 꿰어야 했다.

"네페르, 삼촌이 깜짝 놀라겠지?"

웨니가 소리쳤다.

"우리 삼촌을 너무 만만하게 보지 말라고." 네페르가 대꾸했다. "아무리 많은 물고기를 갖다 바쳐도 여전히 트집을 잡을걸? 그러니 가장 큰 놈들은 그냥 우리가 가져가자고. 아마 절대로 알아차리지 못할 거야."

Chapter
6

뿌리고
가꾸어가니,
그 두 번째 달

빼어난 의사
네페르호테프

어느 이른 오후, 마을에 하나뿐인 진료소에 정신이 나간 듯 보이는 여자가 나타났다. 울부짖는 남자아이를 안은 채였다. 아카시아 위에서 놀다가 미끄러졌다는 아이의 오른팔에는 길고 가느다란 가지가 박혀 있었다. 의사인 네페르호테프는 아이를 바닥에 눕히고 움직이지 못하도록 힘주어 눌렀다. 그의 아들 나크트는 작은 청동 톱을 들고 아이에게 다가갔다. 톱을 본 아이는 겁에 질려 더욱 크게 울부짖었지만, 그건 최대한 피부 가까이에서 나뭇가지를 잘라내기 위한 조치일 뿐이었다. 겉으로 드러난 가지를 잘라낸 나크트는 금속 집게를 이용해 빠르고 날렵한 손놀림으로 안쪽에 박힌 나뭇조각들을 능숙하게 뽑아냈다.

나크트는 남은 조각이 있는지 확인하기 위해 피가 흐르는 팔을 이리저리 문질렀고, 이내 지혈을 시작했다. 가장 고통스러운 치료 과정이 끝나자 아이는 조금씩 진정되어갔고, 어머니와 두 의사는 계속해서 부드러운 말로 아이를 달랬다. 몇 분 뒤 지혈을 확인한 나크트는 옆에 있던 꿀단지를 집어 들었다. 손가락으로 꿀을 듬뿍 퍼서 상처와 그 주위에 고루 바른 뒤 아마포 붕대로 여러 번 감았다.

"내가 한 것처럼 매일 꿀을 상처에 바르고, 상태가 나아지지 않으면 다시 데리고 오십시오." 나크트가 아이 어머니에게 말하며, 옆에 있는 나무 상자 안을 뒤졌다. "여기 부적이 있으니 아이의 목에 걸어주세요. 상처가 낫는 데 도움이 될 겁니다."

치유의 신 토트를 나타내는 작은 파란색 돌처럼 생긴 부적이었다. 네페르호테프는 아이를 일으켜 세웠다. "치료비는 나중에 갖다주어도 괜찮소." 그는 아이와 어머니를 문밖으로 배웅하며 말했다. "그리고 아카시아에는 근처에도 못 가게 하시고!"

아들의 솜씨에 감탄한 네페르호테프는 칭찬을 아끼지 않았다. 나크트는 최고의 스승들에게 의술을 배웠다. 네페르호테프는 몇 년 전까지 이 진료소에서 오랜 세월을 보냈다. 늘어선 작은 단지들이며 상자 그리고 한쪽 구석에 쌓여 있는 두루마리 더미들도 모두 예전 그대로였다. 테베는 나일강을 비롯한 중요한 공사 현장들과 가까웠기 때문에 늘 다치거나 아픈 사람이 많았다. 어딘가에 베인 사람, 뼈가 부러진 사람, 배가 아픈 사람, 악어나 하마에 물린 사람, 눈이 안 보이는 사람, 심장이 안 좋은 사람, 임신부 그리고 심지어 아무런 이상이 없는데도 자꾸 찾아오는 단골 환자와 가망 없는 대머리 치료를 부탁하는 사람까지 그동안 수많은 사람이 그를 찾아왔다. 풍부한 경험을 지닌 네페르호테프는 어떤 일이 있어도 놀라는 법이 없었고, 수술에서 찜질, 투약에 이르기까지 어떤 식으로든 치료 방법을 찾아내곤 했다.

일종의 의학 서적인 파피루스 두루마리에는 여러 증상에 대한 조언과 치료법이 실려 있었지만, 그 못지않게 치료를 주관하는 신들을 향한 기원도 적혀 있었다. 고대 이집트에서는 마법이나 마술도 치료의 일부였으며, 신들의 도움을 이끌어내는 부적이 언제나 의사의 상자 안에 준비되어 있었다.

네페르호테프는 20년이 넘는 세월 동안 의사 생활을 해왔다. 그의 아버지와 할아버지를 비롯해 선조들 또한 의사였다. 나크트는 그의 외아들이었고, 아내는 출산 중에 세상을 떠났다. 경험 많은 산파들이 곁에 있었

● 다양한 치료 방법을 소개한 신왕국 시대의 의학서인
에베르스 파피루스(Ebers Papyrus)의 첫 장.

지만 산모가 세상을 떠나는 건 그리 드문 일이 아니었다. 환자를 돌보느라 늦은 귀가를 했을 때 아내는 이미 이 세상 사람이 아니었다. 믿을 수 없을 정도로 슬픈 일이었지만, 죽음은 언제나 사람들 곁에 있었다. 필사적으로 자신을 찾아왔지만 이미 손쓸 수 없는 상황에서 환자가 세상을 떠나는 경우도 있었다. "저 아름다운 내세에서 다시 모두 함께 만나자." 아들이 서기관 학교에 다니게 될 무렵, 그는 가끔 이렇게 말하곤 했다.

어린 나크트는 매일 공부를 마치면 아버지를 돕기 위해 마을의 진료소로 달려갔다. 이따금 신경을 쓰게 한다거나 환자에 대해 쓸데없이 참견을 해서 아버지에게 혼이 나기도 했지만, 나크트는 그렇게 아버지를 계속 도왔고, 나중에는 직접 환자들을 보고 진단을 내리기도 했다. 서기관 학교에서 글을 읽고 쓰는 법을 배운 뒤 그는 아버지가 가지고 있던 의학서들은 물론, 인근의 사원에 딸린 의술 학교 서고에 보관된 다른 두루마리들도 공부했다. 현대의 의과 대학에 해당하는 고대 이집트의 이런 학교들은 '페르 앙크Per-Ankh', 즉 '생명의 집'이라고 불렸다.

이제 스물네 살이 된 나크트는 마을의 의사로서 대부분 혼자 진료소를 지켰다. 아버지 네페르호테프가 최근에 마을로 돌아온 건 조카의 혼인 잔치에 참석하기 위해서였다. 소란스러운 잔치에 술에 취한 손님들이 모였으니 가벼운 부상이나 사고는 당연한 일이었고, 덕분에 네페르호테프는 잔치에서도 의사 노릇을 하게 되었다. 게다가 솜씨 좋은 의사가 나타났다는 소문이 퍼지자 이번에는 다른 사람들까지 잠깐이라도 좋으니 다양한 피부질환이나 탈모 부위를 봐달라고 그에게 몰려들었다. 사실 네페르호테프는 마을의 평범한 의사가 아니라 궁전에 머물고 있는 의사였다.

파라오 아멘호테프를 비롯해 다른 왕족이나 최고위층 권력자들의 건강을 보살피는 주치의였던 것이다.

전차 사고의 부상자

원래 네페르호테프는 테베 부근에서도 가장 솜씨가 좋은 의사로 명성이 높았지만, 파라오의 최측근 중 한 사람인 프타에마트Ptahemhat를 우연히 만나면서 비로소 고위직에 오르게 되었다. 네페르호테프는 여전히 그때의 일이 생생했다.

파라오 아멘호테프도 그랬지만 프타에마트도 위험한 바깥 활동을 마다하지 않는 사람이었다. 몇 년 전쯤 네페르호테프는 집에서 멀지 않은 곳을 걸어가다 수확이 끝난 밭의 가장자리, 즉 사막이 시작되는 지점의 메마른 도로 위에서 울려 퍼지는 요란한 함성과 말발굽 소리를 들었다. 값비싼 아마포 옷을 입은 한 남자가 한 쌍의 말이 이끄는 전차를 몰고 있었다. 전차는 그야말로 전속력으로 달리는 것처럼 보였다.

"저런 바보가 있나."

네페르호테프는 중얼거렸다. 전에도 여러 번 비슷한 광경을 본 적이 있었고, 저런 식으로 거칠게 전차를 모는 건 대부분 군의 고위 장교나 궁전에서 나온 사람들이었다. 파라오 역시 전차를 미친 듯이 모는 걸로 매우 유명했지만, 최근 몇 년 들어서는 그 속도가 상당히 느려진 것 같다는 소문이 돌았다.

고대 이집트의 전차

말이 끄는 전차를 타고 싸우는 파라오의 모습은 고대 이집트 신왕국 시대의 기념물 등에서 흔히 찾아볼 수 있다. 그런데 전차는 이집트가 사용했던 전쟁 기술 중에서도 비교적 뒤늦게 이용된 것으로, 이집트가 제국으로서의 면모를 갖추기 바로 직전 국경 밖 동쪽 지역으로부터 도입되었다. 전차는 직접 전투에 동원되는 경우 말고도 궁수들을 위한 효과적인 이동 수단이었으며, 평화로운 시기에는 이집트 국내에서 파라오를 비롯한 상류층들의 이동 수단으로 이용되었다. 예를 들어 투탕카멘의 묘지에서는 완벽하게 보존된 전차가 여섯 대나 발굴되었으며, 이를 통해 고고학자들은 그 제작과 사용 방식에 대해 많은 정보를 얻었다.

얼마 지나지 않아 예상했던 대로 뭔가 크게 부딪히는 소리가 들려왔다. 전차의 나무 바퀴를 지탱하는 바큇살이 부러지면서 전차가 뒤집혔고, 타고 있던 사람은 그대로 밑에 깔려버렸다. 네페르호테프가 사고 현장으로 달려가 보니 말들도 상황을 알아차린 듯 불안하게 몸을 뒤틀면서 울다가 천천히 움직임을 멈추었다. 네페르호테프는 전차를 몰던 사람이 크게 다쳐 이미 세상을 떠났을 거라고 생각했지만, 다행히 그는 전차의 몸체 아래에서 꼼짝이지도 못한 채 그저 숨만 헐떡이고 있었다. 의사는 온 힘을 다해 부서진 전차를 이리저리 움직여 부상당한 사람이 신선한 공기를 들이마실 수 있도록 해주었다.

그런 뒤 네페르호테프는 부서진 전차의 잔해 밖으로 그를 끌어냈다. 가만히 신음 소리를 내는 남자는 신분이 높은 사람 같았다. 나중에야 알게 된 사실이지만, 전차를 몰던 남자는 명망 높고 이름도 널리 알려진 왕실의 최측근, 파라오 아멘호테프의 소꿉친구이자 그의 부채를 담당하고 있는 프타에마트였다. 네페르호테프는 먼저 그가 숨 쉬는 소리를 듣고 맥박을 확인했다. 그런 다음 머리의 상처를 비롯해 여러 군데 멍든 자국과 찰과상 등을 재빨리 검사한 뒤 남자의 옷을 걷어 올려 진짜로 심각해 보이는 부상 부위를 살폈다. 남자의 왼쪽 다리 윗부분이 퉁퉁 부어 있었다. 다리뼈가 부러진 게 분명했지만, 다행히 부러진 뼈가 피부를 관통해 밖으로 튀어나오지는 않았다.

그때쯤 되자 인근 마을의 농부들을 비롯한 많은 사람이 무슨 일이 일어났는지 알아보기 위해 모여들었고, 네페르호테프는 남자 네 명에게 정신을 잃은 환자를 조심스럽게 들어 올려 자신의 진료소까지 데려다달라고 부탁했다.

진료소로 운반되어 온 프타에마트는 아마포 천으로 덮인 침대에 아주 조심스럽게 눕혀졌다. 네페르호테프는 아마포 천을 둘둘 말아 베개 대신 그의 목 밑부분에 받쳤다. 아들 나크트를 제외한 다른 사람들을 밖으로 내보낸 그는 신음하는 프타에마트를 다시 자세하게 살피기 시작했다. 마지막으로 손가락 끝을 부러진 다리 위에 몇 분가량 올려놓고는 얼마나 심각한 상황인지 가늠해보았다.

"우리가 도움이 될 수 있을 것 같구나." 그는 아들에게 말했다. "우선 물을 몇 모금 마시게 해라. 잘 마시는 것 같으면 대추야자로 빚은 술 한 잔을 다시 마시게 해. 맨드레이크 가루를 섞어서 마시게 하면 곧 잠이 들 거다. 그런 다음 그의 목에 부적도 몇 개 걸어주고."

나크트는 그다음 치료 과정을 잘 알고 있었다. 얼마 뒤 술기운이 올라 남자가 통증을 못 느끼게 되면, 그의 아버지는 두 부분으로 어긋난 뼈를 다시 원래 위치로 돌려놓으려 할 것이다.

다리, 그중에서도 허벅지 쪽은 두터운 살 때문에 부러진 뼈를 바로잡기가 어려운 부위였다. 그러나 네페르호테프는 전에도 비슷한 치료를 여러 차례 해본 경험이 있었고, 이 치료법으로 정상적인 생활이 가능할 만큼 충분히 회복된 사람들도 있었다. 게다가 불행인지 다행인지 프타에마트는 마치 운동 부족처럼 다리가 가늘어서 치료가 성공할 가능성이 더 높았다.

고대 이집트의 신기한 치료제

고대 이집트에서는 동물과 식물, 광물에 이르기까지 굉장히 다양한 재료를 이용해 필요한 치료제를 만들어냈다. 파피루스 두루마리에 기록되어 전해지는 고대의 의학 관련 문헌들을 통해, 생명을 위협할 정도의 큰 부상에서 대머리 치료에 이르기까지 다양한 치료법을 대강 알아볼 수 있다. 고대 이집트에서는 당나귀의 젖과 기름으로 끓인 책, 조각상 위에 쌓인 먼지, 선박의 목재에서 찾은 말라붙은 물기, 으깬 수퇘지 이빨, 독수리의 피, 뱀장어 머리나 고양이 똥처럼 신기한 치료제 재료가 있었으며, 대머리 치료를 위해 하마와 악어, 사자, 뱀, 고양이 그리고 산양의 지방을 똑같은 비율로 섞어 두피에 바르기도 했다.

다친 남자의 몸을 최대한 똑바로 눕힌 상태에서 치료가 시작되었다.

"나크트, 준비가 되었느냐?" 프타에마트의 피부를 더듬어 뼈가 부러진 자리를 찾아낸 네페르호테프가 물었다. "그러면 이제 내가 밑으로 당겨서 뼈를 맞출 테니 너는 무릎을 꽉 붙잡고 있어라."

남자가 크게 숨을 헐떡였다. 다친 다리의 뼈가 다시 제자리로 돌아가는 과정은 불과 몇 초밖에 걸리지 않았지만, 전체적인 부상 부위의 붓기는 예상대로 우려할 만한 수준이었다.

"이제 몸을 닦자."

아버지와 아들은 프타에마트의 찢어진 옷가지를 조심스럽게 벗겨내고는 긁힌 자국이나 갈라진 상처를 모두 찾아 깨끗하게 닦아냈다. 나크트가 상처에 꿀을 바르고 붕대를 감는 동안, 네페르호테프는 소젖과 백반 그리고 보릿가루와 진흙을 섞은 반죽을 뼈가 부러진 부위에 바른 뒤 양옆에 단단한 부목을 대고 꽁꽁 묶었다.

치료가 거의 끝나갈 무렵, 우아한 차림새의 두 관리가 심각한 표정으로 진료소에 나타났다.

"숨이 붙어 있는 겁니까?" 그중 한 사람이 물었다.

"뭐, 일단은 그렇습니다." 네페르호테프가 대답했다. "큰 사고가 있었고, 사고 현장에 가 보니 거의 죽어가고 있었지요. 다리가 부러졌지만 일단 뼈를 맞추고 부목을 대서 고정시켰습니다. 그래서 지금은 가만히 누워 있는 상태입니다."

"그런데 이분이 누군지는 알고 치료한 거요?" 다른 관리가 물었다.

"아니오, 잘 모릅니다." 네페르호테프가 대답했다. "그렇지만 입고 있던 값비싼 옷이며 호화스러운 전차를 보아선 꽤 신분이 높은 사람일 거라고 짐작은 했습니다."

"그렇소. 이분은 파라오 아케페루레 아멘호테프의 부채를 담당하고 계시는 프타에마트 님이시오. 파라오께서 직접 전차와 말을 이분께 내어 주셨지만 그렇게 빨리 달리지 말았어야 했는데… 그나저나 대추야자로 빚은 술 냄새가 나는군. 이분을 발견했을 때 술에 취해 있었던 거요?"

"천만에요." 네페르호테프가 대답했다. "치료할 때 고통을 덜 느끼도록 우리가 술을 먹인 겁니다."

"그러면 이제 프타에마트 님을 궁전으로 모시고 돌아가겠소. 그곳에도 우수한 의사들이 있으니 치료를 잘 받을 수 있을 겁니다."

두 관리는 잠시 모습을 감추었다가 당나귀가 끄는 수레를 몰고 돌아왔다. 수레의 주인은 어느 농부였고, 함께 온 건장한 남자들이 프타에마트를 들어 올려 바닥에 천을 겹겹이 깐 수레에 태웠다. 무모하게 전차를 몰고 나와 다리가 부러지는 사고를 당한 파라오의 부채 담당은 그렇게 테베의 궁전으로 돌아갔다.

궁전 의사가 된 마을의 의사

그 후 몇 개월 동안 네페르호테프는 평소처럼 병을 앓거나 상처를 입고 몰려드는 사람들을 치료하느라 바쁜 나날을 보냈다. 그날 있었던 전차 사고는 그저 또 다른 환자의 이야기 정도로 빠르게 잊혀갔다. 그러던 어느 날, 프타에마트를 데리고 궁전으로 돌아갔던 한 관리가 파라오의 명령을 전하기 위해 다시 나타났다.

"지금 당장 궁전으로 들어오라는 파라오의 분부시오. 그러니 그 냄새 나는 더러운 옷은 당장 벗어버리고 가장 좋은 옷으로 갈아입고 나오시오. 나는 밖에서 기다릴 테니."

네페르호테프는 그의 말에 신경 쓰지 않았다. 바쁘게 시간을 보내다 보면 온몸에 피가 묻거나 아주 지저분한 모습이 되는 게 마을 의사라는 직업이었다. 그는 아무 말 없이 옷을 갈아입고 나와 관리를 따라서 강가로 걸어갔다. 그곳에는 네 명의 선원이 노를 젓는, 작지만 아름다운 배 한 척이 기다리고 있었다. 더 이상 아무런 설명도 하지 않는 관리의 퉁명스러운 태도에 의사는 당혹스러웠다. 혹시 프타에마트라는 사람이 자신의 치료 때문에 세상을 떠난 것은 아닐까? 무슨 일이 있었는지는 곧 알게 될 터였다. 궁전 근처 부둣가에 도착한 두 사람은 배에서 내려 화려한 관문들을 거친 끝에 마침내 궁전 안으로 들어섰다.

경비병들은 재빨리 두 사람을 안뜰로 안내했다. 그곳에서 네페르호테프는 자신을 '궁전의 수석 의사'라고 소개하는 한 남자를 만났다.

"나와 함께 갑시다."

짧게 말을 건넨 남자는 앞장서서 걷기 시작했다. 여러 복도를 지나쳐 마침내 두 사람은 침대 하나와 의자 하나가 전부인 간소하지만 분위기가 밝은 방에 도착했다. 침대 위에는 누군가 나무 베개를 베고 가만히 누워 있었다.

'그때 전차를 탔던 사람인가? 그런데 설마 죽어버린 건가?'

네페르호테프는 속으로 생각했다.

두 사람이 방으로 들어서는 소리를 들었는지 침대에 누워 있던 남자가 몸을 일으키고는 활짝 웃었다. 프타에마트였다. 그는 침대 모서리 쪽으로 몸을 돌려 벽에 세워놓았던 긴 지팡이를 집어 들고 바닥으로 내려왔다. 네페르호테프에게 조심스럽게 다가간 프타에마트는 자신을 치료했던 의사를 끌어안으며 반갑게 맞이했다.

"그대의 치료와 신들의 보살핌이 나를 살렸소. 그래서 선물을 준비했지. 파라오에게 당신의 이야기를 전하며 궁전으로 들여달라고 간청했소. 파라오께서는 허락하셨고, 궁전의 수석 의사도 당신의 치료가 아주 훌륭했다고 인정해주었소. 잘 알고 있겠지만 궁전에서 일하는 사람들은 멤피스에 머물다가 종종 이렇게 테베로 오곤 한다오. 궁전에서 일하는 의사가 된다는 건 크나큰 명예지. 그러니 꼭 이 제안을 받아들여주기를 바라오!"

놀라운 제안을 들은 네페르호테프는 아무런 대답도 하지 못했다. 프타에마트 그리고 수석 의사와 함께 멋진 식사를 한 뒤에야 그는 두 사람에게 며칠 안에 결정을 내리겠다고 말했다. 물론 궁전 의사가 된다는 건 굉장히 명예로운 일이었으며, 매일 바쁘게 일하던 마을 의사에게는 인생의 큰 전환점이나 다름없었다. 그렇지만 그에게는 아들의 의견도 중요했다.

소식을 전해들은 나크트는 설렘과 두려움을 동시에 느꼈다. 아버지에게 그런 일이 생기다니 이 얼마나 놀라운 일인가!

'그런데 아버지가 궁전으로 들어가게 되면 이제부터는 혼자서 마을의 환자들을 돌봐야 하는데…'

젊은 풋내기 의사로서는 당연히 그런 생각이 들 수밖에 없었다. 그러나 어떻게 감히 이런 기회를 거절할 수 있단 말인가! 네페르호테프는 멤피스에 주로 머물게 되더라도 기회가 있을 때마다 자주 테베로 돌아오겠다고 아들에게 약속했다.

궁전에서 의사로 일하게 된 네페르호테프는 처음에는 다소 긴장할 수밖에 없었다. 주변에는 수십 년 동안 궁전에서 일해온 노련한 동료 의사들이 있었다. 심지어 이들은 치아를 포함해 신체의 모든 부위를 담당하는 전문가로, 파라오를 비롯한 왕실 사람들부터 시종들에 이르기까지 병이나 부상으로 고통받지 않고 살아가게 지켜주는 이집트 최고의 인재들이었다. 이들 대부분은 프타에마트의 생명을 구한 이야기를 알고 있었다. 감명을 받거나 네페르호테프가 받은 상을 과분하다고 여기며 불편해하는 사람들도 있었지만, 그가 지닌 의사로서의 자격과 다양하고 깊이 있는 경험에 대해서는 아무도 의심하지 않았다. 궁전에 머물고 있는 의사들은 네페르호테프의 지식에 깊은 인상을 받았으며, 처음에 불거진 이런저런 불만들도 곧 그에 대한 존경으로 뒤바뀌게 되었다.

파라오를 처음 만나는 일도 두렵기 짝이 없었다. 네페르호테프는 테베에서 열리는 축제에서 멀리서나마 파라오의 모습을 봤을 뿐, 가까이서 직접 본 적은 단 한 번도 없었다. "파라오는 비록 인간의 몸을 하고 있지만, 원래는 신이라는 사실을 절대로 잊지 말라"는 주의도 자주 들었다. 알현이 허가된 날, 순백의 고급 아마포 옷을 차려입은 네페르호테프는 멤피스 궁전 안의 회의실이라고밖에는 달리 생각할 수 없는 장소로 안내되었다. 그곳에는 프타에마트를 포함해 화려하게 차려입은 사람들이 서성이고 있었는데, 프타에마트는 자신이 무사히 회복되었다는 사실을 보여주기라도 하듯 누구의 도움도 없이 혼자서 천천히 앞으로 걸어 나왔다.

● 제1 중간기 시대, 기자의 묘지 안에 새겨진 궁전 의사의 모습.
이 의사의 이름은 이레나크티(Irenakhty)로, 자신의 전문 분야인
안과와 소화기과 그리고 항문과 등에 대해 소개하고 있다.

"네페르호테프여, 어서 오시오!"

파라오의 부채 담당이 큰 소리로 외쳤다.

의사는 프타에마트를 따라 남자 몇 명이 모여 대화를 나누는 곳으로 갔다. 두 사람이 다가오는 것을 본 사람들이 흩어지자, 네페르호테프는 거의 기절할 뻔했다. 화려한 금빛 의자에 파라오 아케페루레 아멘호테프가 앉아 있었다. 파라오는 조각상이나 그림으로 접했던 모습과 비교해 훨씬 늙고 허약해 보였으며, 머리카락 또한 하얗게 세어 있었다. 네페르호테프가 무릎을 꿇고 넙죽 엎드려 회반죽을 칠한 바닥에 머리를 조아리고 있으려니, 파라오가 껄껄 웃는 소리가 들려왔다.

"그만 일어서게! 내 친구 프타에마트가 전차를 타고 소란을 일으키는 동안 자네가 나서서 그를 도왔다지? 정말 수고했어. 전차를 빌려주기 전에 그에게 더 이상 포도주를 마시지 말라고 충고했었는데, 어떤가? 내가 잘한 거 맞겠지?"

"그는 술에 취, 취해 있지 않았습니다."

네페르호테프는 긴장한 나머지 말을 더듬었다. 정말 당혹스럽기 그지없었다. 이집트의 살아 있는 신에게 올리는 첫마디가 "술에 취해 있지 않았다"라니! 파라오와 그의 부채 담당은 웃음을 터트렸고, 그 모습에 의사는 겨우 긴장을 풀었다.

"아무것도 두려워할 필요 없네." 파라오가 그를 안심시켰다. "이제부터 그대는 나뿐만 아니라 나의 가족 그리고 이집트에서 가장 중요한 이들의 건강을 살피고 도와줄 사람이니까 말이야."

멎어가는
파라오의 심장

얼마 지나지 않아, 궁전 안의 모든 사람이 파라오 아멘호테프와 궁전 의사 네페르호테프가 서로 잘 맞는다는 사실을 인정해야 했다. 시간이 갈수록 파라오는 몸에 문제가 생길 때마다 이 새로운 의사를 더 많이 찾기 시작했다. 2년이 지났을 무렵, 그의 지위는 수석 의사에까지 이르렀다. 파라오 아멘호테프와 왕실의 가족들이 그를 점점 더 신뢰하면서 잠시 병을 앓다가 예상치 못하게 세상을 떠난, 수석 의사의 자리를 이어받게 된 것이다. 수석 의사의 역할은 수준 높은 의학 지식을 바탕으로 파라오와 왕실 가족들의 건강을 세심히 돌보는 것이었다. 의사로서 오를 수 있는 최고의 자리에 이른 것도 좋았지만, 테베에서 끊임없이 몰려드는 환자를 치료할 때도 그는 보람과 자긍심을 충분히 느껴왔다.

그러던 어느 날 네페르호테프는 조카의 혼인 잔치에 참석하기 위해 잠시 멤피스를 떠나 테베에 오게 되었고, 그곳에서 무사히 조카의 혼인 잔치에 참석하고 우연히 팔을 다친 아이를 아들 나크트와 치료했던 것이다. 자신이 궁전을 떠나 있는 동안에는 궁 안의 수많은 의술 전문가가 파라오를 돌볼 터였다.

이제는 멤피스에 있는 자신의 자리로 돌아가야 할 때였다. 채비를 마친 네페르호테프는 테베 궁전 근처의 부둣가에서 북쪽으로 향하는 작은 전용선에 올랐다. 솜씨 좋은 선원들이 있으니 목적지에 도착하는 데 일주일 정도밖에 걸리지 않을 것이다. 선상에서 바라보는 나일강은 더없이 아름다웠고, 시원한 바람을 가르는 항해는 편안하고 평온했다.

멤피스에 도착하기 몇 시간 전, 또 다른 궁전의 전용선이 네페르호테프가 타고 있는 배를 향해 다가오는 것이 보였다. 상대편 배는 돛을 돛대 끝까지 올린 상태로, 자칫하면 충돌할 수 있을 정도로 가까이 다가왔다. 두 척의 배가 간신히 뱃전을 마주하고 나란히 서게 되자 네페르호테프의 눈에 이푸 선장의 모습이 들어왔다. 이푸 선장은 티아 왕비의 명령으로 수석 의사를 빨리 데려가기 위해 온 것이었다. 네페르호테프는 서둘러 배를 갈아탔고, 이푸 선장이 지휘하는 전용선은 돛을 내리고 방향을 돌려 12명의 노잡이와 함께 전속력으로 멤피스로 향했다. 선장은 자신도 무슨 일이 있는지 자세히 알지 못한다고 말했지만, 아주 큰일이 생긴 것이 분명했다. 네페르호테프는 그저 불안한 마음으로 이것저것 추측할 수밖에 없었다.

멤피스에 도착하자 이푸 선장은 네페르호테프를 대기하고 있던 전차로 데려갔다. 그곳에서 궁전까지는 전차로 몇 분밖에 걸리지 않았다. 서둘러 궁전의 여러 관문을 지나 작은 방으로 안내되어 온몸을 정갈하게 씻고 깨끗한 아마포 옷으로 갈아입을 때까지, 사방은 이상하리만큼 고요했다. 무슨 일이 벌어지는지는 몰라도 마음을 단단히 먹었다. 네페르호테프는 시종의 안내를 따라 평소 파라오 아멘호테프가 혼자서만 조용히 쉬던 침소로 들어갔다. 그리고 눈앞에 펼쳐진 광경에 큰 충격을 받고 말았다.

화려하게 꾸며진 침대 위에 누워 있는 파라오는 땀에 흠뻑 젖은 채 정신을 차리지 못했다. 티아 왕비는 침실 바닥에 몸을 던진 채 울부짖었고, 프타에마트 역시 소리 없이 흐느끼며 자신의 주인이자 친구에게 부채질

을 하고 있었다. 침대 양쪽 끝에는 이시스와 토트 신의 금박을 입힌 조각
상이 서 있었으며, 땀으로 젖은 아멘호테프의 가슴 위에는 금과 보석으로
만든 부적들이 놓여 있었다. 그리고 아마도 보이지 않는 곳에 여사제들이
있는 듯, 어디선가 세크메트 여신을 기리는 읊조리는 듯한 노랫소리가 들
려왔다. 네페르호테프가 모습을 드러내자 자리를 지키던 의사들이 옆으
로 물러났다. 그들 모두 지금까지 최선을 다했다는 사실을 그는 알 수 있
었다. 상황을 물어보는 네페르호테프에게 의사들은 지난주부터 파라오
가 오른쪽 아래 복부 통증을 호소했으며, 상태가 날마다 더 심해져갔다
고 설명했다. 파라오의 몸 안에 제대로 빠져나가지 못하고 쌓인 채 썩어
가는 노폐물이 많다고 판단한 의사들은 관장제를 주입하고 연고로 배를
문지른 뒤 다시 구토를 자극하는 음료수를 파라오에게 먹였다. 각각의 치
료가 어느 정도 효과를 보이는 것 같았지만 갑자기 아멘호테프는 이유 없
이 다시 토하기 시작했고, 완전히 탈진한 채 시간이 지날수록 점점 더 병
세가 악화되었다.

고대 이집트 사람들의 평균수명

고대 이집트 사람들의 사망 원인은 대단히 다양했다. 상처
로부터 시작되는 감염은 흔했으며, 악어나 하마, 뱀이나 전
갈에게 공격당하는 경우 끔찍한 결과가 초래되기도 했다.
나일강에 빠져 죽거나 이집트의 수많은 공사 현장에서 발

생하는 '산업재해'의 희생자가 되기도 했다. 출산을 하거나 군대에 징집되는 것 자체도 위험을 수반했다. 고대 이집트에서 발견된 미라들을 조사한 결과 빌하르츠 주혈흡충증 bilharzia, 폐결핵, 말라리아 같은 질병이나 전염병도 당시에 드물지 않았던 것으로 밝혀졌다. 고대 이집트 사람들의 평균수명은 30세에서 35세 정도로 추정된다. 물론 90세 이상 살면서 67년 동안 이집트를 통치했던 신왕국의 파라오 람세스 2세Rameses II처럼 크게 장수하는 사람들도 있었다.

네페르호테프는 파라오 아멘호테프의 입가에 귀를 가져다 댔다. 미약했지만, 파라오는 여전히 숨을 쉬었다. 의사는 목을 비롯해 신체의 여러 곳에서 환자의 맥박을 느끼며, 약하고 느린 심장박동을 확인했다. 전문가의 손길로 파라오의 온몸 구석구석을 더듬어 살피다가 궁전의 다른 의사들이 지적했던 문제의 부분에서 열이 심하게 나고 있다는 사실을 알아챘다. 그는 다시 한번 그동안 진행되었던 치료 과정에 대해 물었지만, 잘못되거나 부족했던 점을 찾을 수는 없었다. 네페르호테프는 생명이 꺼져가는 파라오에게 다가가 젊은 시절부터 외워왔던 주문을 읊조리기 시작했다.

"여기 위대한 땅의 위대한 자, 여러 수호신과 영원의 통치자 그리고 신들의 어머니가 함께 있노라… 이들 모두가 그대를 보호하기 위해 나섰노라. 내가 대신 전하노니 우주의 주인께서는 죽은 남자와 죽은 여자, 신과

여신의 해로운 행동을 막기 위해 준비하신 일이 있노라…. 그대의 머리에
등뼈에 어깨에 그리고 그대의 살과 팔다리에 영험한 힘이 함께하리로다.”

지금까지 최선을 다했으니 이제는 그저 다가올 결과를 기다릴 뿐이
었다. 희망이 있다면 신들이 개입해 그 영험한 힘으로 치료의 기적을 내
려주시는 것뿐…. 문가에 서서 상황을 지켜보는 젊은 왕자 투트모세의 얼
굴에는 아무런 감정도 드러나지 않았다. 그의 앞날 또한 아무도 알 수 없
었다. 이제 며칠, 아니 어쩌면 몇 시간 안에 모든 것이 결정 날지도 몰랐다.

평화로운
파종의 시간

지난 몇 주 동안 강물이 빠지면서 남게 된 끈적이는 검은 흙은, 이제 쟁기

● 　고대 이집트의 밭갈이 모습.

질을 하고 작물을 심을 수 있을 만큼 충분히 말라붙었다. 농부 바키가 고대하던 때가 온 것이다. 아내 무투이와, 가장 친한 친구인 목동 세나가 옆에서 도왔기에 일은 그리 어렵지 않게 진행되었다. 바키는 세나에게 그 대가로 추수한 곡물 몇 자루를 주고, 세나가 필요할 경우에는 똑같이 가서 돕기로 약속했다.

씨를 뿌릴 때가 되자 세나는 어디선가 빌려온 튼튼한 황소 두 마리를 데리고 나타났다. 바키는 커다란 나무 쟁기에 소들을 묶었다. 농부가 쟁기를 붙잡고 위에서 몸무게를 실어 누르며 흙을 파헤치면, 목동은 고랑을 따라 소들을 앞으로 끌고 갔다. 무투이는 주로 집안일을 도맡아 했지만, 매년 며칠 정도는 밭에 나와 흙을 고르고 씨를 뿌리는 일을 도왔다. 해야 할 일은 많았지만, 서로 농담도 하고 노래도 부르면서 힘을 북돋아주었다. 적어도 지금까지는 아주 만족스러운 인생이었다. 장엄하게 흐르는 나일강의 도도한 물살 위로 따사로운 황금빛이 아름답게 빛났다. 북쪽 멤피스에서 벌어지는 심각한 상황에 대해서는 알지 못한 채, 남쪽의 어느 밭에서는 행복한 한낮의 풍경이 펼쳐지고 있었다.

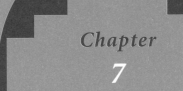

Chapter

7

뿌리고
가꾸어가니,
그 세 번째 달

하늘로
올라간 매

파라오 아멘호테프는 앓아누운 지 불과 며칠 만에 어떤 치료에도 반응하지 않았다. 세크메트 여신을 기리는 노래를 쉬지 않고 읊조리는 여사제들의 그림자가 어두운 벽에 일렁거렸다. 지친 티아 왕비는 침대 옆에 깔아놓은 자리에 누워 있었다. 궁전 의사들의 우두머리인 네페르호테프는 틈이 날 때마다 아직 시도해본 적이 없는 치료법이나 정체를 알 수 없는 악의 세력이 침입했다는 주장에 대해 다른 의사들과 의논했다. 이미 의심스러운 악령들의 이름을 확인하고 쫓아내는 의식도 여러 차례 치렀지만, 아무런 효과가 없었다. 쉬지 않고 팔을 움직여 파라오에게 부채질을 하던 프타에마트도 거의 탈진한 상태였다. 파라오가 점점 땀을 적게 흘리자 일부 의사들은 회복의 조짐이라고 해석했지만, 네페르호테프는 비관적인 기분이 들었다. 반복해서 호흡과 맥박을 점검했지만, 그때마다 파라오의 최후가 머지않았다는 불길한 조짐만 보일 뿐이었다.

파라오의 상태가 갑자기 악화된 지 나흘째 되던 날 자정 무렵, 네페르호테프는 조용히 엎드려 있는 파라오의 몸을 다시 한번 살펴보았다. 이제 모든 것이 분명해졌다. 이집트의 피리오 아게페루레 아멘호테프는 세상을 떠났다. 극히 조심스러운 태도로 상황을 확실하게 마무리 짓고 싶었던 네페르호테프는 함께 있는 사람들에게 이 사실을 어떻게 알려야 할지 고민하면서 파라오를 몇 번이고 반복해서 살폈다. 침대 끝에서 무릎을 꿇고 있다가 몸을 일으킨 그는 두 팔을 벌리고 여사제들과 부채를 든 시종들에게 고개를 끄덕였다. 그의 몸짓에 갑자기 사방이 조용해졌다. 티아 왕비가 두려운 상황을 직감한 듯 고개를 들었다. 네페르호테프는 천천히 그리고 신중하게 곧 이집트 전역으로 전해질 그 유명한 말을 다시 입에 올렸다. 지금으로부터 20여 년 전, 투트모세 3세가 세상을 떠나던 순간에도 발화된 대단히 극적인 표현이었다.

"매가 이 세상을 떠나 저 하늘로 올라갔습니다."

사람들의 입에서 흐느끼는 소리가 흘러나왔다. 늘 냉정한 태도를 유지하던 궁전 의사들의 눈에도 눈물이 고였다. 여사제들이 울부짖기 시작했고, 티아 왕비 역시 찢어지는 듯한 비명을 지르며 일어서더니 남편의 시신 위로 몸을 던졌다. 파라오의 총리대신인 아메네모페트가 문 앞을 지키는 경비 책임자에게 다가갔다.

"누구에게도 이 사실이 알려지면 안 된다! 머지않아 이집트의 모든 사람이 알게 되겠지만 지금은 아니다."

신중에 신중을 기해야 할 만한 이유가 있었다. 이집트에서 파라오의 진짜 중요한 역할은 마트, 즉 우주와 이 땅의 질서를 유지하고 혼돈을 막는 일이다. 그런 파라오가 세상을 떠났으니 큰 혼란이 일어날 가능성이 있었다. 우주의 균형이 위태로워지면서 사악한 세력이 등장해 두 땅을 불안정하게 만들지도 몰랐다. 지금은 매우 조심스럽게 상황을 살필 때였고, 백성들이 크게 동요하지 않도록 파라오의 사망 소식은 그야말로 신중하게 발표되어야 했다.

투트모세 왕자는 어머니를 위로하기 위해 앞으로 나섰다. 슬펐지만 여전히 무표정한 얼굴로 왕비의 어깨에 손을 얹은 왕자는, 미동도 없이 그녀의 옆에 서 있었다. 네페르호테프는 다음 절차를 의논하기 위해 다른 의사들에게 다가갔다.

"파라오를 몇 시간가량 여기에 모셨다가 미라를 만드는 담당자를 불러 다음 절차를 맡깁시다. 준비가 진행되는 동안, 여기 있는 사람들이 충분히 애도할 시간적 여유가 생길 테니까요."

멤피스에 도착한 첫날부터 최선을 다했지만, 조심스럽게 결과를 예견했던 네페르호테프는 미리 방부처리와 관련된 준비물을 아무에게도 알리지 않고 조용히 주문해둔 터였다. 죽은 사람의 신원은 밝히지 않은 채 최고 품질의 재료와 도구를 주의 기울여 가져올 것을 요청해두었다. 곧 궁전 안에는 특별한 천막 하나가 준비되었고, 파라오의 시신은 그 천막 안에서 미라로 만들어질 예정이었다.

그러나 이집트는 비밀을 유지하기가 어려운 나라였다. 특정할 순 없지만, 극히 중요한 인물이 죽어가고 있다는 소문이 빠르게 돌았다. 왕비나 여러 왕자 중 하나일까? 아니면 파라오의 가까운 친구? 타고난 건강 체질이자 운동에도 만능인 파라오 아케페루레 아멘호테프에게 무슨 일이 생긴 건 아닐 거야! 어딘지 모르게 예민하고 심약해 보이는 투트모세 왕자는 고인이 될 가장 유력한 후보였다. 그러다 곧 파라오가 세상을 떠났다는 사실을 그 주변 사람들이 알아차렸고, 거기서부터 소문이 시작되어 멤피스 전역과 이집트 전체로 순식간에 퍼져나갔다.

충격적인 소식은 도저히 가늠할 수 없는 기이한 방식으로 평상시보다 빠르게 사방에 알려지는 법이다. 파라오 아멘호테프의 죽음과 그에 따른 슬픔과 두려움은 테베는 물론 그 너머에까지 이르게 되었다. 그리고 예상했던 대로, 파라오의 사망 원인에 대한 수많은 추측이 걷잡을 수 없이 퍼졌다. 실제 상황과는 관련 없는 터무니없는 소문도 떠돌았다. 파라오는 살해당한 게 아닐까? 혹시 궁전 안에서 반란이 일어났다면? 아니, 사냥이나 다른 운동을 하다가 일어난 사고일지도 몰라. 나일강에서 하마를 사냥하다가 물에 빠져 죽은 것은 아닐까?

미라를 만드는 사람들

미라를 만드는 마후는 멤피스에서 가장 인정받는 시신 방부처리 전문가였다. 그런 마후의 지휘 아래 천막 안에서의 모든 준비는 마친 상태였다. 그의 조수들은 파라오의 시신을 운반하라는 총리대신의 지시만을 기다리고 있었다. 왕족을 미라로 만드는 작업은 대단히 드물게 이루어졌다. 마후는 몇 년 전에도 웨벤세누 왕자의 시신을 미라로 만든 적이 있었다.

극도의 주위를 기울여 만든 웨벤세누 왕자의 미라는 아직 공사가 끝나지 않은 파라오 아멘호테프의 묘지 안 작은 방에 안치되어 있다.

파라오의 시신 처리 과정은 최고의 예를 갖춰 치러질 예정이었다. 낮은 지위에 있는 사람들을 미라로 만들 때 주고받는 농담이나 신체 부위에 대한 조롱은 절대 있을 수 없었다. 평범한 인간이 아니라 신의 현신인 이집트의 파라오가 드디어 이승에서의 삶을 마감한 것이다.

마후는 늘 향냄새와 불빛이 감도는 지방의 어느 방부처리 시설에서 처음 일을 시작했다. 필요한 도구를 정리하고 천연소다와 아마포 같은 준비물을 나르는 일을 하다가 나중에는 일부 시신을 직접 처리할 수 있게 되었다. 제거한 내장을 각각의 그릇에 옮겨 담고, 시신을 기름으로 닦는 정도의 일을 허락받았던 것이다. 그리고 세월이 흐르는 동안 점점 더 큰일을 맡게 되면서 다양한 수준의 미라 제작 기술을 인정받았고, 마침내 최고 상류층의 시신을 처리해달라는 요청도 받게 되었다.

몇 시간이나 흘렀을까. 드디어 아메네모페트의 명령이 떨어졌다. 마후는 파라오의 시신을 옮기기 위해 들것을 들고 침실로 들어섰다. 시신을 둘러싼 사람들은 울음을 그치지 않았지만, 마후가 조용히 나타나 시신 위에 아마포 천을 덮고 들것으로 옮기도록 지시하자 모두 옆으로 물러났다. 마후를 따라 온 네 명의 조수는 존경하는 마음을 담아, 준비가 끝난 천막까지 천천히 시신을 운반했다.

아멘호테프의 시신을 처음 마주한 마후는 두려움에 휩싸였다. 그동안 수많은 경험을 했음에도, 지상에서 살다가 세상을 떠난 신의 현신을 미라로 만들어야 하는 막중한 책임이 너무나 버겁게 느껴졌다. 이 일을 하면서 파라오를 마주하는 영광을 누렸던 사람은 거의 없었다. 지난번 마지막으로 이승에서의 삶을 마감했던 파라오는 투트모세 3세셨는데, 그것도 벌써 26년 전 일이다. 들것을 천막까지 운반하는 조수들의 몸이 잘게 떨렸다. 천막 입구에 서 있던 경비병들이 문을 열어젖혔고, 마후와 조수들 그리고 파라오의 시신이 그 안으로 들어갔다.

천막 안의 모든 준비는 완벽했다. 가장 깨끗하고 비싼 기름이 담긴 항아리, 최고급 아마포, 다양한 금속 도구 등등. 그중에서도 가장 중요한 재료는 방부처리해 미라를 만들 때 반드시 필요한 천연소다였다. 멤피스 북서쪽의 사막에서 발견된 이 백색의 가루는 수천 년 전부터 건조제로 사용되어왔다. 시신을 오랫동안 그대로 보존하기 위해서는 수분을 반드시 제거해야 했으므로, 사막을 가로지르는 대상(隊商)들은 이집트 전역에서 미라 제작이 차질 없이 진행되도록 막대한 양의 천연소다를 정기적으로 운반해왔다.

미라를 만들 때 필요한 재료

미라를 만들 때 건조제로 사용되는 천연소다는 이집트 서부 사막에 위치한 와디 나트룬Wadi Natroun에서 주로 발견된다. 이곳에 있는 오래전 말라버린 호수에서 천연소다를 채취한다. 이 천연소다가 들어 있는 자루나 항아리가 발견된 곳은 주로 묘지 또는 미라 관련 도구와 재료를 저장하는 창고였다. 미라를 만들 때는 천연소다 외에도 외국에서 들여온 유향과 몰약, 소나무와 전나무의 수지 그리고 밀랍 등이 사용되었다.

무엇보다 중요한 건 시신이 살아 있을 때의 모습을 그대로 유지하는 일이다. 그렇게 하면 시신을 떠난 영혼, 즉 카$_{ka}$가 자신의 모습을 알아보고 다시 돌아올 수 있으며, 비록 육신은 생명을 잃었어도 자신의 사원 벽에 그려둔 수많은 제물과 관에 넣은 장식품의 도움으로 영원히 살아갈 수 있다. 그러나 이집트 사람들이 세상을 떠난 뒤 모두 미라가 되거나 그럴 듯한 묘지와 사원을 둘 수 있는 건 아니다. 이집트 사람 대부분에게는 그럴 만한 여유가 없었다. 마후는 이집트제국을 위해 일해온 평범한 백성들이 세상을 떠나면, 사막 가장자리에 파놓은 구덩이에 묻히게 된다는 사실을 늘 안타까워했다. 함께 묻는 제물이나 장신구도 맥주 몇 단지에 부적 목걸이, 아니면 머리빗 정도가 고작이었다.

반면, 형편이 좀 더 넉넉해 더 많은 재료를 선택하거나 사용할 수 있는 집안에서는 기본적인 내장 적출과 방부처리 과정을 진행한 뒤 가격이 저렴한 아마포 붕대로 시신을 감싸서 장식 없는 소박한 관에 넣기도 했다. 이처럼 형식적이기는 하지만 고인을 존중하는 매장 의식을 치렀다. 물론 여기에 사용되는 재료의 품질과 들어가는 시간 그리고 정성에 따라 그 비용은 천차만별이었으며, 크게 늘어나기도 했다. 극히 저렴한 비용으로 미라를 만들면 저승에서 편히 쉴 수 있기는 해도, 살아생전의 모습을 간직한 인간이라기보다는 그저 소금에 절인 생선과 더 비슷할지도 몰랐다. 반면에 파라오나 귀족들의 시신처럼 온갖 정성을 다해 처리하면 죽은 뒤에도 살아 있을 때와 똑같은 모습으로, 마치 잠들어 있는 것처럼 보였다.

마후는 시간 활용이 중요하다는 사실을 잘 알고 있었다. 사람이 세상을 떠나면 시신의 부패가 빠르게 진행되기에 최상의 결과를 얻기 위해서는 낭비할 시간이 없었다. 파라오 아멘호테프의 시신을 감싸고 있던 아마포 천을 걷어낸 마후는 자신이 처리할 대상을 실물로 확인했다. 핏기 없는 피부에 바짝 말라붙은 몸, 여기에 입을 벌리고 눈을 크게 뜬 모습은 이집트 백성들이 우러러보았던 강인한 영웅의 모습이 아니었다. 방부처리를 하기 위해 모여든 마후의 조수들은 두려움에 온몸이 마비된 것 같은 모습으로 각자 조심스럽게 시신을 살펴보았다.

"이제부터 정말 중요한 일을 해야 하니, 바로 시작하자."

마후가 명령하자 조수 중 한 사람이 향긋한 향이 진동하는 향나무 기름 몇 병과 최고급 아마포 다발을 가져왔다. 조수를 돕는 견습생은 등불을 켜고, 주변 공기를 신선하게 유지하는 일을 맡았다. 아멘호테프의 시신이 얇은 석판 위에 조심스럽게 올려졌다. 석판의 가장자리에는 몸에서 흘러나오는 체액을 모으기 위한 홈이 파여 있었다.

시신을 방부처리하고 미라로 만드는 첫 단계는 시신을 완벽할 정도로 깨끗하게 닦아낸 뒤 부패를 막아주는 기름으로 문지르는 것이다. 그다음 단계는 가장 중요하면서도 매우 신중해야 하는 작업으로, 내부의 장기 대부분과 뇌를 제거하는 과정이다. 마후가 직접 나서 조수가 들고 있는 쟁반 위에서 날카롭게 날을 세운 흑요석 칼을 집어 들었다. 다른 조수는 최고급 천연소다가 들어 있는 큰 그릇 몇 개를 두고, 옆에 무릎을 꿇고 앉았다. 마후는 최대한 경건한 자세를 취하며 아멘호테프의 복부 왼쪽 아래에 칼을 찔러 넣었고, 그 안에서 몇 번 칼을 고쳐 잡은 뒤 대각선으로 깊이 살을 갈랐다.

오랫동안 쌓아온 경험을 바탕으로, 마후는 갈라진 살의 틈 사이로 손을 넣어 번들거리는 덩어리를 꺼내기 시작했고 그렇게 꺼낸 창자를 준비한 그릇에 담았다. 창자에 딸린 다른 부위들을 칼로 잘라낸 뒤 그릇을 즉시 천연소다가 가득 담긴 항아리 안으로 옮겼다. 다음은 심장을 제외한 다른 장기들을 꺼낼 차례였다. 특별한 주의를 기울여 간과 위장, 폐를 떼어낸 뒤 따로 건조하기 위해 각각 다른 그릇에 담았다. 마후는 풍부한 경험과 노련한 감각으로 각각의 장기가 있는 위치를 정확히 알았고, 심장에는 흠집 하나 남기지 않도록 놀라운 솜씨를 발휘해 모두 제거했다. 아마포 뭉치를 건네받은 마후는 장기를 꺼낸 시신의 끈적거리는 내부를 야자기름으로 닦아낸 뒤 더러워진 천은 커다란 흰색 항아리 안에 따로 치웠다.

고대 이집트인이 생각한, 뇌 VS 심장

❧

고대 이집트인들은 뇌에 대해서 거의 아는 것이 없었다. 당시 의사들은 머리에 입은 부상과 신체가 받는 영향 사이의 연관성 정도만 파악하고 있었다. 보통의 경우, 뇌는 두개골의 빈 공간을 채우는 물질로 여겨졌을 가능성이 높다. 그래서였을까? 일반적으로 미라를 만드는 과정에서 뇌는 제거될 뿐, 따로 저장되지는 않았다. 대신 심장이 지성과 감정의 중심에 있다고 생각했다. 심장은 휴식을 취할 때나 흥분을 할 때 각기 다른 속도로 뛸 뿐만 아니라, 움직임이 멈추면 사망했다고 판단했기 때문에 심장을 중요하게 여겼다.

이다음부터는 시신의 얼굴에 영향을 줄 수 있어서 정말 조심스럽게 작업해야 한다. 조수가 아멘호테프의 머리를 뒤로 젖혀서 단단하게 붙잡고 있는 동안, 마후는 가느다란 끌을 조심스럽게 파라오의 콧속으로 집어넣었다. 숙달된 솜씨로 나무망치를 몇 번만 두드리면, 두개골 내부까지 접근할 수 있는 구멍이 뚫렸다. 뚫린 구멍 안으로 갈고리와 주걱을 쑤셔 넣어 힘을 주고 흔들면, 두개골 안의 뇌가 작은 덩어리로 부서져 밖으로 나왔다. 남은 부분은 흐물흐물해질 때까지 기다렸다가 시신을 뒤집고 머리를 들어 올려 콧구멍 밖으로 흘러나오게 했다.

고대 이집트의 미라산업

'미라'를 뜻하는 영어나 다른 유럽어의 표현은 주로 '역청(瀝靑)'을 뜻하는 페르시아 말에서 유래했는데, 발견된 미라의 외관이 마치 역청을 발라놓은 것 같은 느낌을 주었기 때문이다. 이런 미라의 기원은 아직 밝혀지지 않았다. 어쩌면 사막에 매장된 시신이 자연적으로 건조된 모습에서 착안되었는지도 모른다. 사막에서 자연적으로 건조된 시신은 단순한 해골 형태가 아니라 살아 있을 때의 모습과 어느 정도 닮았을 것이다. 그러다 어느 시점부터 인공적인 보존 작업이 점점 보편화되고 기술이 발전해 진정한 의미의 산업으로 변모한다. 죽은 사람의 시신을 방부처리해 미라로 만드는 기술은 시간이 지남에 따라 대단히 다양해졌으며, 고대 이집트를 연구하는 학자들은 사용된 기술이나 방법을 통해 미라가 만들어진 시기를 확인할 수도 있다. 과거 수 세기 동안 유럽에서는 미라를 빻아 만든 가루가 약재로 큰 인기를 끌었다. 19세기에는 이집트를 방문한 외국인 관광객들이 이집트에서만 구할 수 있는 특별한 기념품으로 미라의 일부분이나 전체, 또는 미라가 들어 있던 관을 손에 넣어 돌아가기도 했다.

야자기름으로 시신 내부를 닦은 뒤 몸을 뒤집어 두개골 안에 남은 것들을 빼낸 다음, 마지막으로 수지를 들이붓고 작은 천으로 콧구멍을 틀어막아 코 모양이 그대로 유지되게 했다. 조수들은 속이 텅 빈 아멘호테프의 몸을 다시 깨끗하게 씻겼고, 여러 구멍도 야자로 빚은 술과 향이 나는 기름으로 닦아냈다. 속이 비어버린 시신의 형태를 원래대로 유지하기 위해 천연소다로 채운 작은 주머니 몇 개와 아마포 다발을 넣은 뒤 내장을 꺼내기 위해 절개했던 부분을 조심스럽게 봉합했다. 그리고 시신의 양팔을 상체를 가로질러 수평으로 교차한 뒤 시신을 나무 상자 안으로 옮겨서 그 위에 온몸을 덮을 정도로 천연소다를 가득 부었다. 그렇게 몇 주 동안 보관해두었다가 정성 들여 아마포 천으로 시신을 감싸고, 약 70일 후 왕실의 묘지에 안장하기 위해 테베로 운송할 준비를 한다.

파라오 묘지의
공사 감독관

묘지 공사 현장의 인부들과 그 가족들이 사는 이 특별하고 외진 마을까지 소문이 퍼지는 데는 그리 오랜 시간이 걸리지 않았다. '진리의 장소Place of Truth'라 부르는 이 독특한 공동체는 일반 백성들이 사는 마을과는 멀리 떨어져 있었기에 파라오들의 묘지를 만드는 중요한 임무에 대해 어느 정도 비밀을 지킬 수 있었다. 테베의 산속에 위치한 왕실의 묘역은 이 마을에서 걸어서 갈 수 있는 비교적 짧은 거리에 위치했으며, 가파른 절벽을 따라 외딴 계곡으로 이어지는 이 길을 아는 사람은 거의 없었다. 지금으로부터 약 100년 전 투트모세 1세가 공사를 시작한 이래 '위대한 장소' 혹은 '수백만 년 동안 이어질 훌륭하고 고귀한 묘역'으로 알려진 이 계곡은 안전하고 방어에도 용이한 이상적인 장소에 있었다. 게다가 피라미드처럼 우뚝 솟은 산이 그 뒤로 자리해 더욱 인상적인 느낌을 주었으며, 과거에서부터 여러 파라오가 지어온 북부의 웅장한 기념물들에 상징적인 권위를 더했다. 이곳에서 왕실의 가족들은 누구의 방해도 받지 않고 영원한 안식을 취했다.

진리의 장소에서의 생활은 편했지만 다소 지루한 면도 있었다. 이 인부 마을 가까이에는 석공들을 비롯한 다른 장인들도 살았고, 일상생활에 필요한 필수품이나 급료는 모두 왕실로부터 지급되었다. 먹을거리에 심지어 마실 물조차 당나귀에 실려 정기적으로 마을에 전달되었지만, 무슨 이유에서든 공급이 중단되면 문제가 발생할 수도 있었다. 아멘호테프의 장대한 묘지는 이미 오래전에 공사가 시작되었고, 느리지만 꾸준하게 작업이 이루어졌다. 이 마을에서 재능 있고 뜻있는 일부 인부들은 근처에 자신들이 죽어서 묻힐 묘지도 만들고 있었는데, 일반 백성들에게 허락되는 묘지보다는 더 위엄이 있었다.

파라오 아멘호테프가 세상을 떠났다는 소문으로 어수선한 나날을 보내던 이 마을에, 이른 아침부터 예고도 없이 파라오의 공사 감독관인 베니아가 궁전 소속의 서기관 두 명과 함께 나타났다. 그리고 그 소문이 사실임을 확인해주었다. 파라오는 약 일주일 전에 이승의 땅을 떠나 하늘로 올라갔으며, 그의 묘지는 적어도 두 달 안에 완성되어 매장 준비를 끝내야 한다고 했다. 묘지 공사를 맡은 현장 책임자 카Kha는 공사 감독관에게 모든 준비가 완벽하게 마무리될 것이라고 다짐했다. 방과 통로 대부분은 이미 완성되었지만, 벽과 기둥에 글자를 새기거나 그림을 그리는 일처럼 추가적으로 작업할 부분이 여전히 많이 남아 있었다.

왕실의 묘지를 세우는 마을

왕실의 묘역을 세우고 지키는 인부들의 마을은 오늘날 데이르 엘 메디나Deir el Medineh로 알려진 지역에 있다. 지난 100여 년 동안 고고학자들은 그곳에 살았던 사람들의 일상생활과 고대 이집트 사회에 대해 많은 것을 보여주는 유적지 한 곳을 자세히 발굴하고 연구했다. 온전히 보존된 그곳에는 묘지 건설과 관련된 세부 사항 외에도 인부들의 개인적인 관계, 마을을 유지하는 데 필요한 물자와 인적자원 등에 대해 알려주는 수많은 파피루스 문서가 남아 있었다. 흥미롭게도, 고대 이집트에서도 가장 잘 보존되고 아름답게 장식된 묘지 중 일부가 인부들이 세웠던 마을 안에서 발견되기도 했다. 신왕국 시대 말기, 왕가의 계곡에 마지막 파라오의 묘지가 세워진 뒤 사람들은 떠나고 마을은 그대로 버려졌다.

아멘호테프는 파라오의 자리에 오른 지 얼마 되지 않았을 무렵, 베니아와 상의해 자신을 위한 묘지 건설 계획을 승인했다. 그의 아버지인 투트모세 3세의 묘지와 비슷하지만 좀 더 정교하고 크게 지을 계획이었다. 계곡의 솟아오른 절벽 중 한 기슭에 위치한 묘지의 입구는 계단을 따라 내려가면 비스듬하게 쭉 뻗은 복도들로 이어지며, 복도들 끝에는 직사각형으로 깊게 파인 비상 통로가 있다. 드문 일이지만 갑자기 홍수가 발생했을 때 작업 중인 인부들을 보호하고, 어쩌면 있을지도 모를 미래의 도굴꾼을 방해하기 위해 만들어진 장치였다. 제물이 저장된 두 개의 작은 방을 지나면 길이 왼쪽으로 급하게 꺾이면서 두 개의 기둥과 계단이 있는 방으로 이어진다. 그리고 다시 짧은 복도를 지나면 마침내 관을 안치해 두는 방이 나온다.

투트모세 3세 묘지의 타원형 매장실은 두 개의 기둥 떠받치고 있으며, 그 옆에 별도의 방 네 개가 딸려 있다. 그리고 매장실 끝에는 웅장한 석관이 놓여 있다. 아멘호테프의 매장실 옆에도 네 개의 방이 있고, 그중 한 곳에는 웨벤세누 왕자의 시신이 안치되어 있다. 아멘호테프의 매장실은 여섯 개의 기둥과 견고한 벽이 떠받치고 있으며, 석관은 바닥의 틈새 안에 놓여 있다.

베니아는 이런 모든 부분을 직접 확인하겠다고 고집했고, 결국 그의 수행원과 함께 카를 따라 성스러운 계곡으로 이어지는 산길에 올랐다. 베니아가 가장 난감한 작업인 석관 설치 작업을 감독하기 위해 이곳을 다녀간 지도 벌써 몇 년이 흘렀다. 수직으로 뻗은 아찔한 절벽과 위태로울 정도로 가깝게 붙어 있는 가파른 오솔길을 주의 기울여 걸으면서도, 그는 나일강 기슭을 감싼 푸른 들판과 저 멀리 사막의 산들이 보여주는 놀라운 광경에 감탄하지 않을 수 없었다. 카르나크 대신전은 물론, 그의 전임자들이 세운 번쩍이는 오벨리스크들도 선명하게 보였다. 아래쪽에서는 역시 베니아가 면밀하게 점검할 예정인 여러 신전과 사원이 보였다. 아멘호테프를 포함한 다른 파라오들을 모시는 사원들이었다.

경비를 서고 있는 병사 몇 명을 지나쳐 계곡 가장자리에 도착하자, 왕의 묘지 입구에 수십 명이 넘는 인부들이 웅성거리며 모여 있는 모습이 보였다. 자신이 찾아온다는 소식이 이미 알려진 게 분명했다. 계곡으로 이어지는 가파른 고부랑길을 내려가는 건 쉽지 않았지만, 베니아는 이내 공사 현장에 도착했다. 크고 평평한 바위에서 잠시 쉰 그는 자신 앞에 놓인 커다란 파피루스 종이에 그려진 도면을 함께 확인하자고 했다.

"그래서 방들은 다 완성이 되었나? 벽들은 최대한 평평하고 매끄럽게 세워졌고, 회반죽과 색을 칠할 준비가 되었고?"

"네, 그렇습니다." 카가 대답했다.

"잘되었군." 베니아가 몸을 일으키며 대답했다. "이제 남은 시간이 별

● 　　인부들이 살았던 마을을 발굴한 현장 모습.

174

로 없어. 가서 직접 살펴봐야지.”

두 남자가 기름등잔을 들고 앞장섰다. 심지에 붙은 불빛이 묘지 입구에서 시작되는 복도 내부를 밝혔다. 공사 과정에서 나온 폐기물은 임시로 파놓은 거대한 구덩이 안에 치워두었기 때문에 엄청나게 무거운 석관을 미리 매장실 안에 설치할 수 있었다. 폐기물이나 구덩이는 파라오의 장례식이 끝난 뒤에 정리될 예정이었다. 여기까지 내려오며 베니아는 깊은 인상을 받았다. 파라오의 묘지는 이미 몇 년 전에 공사가 시작되었지만, 그 엄청난 규모와 정교함을 보면 왜 묘지 공사에 그토록 긴 시간이 필요한지 이해할 수 있었다. 숙련된 인부들이 둘로 나뉘어, 매장실과 복도를 중심으로 좌우 양쪽에서 동시에 비슷한 속도와 수준으로 작업을 진행해왔다.

두 개의 기둥이 떠받치고 있는 방에서 왼쪽으로 돌아 나가면 계단을 통해 또 다른 경사진 복도가 나오고 그 끝에 마지막 방이 있다. 베니아는 그 방에서도 끝부분에서 계단 다섯 단을 더 내려가 얕게 파놓은 틈 안에 설치한 석관에 주목했다. 돌을 깎아서 만든 이 거대한 관은 특히 묘지 입구가 완전히 닫힌 뒤에는 영원히 볼 수 없고, 딱히 보고 싶지 않은 놀라운 걸작이었다. 단단한 적갈색 규암 덩어리 하나를 깎아서 관을 만들었다는 건 그 자체로도 훌륭한 업적이었다. 석관의 머리 부분은 둥글게 휘었는데, 내부 공간은 파라오 아멘호테프의 미라와 관을 넣을 수 있을 만큼 넉넉했다. 옆에는 크기가 딱 맞는 돌 뚜껑이 있었다. 베니아는 무릎을 꿇어 매끄럽고 광택 나는 석관의 옆면을 손으로 어루만졌다. 모든 그림 장식과 상형문자를 정확하게 새긴 뒤 노란색으로 칠한 석관의 모습에 감탄이 절로 나왔다. 생각했던 대로 석관의 머리와 발 부분에는 여성 수호신 네프

티스와 이시스의 모습이 그리고 측면에는 파라오의 미라를 지켜줄 또 다른 수호신들의 모습과 설명이 새겨져 있었다.

"위대하신 오시리스 신께서 파라오 아케페루레를 받아주시노라."

베니아는 석관에 새겨진 글을 읽었다. 파라오 아멘호테프는 이제 저 승을 다스리는 신인 오시리스와 하나가 되었고, 그의 아들인 살아 있는 호루스가 새롭게 파라오의 자리에 오르게 될 것이다.

감독관이 자리에서 일어났다. 이제 떠날 시간이라는 신호였다. 매장 실을 나가던 길에 베니아는 이미 막힌 벽 저편에 있는 다른 방 쪽을 바라보며 잠시 걸음을 멈추었다. 웨벤세누 왕자의 시신이 저 벽 뒤에 있었다. 베니아는 왕자를 아주 잘 알고 있었다.

"훌륭한 청년이었어. 살아 있었다면 위대한 파라오가 되었을 것을."

그는 한숨을 내쉬며 중얼거렸다. 그리고 밝은 햇빛과 신선한 공기가 기다리는 묘지 밖을 향해 올라가기 시작했다.

땅속 깊은 곳에서 올라온 베니아는 모여 있는 사람들을 향해 말했다.

"다들 잘 알고 있겠지만, 무엇보다 저 밑에 만들어지고 있는 방들이 가장 중요하다. 특히 매장실의 벽과 기둥의 중요성은 말할 것도 없다. 회반 죽칠이 끝나면, 사원에서 나온 사제가 벽에 그리거나 새길 내용을 담은 파피루스 두루마리를 들고 와서 지시를 내릴 것이다. 막중한 책임이 따르는 일일 테지만, 완벽하게 해낼 것이라고 믿는다. 이제 나는 돌아가서, 장례식이 치러지기 전에 모든 사항을 확인하고 마무리 짓겠다."

말을 끝마친 베니아는 인부들이 사는 마을로 돌아가기 위해 계곡 가장자리의 험한 비탈길 쪽으로 발걸음을 재촉했다. 해가 지기 전에 테베 동쪽에 있는 자신의 집에 도착해 쉴 수 있기를 바라며.

　　파라오 아멘호테프가 세상을 떠났다는 소식은 바키가 사는 마을에도 전해졌다. 소식을 듣고 밖으로 나온 마을 사람들의 반응은 서로 엇갈렸다. 누군가는 크게 소리 내 울었고, 또 누군가는 그저 약간 쓸쓸한 표정을 짓기도 했다. 부적을 파는 마을의 노파 아모시는 알 수 없는 말을 꽥꽥거리며 마을의 대로를 오르락내리락했다. 제 딴에는 분명 진심 어린 슬픔을 표현하는 것이리라.

　　농부인 바키는 파라오의 죽음이 대수롭지 않게 느껴졌다. 최근에 그는 아멘호테프를 기념하는 사원 공사에 동원되어 몇 주 동안 아주 불쾌한 시간을 보냈다. 도대체 이집트의 통치자가 자신을 위해 해준 일이 뭐가 있

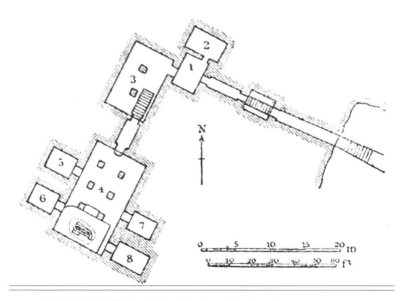

●　왕들의 계곡, 즉 위대한 장소에 있는 아멘호테프 2세의 묘지 도면.

단 말인가! 자신과 같은 백성들에게서 세금을 쥐어짜 가서는 잘 먹고 잘 살며, 백성들은 상상도 못 할 호화스러운 삶을 살지 않았던가. 파라오는 멤피스와 테베에 화려한 궁전을 지어 살았고, 번드르르한 배와 전차를 타고 이집트 전역을 돌아다녔으며, 자신의 변덕과 명령을 받아주는 시종과 관리도 잔뜩 데리고 있었다. 그러나 이내 바키는 이집트의 백성으로서 파라오 아멘호테프가 살아 있을 때나 죽었을 때나 신과 같은 존재라는 사실을 인정하고, 머릿속에서 불경한 생각들을 지워버렸다.

마을 주변에서는 파라오가 세상을 떠난 이유와 후계자라는 두 가지 주제를 놓고 많은 이야기가 오갔다. 파라오의 사망이 공식적으로 발표되면서 이유를 알 수 없는 사고나 정치적 음모가 아닌, 그저 병이 원인이라는 사실을 사람들은 분명하게 알게 되었다. 후계자 문제와 관련해서는 파라오가 현재 장남의 위치에 있는 투트모세 왕자를 그리 탐탁하게 여기지

●   나일강을 가로지르는 거대한 파라오의 전용선.

않았으며, 여전히 그의 즉위가 확정된 것은 아니라는 소문이 오래전부터 돌고 있었다. 그러나 머지않아 모든 것이 분명하게 드러날 터였다.

나일강변에 앉아 있는 어부 네페르와 웨니는 별반 특별한 감정이 들지 않았다.

"누가 파라오가 되든 우리는 여전히 매일 강에 나올 거야. 그건 변함없는 사실이지."

네페르가 중얼거렸다.

Chapter

8

뿌리고
가꾸어가니,
그 네 번째 달

파라오의
후계자

파라오 아멘호테프가 세상을 떠나자마자 사방이 시끄러워졌다. 파라오의 시신이 방부처리를 위해 마후의 천막으로 옮겨진 뒤 얼마 되지 않아 티아 왕비가 총리대신에게 달려갔다.

"지금 즉시 파라오께서 세상을 떠나셨다는 사실을 모두에게 알립시다. 투트모세 왕자가 파라오의 자리에 오르게 될 테니, 모든 일이 잘 해결될 거라는 걸 다른 사람들이 알도록 해야지요!"

"티아 왕비님, 투트모세 왕자는 선왕께서 후계자로 점찍었던 왕자가 아니었을 뿐만 아니라 병이 나기 전까지도 확실한 결단을 내리지 못하셨다는 걸 알고 계시지 않습니까. 저로서는 파라오께서 다른 유능한 왕자를 마음에 두고 계셨다고 생각합니다."

"그래요. 그렇지만 결국 파라오께서는 자신이 누구를 후계자로 선택했는지 끝까지 밝히지 않으셨고, 이제는 살아 있는 그분의 장남이 파라오로 즉위해야 합니다. 총리대신은 투트모세 왕자가 꾸었던 꿈에 대해 듣지 못했습니까? 스핑크스의 모습을 한 태양의 신 호레마케트와 다른 신들도 왕자의 편을 들지 않습니까!"

"그래서 왕자께서 스핑크스를 덮고 있는 모래 더미를 치워드렸나요?"

"곧 그렇게 할 거예요!"

이집트의 최고 관료들이 몰려오면서 두 사람의 대화는 중단되었다. 티아 왕비는 곧 관료들을 향해 명령했다.

"우리의 친애하는 파라오 아케페루레 아멘호테프께서는 병을 일으키는 악령들과의 전투에서 전사하셔서 이 세상에서의 삶을 끝마치시고 하늘로 올라가셨소. 이 소식을 이집트 전역에 전하도록 하시오." 왕비는 말을 이어갔다. "새롭게 이집트를 다스릴 강력한 통치자는 바로 그분의 아드님이신 투트모세 왕자님이시오. 투트모세 왕자가 우주와 이 땅의 질서를 다시 바로잡을 것이니 아무것도 두려워할 것이 없습니다."

티아 왕비가 새로운 파라오의 등극을 선언한 바로 그때, 이제부터 투트모세 4세라는 이름으로 불리게 될 투트모세 왕자가 저편 어두운 구석에서 나타났다. 그의 등장에 자리에 있던 사람들 모두 고개를 조아렸다. 분명 지나치게 긴장한 나머지 어머니인 티아 왕비에게 이런 발표를 떠맡긴 것이리라.

"총리대신 아메네모페트, 그대는 선왕이 준비된 묘지에서 편히 쉬게 될 때까지 계속 파라오의 총리대신으로 남아주어야겠소." 총리대신에게 뜻을 전한 티아 왕비는 파라오의 수석 집사인 케나문을 향해 이야기했다. "그대도 투트모세 왕자가 새로운 파라오로서 자리를 잡을 때까지 남아서

도와주시오. 이제 우리 모두는 대관식을 제대로 치러내기 위해 힘을 합쳐 노력해야 합니다. 또한 타네니 장군은 군대를 총괄해서 지금의 상황을 이용해 도발하려는 적들에게 즉각 대응하도록 하시오."

당장은 투트모세 왕자가 이집트제국의 통치자로 선포되었지만, 공식적인 대관식은 전통적으로 가장 상서로운 날을 골라 진행되었다. 지금부터 4개월 뒤 밝아오는 새해의 첫날, 웹 렌페트가 바로 그날이 될 예정이었

● 투트모세 4세와 어머니 티아 왕비의 화강암 조각상.

다. 그동안 투트모세 왕자와 그의 측근들은 이집트의 주요 도시와 사원을 순회하며 동료인 다른 신들에게 축하를 받게 될 것이다. 그러나 지금은 무엇보다 먼저 처리해야 할 시급한 일이 있었다.

"투트모세 왕자, 내 말을 잘 들어라!" 티아 왕비가 아들에게 속삭였다. "지금 당장 스핑크스를 덮고 있는 모래를 치워야 한다. 반드시 그렇게 해야 해!"

그 무엇보다 시급한 일

파라오 아멘호테프가 세상을 떠난 지 불과 일주일 뒤, 여러 척의 대형 군선이 파라오 쿠푸와 카프레의 거대한 피라미드들이 있는 곳에 인접한 오래된 항구에 정박했다. 이곳에 300명의 병사들이 하선했는데, 이들 대부분은 커다란 빈 바구니와 나무 괭이를 들고 있었다. 군선에는 밤의 추위를 막아줄 땔감과 잠자리용 담요 그리고 최소한 며칠은 충분히 버틸 수 있는 식량과 음료수 등도 실려 있었다. 지휘관의 명령이 떨어지자마자, 병사들은 눈앞에 보이는 스핑크스의 거대한 머리까지 행군해 즉시 모래를 치우는 고된 작업을 준비하기 시작했다.

20명의 병사가 스핑크스 앞에 나란히 서서 발밑에 바구니를 내려놓고 괭이를 움켜쥐었다. 그리고 나머지 병사들도 앞줄의 병사들 뒤에 길게 줄 지어 늘어섰다. 모든 준비가 끝나자 스핑크스를 자유롭게 만드는 작업이 시작되었다. 괭이로 모래를 퍼서 바구니에 담아 뒤로 넘기면, 다시 스핑크스 주변에 쌓이지 않도록 멀리 떨어진 곳까지 계속 뒤로 넘겨 그곳에

부었다. 몇몇 병사가 빈 바구니를 다시 제일 앞으로 가져다 날랐고, 맨 앞줄에서 괭이를 휘두르는 병사들은 차례로 뒷줄의 병사들과 임무를 교대했다. 높은 위치에 자리를 잡은 총지휘관의 감독 아래, 장교 몇 명이 밑에서 직접 병사들을 지휘했다.

게으름을 피우는 건 엄두도 못 낼 정도로 모래로 가득 찬 바구니가 쉼없이 뒤로 넘겨졌다. 유능한 지휘관에 신선한 보급품만 적절하게 공급된다면, 몇 주 안에 작업이 끝날 터였다.

맞이하고, 떠나보낼 준비

멤피스의 거대한 궁전에서는 새로운 파라오의 등극을 위한 작업이 계속되었다. 새로운 통치자의 등장을 알리는 공식적인 발표가 신속하게 이루어져야 했고, 대관식 당일에 선포되는 새로운 이름과 칭호 그리고 존칭 등도 결정해야 했다. 총리대신 아메네모페트와 아문 신의 대사제 아메넴하트가 투트모세 왕자와 함께 이 중요한 임무를 맡았다. 세 사람은 가장 중요한 공식적인 이름에 대한 논의를 시작했고, 파라오의 수석 서기관인 후투투가 배석해 이 과정을 기록했다.

"나는 이 문제에 대해 오랫동안 고민을 해왔소. 먼저 '태양의 신 라의 현신'을 뜻하는 '멘케페루레Menkheperure'라는 이름이 어떻소? 그러니까 '멘케페루레 투트모세'라는 칭호 말이오." 투트모세 왕자가 설명했다. "뭐, 내 할아버님이신 '멘케페레 투트모세Menkheperre Thutmose'와 많이 비슷하기는 해도 말이오."

총리대신과 대사제가 그럭저럭 좋은 선택이라고 고개를 끄덕이자 거기에 따라붙는 다른 칭호와 존칭에 대한 문제로 넘어갔다. 몇 시간에 걸친 의논 끝에 최종 후보군이 만들어졌다.

먼저 호루스 신을 설명하는 칭호에 대해서는 '지상에 나타난 강력한 황소'와 '테베의 사랑을 받는 강력한 황소' 중 하나를 고르기로 했다. 그 뒤에는 전통적으로 '두 여신'을 나타내는 칭호가 붙는데, 이들은 상부 이집트와 하부 이집트를 대표하는 두 여성 신, 독수리 형상의 네크베트Nekhbet와 코브라 형상의 우제트Wadjet였다. 그다음 칭호는 '아툼 신과 같은 강력한 왕권'으로, 다른 신들을 창조한 고대의 신을 기린 것이다. '황금의 호루스'는 또 다른 칭호로, 파라오의 강력함을 나타낸다. '아홉 개의 활을 격퇴한 강력한 힘을 지닌 위대한 자'라는 칭호에서 '아홉 개의 활'은 전통적으로 이집트를 위협하는 외부의 적들을 의미한다. 지금까지 나열한 칭호들은 파라오의 등극 이후부터 일반적으로 사용되며, 이런 부수적인 칭호들을 모두 나열한 이후에야 비로소 새로운 파라오의 개인적인 이름과 존칭이 나온다.

칭호에 대한 선택이 끝나자, 수석 서기관에게는 새로운 파라오 투트모세 4세의 전언(傳言)을 기록해 북부에서 남부에 이르기까지 이집트 전역에 널리 알리라는 명령이 떨어졌다. 그 전언은 다음과 같았다.

"이제 그대들에게 파라오의 이름으로 새로운 소식을 알리노라. 건강하며 강력한 내가 이 땅에 강림한 호루스 신의 현신으로서 상부 이집트와 하부 이집트의 새로운 통치자가 되었노라. 호루스 신은 살아 있는 모든 것의 지배자이니, 이 땅 위에서 견줄 자가 없노라. 이제 나에게 붙는 칭호는 다음과 같으니…" 호루스 신과 두 여신 그리고 다시 황금의 호루스를 알리는 설명이 이어진 뒤 전언은 계속되었다. "나는 상부 이집트와 하부 이집트의 통치자인 멘케페루레요, 태양의 신 라의 아들인 투트모세로 알려지게 될 것이니라. 나의 이런 전언은 또한 이 땅의 백성에게 모든 일이 잘되어가고 있으며, 왕실도 무탈하고 안전하다는 사실을 알려주기 위함이니라."

후투투는 파라오의 전언을 받아 적은 파피루스 문서를 들고 서둘러 궁전의 다른 방으로 향했다. 그곳에서는 12명의 서기관이 사본을 만들기 위해 후투투가 돌아오기를 이제나저제나 기다리고 있었다. 후투투는 옆으로 모여든 서기관들 앞에서 파라오의 전언을 여러 차례 반복해 읽었다. 무엇보다 정확한 전달이 중요했다. 많은 서기관에게는 이번 문서가 지금

● 투트모세 4세의 공식적인 칭호들.

까지 써왔던 문서 중 가장 중요했고, 어쩌면 앞으로도 그만큼 중요한 문서를 볼 수 없을지도 몰랐다. 수많은 사본이 44곳에 달하는 각 지방의 총독과, 멤피스와 테베의 최고 관료들에게 전달될 예정이었다. 이로써 이집트가 문제없이 잘 다스려지고 있다는 사실을 다시 한번 모두가 확신하게 될 것이 분명했다.

세상을 떠난 파라오 아멘호테프의 장례식을 치르기 위해서는 준비할 것들이 무척이나 많았다. 그중에는 거대한 석관처럼 이미 완성되어 기다리는 몇 가지 중요한 장례 물품도 있었다. 통치자는 여러 가지 이유로 언제든지 세상을 떠날 가능성이 있기에 미리 일부 물품을 준비해놓기도 했다. 파라오의 미라를 보관하기 위한 장엄한 모습의 금도금 관과 방해석 덩어리 하나를 그대로 깎아서 만든 특별하고 아름다운 상자가 그랬다. 상자 안은 네 개의 칸으로 구분되는데, 여기에는 방부처리 과정 중에 몸에서 꺼내 건조해서 갈무리해둔 네 개의 중요한 장기, 즉 창자, 위장, 간, 폐가 각각 보관된다. 그리고 각각 수호신의 머리를 새긴 뚜껑들도 따로 마련된다. 테베의 왕실 전용 작업장에 보관되어 있던 이 상자는 장례식을 치르기 위해 멤피스로 가져오는 중이었다.

게다가 아멘호테프와 함께 묻히게 될 수백 개가 넘는 별도의 물품, 그러니까 장식품이나 부장품, 제물에 대한 목록을 작성하고 준비 상태를 확인해야 했다. 필요하다면 왕실에서 직접 관리하는 작업장이나 작업실에 일하는 속도를 높여 모든 작업을 몇 개월 안에 완료하라는 지시를 내려야 했다. 다양한 신의 모습을 한 금도금 조각상, 저승에서 영원히 주인을 섬겨야 하는 하인들의 모습을 새긴 조각상, 의복과 아마포가 들어 있는 상자, 각종 가구, 왕실과 신성한 상징을 표현한 커다란 도자기 장식품 그리고 먹을거리와 포도주, 기름도 있어야 했다. 무엇보다 중요한 것은 아멘호테프가 살아생전 몹시 아꼈던 파라오 전용선의 대형 목조 모형이었다. '두 곳의 왕국을 세운 아케페루레'라는 이름의 범선이었다. 시간은 얼마 없는데 할 일은 얼마나 많은지! 그런데 장례식에 필요한 이런 물품들은 대부분 테베에서 생산되거나 보관 중이었다. 아메네모페트는 하루라도 빨리 직접 남쪽 테베로 내려가 작업 상황을 확인해야 했다. 멤피스와 테베 사이를 여러 차례 오가게 될 것이 자명했다.

이 성대한 장례식에 대한 세부적인 사항들도 확인이 필요했다. 파라오의 대형 전용선에는 파라오의 관과 함께 티아 왕비와 투트모세 왕자가 승선하고, 다른 왕실 가족과 고관대작들은 또 다른 대형 선박을 이용할 예정이었다. 또한 멤피스와 테베 사이, 나일강을 따라 살고 있는 백성들에게는 파라오의 죽음을 애도할 수 있도록 파라오의 관을 실은 배가 지나가는 때를 미리 알리는데, 파라오의 관과 부장품을 이 엄숙한 분위기 속에서 묘지까지 운반하려면 여간 주의가 필요한 게 아니었다.

천을 짜는
젊은 과부 자매

테베 근처 마을에 살고 있는 두 젊은 과부 자매는 점점 많은 관심을 받았다. 길고 곱슬곱슬한 검은 머리와 다정한 태도는 미혼인 남자들의 마음을 설레게 했으며, 어쩌면 남자들의 어머니들이 더 큰 관심으로 그녀들을 눈여겨보고 있을지도 몰랐다. 처음 혼인할 당시 언니 타메레트는 열여섯 살이었고, 동생 사트무트는 열네 살이었다. 과부가 된 지 2년이 흐른 지금, 두 사람은 타메레트의 남편이 물려준 작은 집에서 살고 있었다.

시끄럽고 활기 넘치는 평범한 마을에 어울리지 않게, 두 자매는 이상하리만큼 조용했다. 그렇게 두 사람이 이질적으로 느껴지는 건 고향에서 멀리 떠나와서 말투도 다르고 때로는 발음마저 이상할 뿐만 아니라, 테베 근처 지역에서는 잘 모르는 표현을 쓰기 때문이라고 생각하는 사람들도 있었다. 어떤 사람들은 왜 북쪽에 있는 고향으로 돌아가지 않는지 궁금해했다. 그러나 고향에 무엇이 남아 있는지, 심지어 돌아갈 여비가 있는지조차 아무도 알 수 없었다. 마을 사람들이 알고 있는 건, 세상을 떠난 남편들을 그리워하는 두 사람이 여전히 애도하는 마음을 간직한 채 아마 밭 근처의 아마포 작업장에서 일하고 있다는 사실뿐이었다.

매일 아침, 타메레트와 사트무트는 일찌감치 자리에서 일어나 겉옷하나만 대강 걸치고는 함께 걸어서 일터로 향했다. 마을의 아낙네들도 보통은 그렇게 차려입었지만, 날씨가 선선하거나 저녁이 되면 어깨걸이를 두르기도 했다. 그래도 두 사람은 가장 값비싼 옷을 만드는 데 사용되는 최고급 천을 짜는 작업장에서 일하는 만큼, 둘 다 여분의 옷 몇 벌과 특별한 날에만 입는 옷가지도 두어 벌 갖고 있었다.

아마를 원료로 실을 잣고 천을 짜는 작업장은 한곳에서 이 모든 과정이 이루어지는 대단히 분주한 곳이었다. 작업장의 주인은 파라오였으며, 여러 행정관청의 주문에 따라 사회의 각계각층에서 소용되는 온갖 종류의 천을 만들어냈다. 예를 들어, 작업자들에게 품삯 대신 지급되는 값싸고 거친 천에서 이집트의 왕실과 상류층에서 쓰는 최고로 정교하게 만든 순백의 고급 아마포까지 이곳에서 만들지 못하는 천은 없었다. 또한 근처에 있는 드넓은 아마 밭 역시 파라오의 소유로, 필요한 원료라면 얼마든지 이 작업장에 제공할 준비가 되어 있었다.

커다란 벽돌담으로 둘러싸인 작업장 안에서는 수십 명이 넘는 사람들이 다양한 작업을 수행했다. 열심히 작업에 몰두하는 사람들 사이로, 작업장 한쪽 구석에 가득 쌓인 노란 아마 줄기가 보였다. 8개월 전에 수확해서 보관해온 것이었다. 갓 수확한 싱싱한 아마에서 가장 좋은 아마포가 만들어지기는 했지만, 항상 실용적인 용도로 사용될 천이 훨씬 더 많이 필요했다. 오래 묵은 아마나 거기에서 자아낸 실은 얼마든지 있어서 작업장

● 천을 짜고 있는 아낙네들.

은 1년 내내 쉴 틈이 없었다.

남자 몇몇이 물통 속에 아마 줄기를 적셔 부드럽게 만들고 나면, 특별 제작한 빗처럼 생긴 도구로 부드러운 아마 줄기에서 섬유질을 긁어모은다. 이렇게 모은 섬유는 광주리에 담아 실을 잣는 사람들에게 전달되며, 이들이 만든 실은 다시 베틀로 옮겨져 마침내 천을 짜는 작업이 시작된다. 천 짜는 작업을 할 때는 작업자가 뜨거운 태양 빛이나 열기에 방해받지 않도록 천을 여러 겹 겹쳐서 만든 임시 지붕이 필요했다.

작업장 안에는 천을 짜는 베틀만 수십 개가 넘었으며, 그중 몇 개는 땅바닥 위에 수평으로 세워져 있었다. 수평 베틀은 아주 오래전부터 사용되어 왔지만 수고와 노력이 많이 들었다. 최근에 추가로 설치된 신형 수직 베틀에는 위에서 아래로 걸려 있는 실들을 서로 엇갈리게 엮어 천을 짤 수 있도록 지지대가 덧대어 있었는데, 작업 속도가 더 빨라 효율적이었다.

이집트의 섬유산업

오늘날 이집트는 고급 면제품을 생산하는 국가로 유명하지만, 책의 배경이 되는 시절의 고대 이집트에는 면의 재료인 목화가 거의 알려지지 않았다. 아마가 실과 천을 만드는 주된 재료였고, 가끔 염소나 양의 털이 사용되었다. 아마포는 일반적이고 실용적인 것에서 값비싼 고급품에 이르기까지 품질별로 다양하게 생산되었다. 미라를 만들 때 사용되었던 덕분에 지금도 엄청난 양의 고대 아마포를 확인할 수 있는데, 파라오 투탕카멘의 묘지처럼 비교적 온전하게 보존된 묘지의 경우 거의 형태가 훼손되지 않은 아마포 의복이 발견되기도 했다. 목화와 면제품은 19세기 초에 전 세계적으로 크게 알려지기 시작했으며, 대량 재배와 생산이 이루어지면서 국제적으로 주목받는 이집트의 수출품이 되었다.

타메레트와 사트무트는 수평 베틀 앞에서 하루 종일 조용하고 능숙한 솜씨로 천을 짰다. 작업장에서 제공하는 빵과 맥주를 먹을 때만 잠시 쉴 뿐이었다. 이들이 테베 근처에서 살게 된 지는 비교적 얼마 되지 않아서 작업 관리인은 두 사람의 솜씨가 증명될 때까지는 가장 값싸고 품질이 떨어지는 아마포를 짜게 했다. 그러나 관리인의 재량에 따라 언제든 더 품질이 좋은 천을 짜는 일을 맡을 수도 있었다.

실을 자아 천을 다 짠 뒤에도 작업은 계속해서 이어졌다. 용도에 따라 천의 크기를 맞춰 자르는 사람들, 기본적인 바느질만 더해 간단한 옷가지를 만드는 사람들이 기다리고 있었다. 가장 잘 만들어진 천들은 최고 품질의 의복을 만들기 위해 다른 곳으로 보내졌다.

타메레트와 사트무트 자매는 자신들이 하는 일에 한 번도 불평해본 적이 없었다. 품삯으로 제공되는 기본적인 먹을거리 외에도 값이 싼 천을 따로 받아 시장에서 다른 물건과 교환할 수 있었기 때문이다. 함께 일하는 아낙네 중에는 두 자매를 안쓰럽게 여기는 비슷한 처지의 토박이 과부들이 있어서 일하는 데 도움이 될 만한 조언을 해주기도 했다.

어부와 목동의
운 나쁜 하루

네페르와 웨니는 힘든 하루를 보내고 있었다. 두 사람은 강가로 나오자마자 새 사냥꾼들과 마주쳤다. 이들은 야생 오리며 기러기 등 돈이 될 만한 새들을 잡기 위해 물이 얕은 곳을 찾아 덫을 놓았는데, 이 때문에 오늘따라 고기잡이가 잘되지 않았다. 뿐만 아니라 그물 형태로 된 덫 하나가 네페르가 타고 있는 뱃머리에 걸렸는데, 사냥꾼들이 그 덫을 잡아당기는 바람에 배는 파피루스 덤불 속으로 끌려가 뒤집히고 그는 그만 물에 빠지고 말았다. 그 광경을 본 사람들은 웃음을 터트렸고, 네페르의 기분은 한없이 추락했다. 그 와중에 갓 잡은 물고기들을 담아놓은 광주리까지 사라지고 말았다.

네페르는 강가에 서 있는 새 사냥꾼들에게 다가갔다. 사냥꾼들은 덫에 걸린 새들을 꺼내 몇 마리는 곤봉으로 때려죽이고, 몇 마리는 야자나무 가지로 만든 새장 안에 집어넣고 있었다. 어부는 앞을 가로막는 사냥꾼 하나를 밀쳐 넘어뜨렸다. 죽은 오리 두어 마리를 손으로 움켜쥔 네페르는 거칠게 말을 내뱉으며 뒤로 물러섰다.

"이 정도면 내가 잃어버린 물고기 한 광주리 값은 되겠지. 앞으로 뭘

하든지 똑바로 해. 그리고 우리가 일하는 곳에서 멀찌감치 떨어지라고."

넘어진 남자가 일어나 네페르에게 달려들려고 했지만 동료들이 그를 막아섰다.

"물고기 비린내나 풍기는 어부 놈들아! 그렇게 항상 비린내나 풍기면서 살아라!"

새 사냥꾼은 할 수 있는 가장 심한 욕설을 퍼부었지만, 그저 그뿐이었다.

네페르는 오리 한 마리를 웨니에게 건네며 말했다. "그래도 좋은 소식은 있어. 오늘 저녁은 오랜만에 맛있는 걸 먹어보겠군! 우리 삼촌이야 물고기만 기다리고 있을 테니까 오늘 잡은 물고기만 가져다주면 그만이지. 그러니 오리는 다 우리 거야!"

그러나 그날 오후 늦게 두 사람이 낚싯줄을 강물 속으로 드리웠을 때 좀 더 심각한 사건이 일어났다. 말없이 앉아 있던 웨니가 갑자기 날아온 어떤 물체에 등을 심하게 얻어맞은 것이다. 강물 위를 쳐다보니 뭔가 간신히 떠 있었는데, 그건 새를 사냥할 때 쓰는 던지는 막대기였다. 이 막대기는 둥글게 굽어 있는 형태로 매끄럽게 다듬어져서 제대로만 던질 수 있다면 한두 마리의 새를 죽이거나 기절시킬 수 있었다.

도대체 누구의 짓인지 둘러보던 웨니의 눈에 거만하고 부유한 관리 우세르가 널찍하고 안정된 나무배 위에 서 있는 모습이 들어왔다. 균형을 잡기 위해 어린 딸에게 자신의 다리를 붙잡게 하고 장대로 배를 젓던 우세르는 새들이 많이 숨어 있는 얕은 물가 쪽으로 조용히 다가왔다. 그렇지만 죽거나 기절한 새가 한 마리도 보이지 않았다.

관리의 배가 웨니가 있는 쪽으로 방향을 돌렸다. 그는 자신이 던졌던 막대기가 물 위에 떠 있는 것을 보았다.

"저걸 당장 이리로 가져오게."

그는 명령하듯 말하며, 눈에 띌 정도로 고통스러워하는 웨니에게는 신경도 쓰지 않았다. 근처에 있던 네페르는 그런 오만한 모습에 몹시 기분이 상했다. 그는 막대기를 건져서 손에 쥐고는 천천히 우세르의 배가 있는 쪽으로 접근했다.

"아무리 어부라지만 장소를 봐가면서 일을 해야지!"

오히려 큰소리를 치는 우세르를 본 네페르는 막대기를 건네줄 듯하다

● 한 귀족이 가족과 함께 강으로 나와 막대기를 던져 새를 사냥하고 있다.

가 갑자기 저쪽 깊은 습지대 사이로 힘껏 던져버렸다. 사냥용 막대기를 다시 찾기는 거의 불가능해 보였다.

"필요하면 가서 직접 찾아보시오. 그리고 아무리 사냥을 나왔다지만 장소를 봐가면서 했어야지!"

그렇게 말을 내뱉은 네페르는 거칠게 노를 후려쳤고, 그 서슬에 우세르와 그의 딸에게까지 물이 잔뜩 튀었다. 아직도 아픈 등을 어루만지고 있는 웨니를 돌아본 네페르가 말했다.

"그만 가서 오리나 구워먹자. 그러면 기분이 좀 나아지겠지."

목동 세나도 힘든 하루를 겪은 건 마찬가지였다. 오늘 아침, 그는 암소 뒷다리에 박힌 아카시아 가시를 빼주려다가 흥분한 암소에게 얼굴을 걷어차이고 말았다. 물론 이런 일이 처음은 아니었으며, 세나가 말을 하거나 먹으려고 입을 열 때마다 분명히 확인할 수 있는 사실이었다. 세나에게는 이제 남은 앞니가 몇 개 없었지만, 목동으로 살아가려면 어쩔 수 없는 일이기도 했다. 언제든 위험한 일이 일어날 수 있는 목동이라는 직업 때문에 온몸에 안 차여본 곳이 없었고, 얼굴을 얻어맞거나 짓밟히는 일도 다반사였다. 다행히 오늘은 큰 피해는 없었지만, 여전히 고통스러운 건 마찬가지였다.

그래도 세나는 운이 좋은 편이었다. 그는 요즘에 뿔이 짧은 암소를 20마리가량 돌보고 있었는데, 뿔이 긴 다른 놈들이나 일부 덩치가 큰 황소와는 달리 이놈들은 비교적 온순했을 뿐만 아니라 때로는 귀엽기까지 했다. 다른 목동들이 덩치 큰 소들에게 뿔로 들이받히거나 발로 짓밟히고 그러다 심지어 죽는 일까지 있다는 이야기를 들은 적이 있었지만, 세나가 돌보는 소들은 그런 극단적인 사고를 일으킨 적이 거의 없었다. 소는 부자지주들의 재산이었고, 이들은 소에 대해 특별한 자부심이 있었다. 비슷한 지주들 사이에서조차 많은 소를 가지고 있다는 건 자신의 재산과 명예를 나타내는 분명한 지표였기 때문이다.

미라가 된 황소

고대 이집트에서 황소는 크게 추앙받는 동물이었다. 특히, 이집트의 통치자를 '강한 황소'로 표현하기도 했으며, 멤피스에서는 특별한 황소 한 마리를 선택해 이 도시의 수호신인 프타의 살아 있는 현신 '아피스Apis'로 부르며 특별하게 대우했다. 이 아피스 황소가 죽고 나면 미라로 만들어 지하의 미로에 숨겨진 거대한 석관에 묻었고, 또 다른 훌륭한 황소를 선택해 아피스로 삼았다. 1851년, 멤피스 유적지에 인접한 거대한 고대 묘역인 사카라Saqqara 지하에서 아피스 황소의 지하 묘지가 발견되었으며, 지금도 관광객들은 그곳을 자유롭게 방문해 놀라운 경험을 할 수 있다.

세나가 하는 목동 일은 특별히 어려운 것은 없었다. 매일 아침이면 그는 살고 있는 작은 오두막집에서 나와 풀을 먹이러 가기 전에 암소들의 상태를 살폈다. 소소하게 아픈 곳이나 상처가 있으면 치료를 해주고, 새 끼를 밴 암소는 때가 되면 그가 직접 새끼를 받았다. 그런 일 말고는 대부 분 알아서 풀을 뜯도록 적당한 곳까지 몰고 간 뒤, 자리를 잡고 앉아 도망 이나 치지 못하도록 살피는 게 전부였다. 암소들은 마치 이런 하루 일과 를 알고 있는 것처럼 보였고, 세나의 말도 잘 따랐다. 세나는 단단한 지팡 이를 휘두르며 암소들을 이끌었다. 보통은 소들의 주인이 자신의 밭 근처 에 남겨둔 풀밭이 그들의 목적지였다.

그러나 그날의 불운은 암소 뒷발에 얼굴을 얻어맞은 것으로만 끝나지 않았다. 소 주인이 소유한 풀밭에 소들을 풀어놓고 앉아 있는 동안 독한 맥주 몇 잔을 마신 그는 잠이 들어버렸고, 암소 한 마리가 천천히 풀을 뜯 으며 움직이다가 다른 사람 소유의 풀밭으로 들어가 버리는 걸 알아차리 지 못한 것이다. 문득 잠에서 깨어난 세나는 뭔가 이상한 기분을 느끼고 서둘러 남은 소들을 세어보았지만, 한 마리가 보이지 않았다.

소를 잃어버리는 일은 용서받기 힘들었다. 무거운 처벌을 받는 것은 물론, 아예 세나 자신이 도둑으로 몰릴 가능성도 있었다. 아연실색하며 사방을 둘러보던 세나는 다른 주인의 풀밭에서 풀을 뜯고 있는 소들을 발 견했다. 그러나 운이 나쁘게도 그 소들을 돌보는 목동 네브세니와는 평 소 그다지 사이가 좋지 않았다. 그래도 어쩌겠는가. 한시가 급했던 세나 는 네브세니에게 사정을 설명했고, 네브세니는 자기가 돌보는 소들을 확 인해보았다.

"이거 보통 문제가 아니로구먼! 그런데 이곳에 소가 한 마리 더 들어왔는지는 모르겠네. 내가 오늘 정확히 소를 몇 마리나 몰고 나왔는지 잘 기억나지 않거든. 그나저나 그 잃어버렸다는 암소는 어떻게 생겼나?"

세나는 겉으로만 걱정하는 척하는 네브세니의 태도가 마음에 들지 않았다. 네브세니가 몰고 온 소들은 세나의 소들과 엇비슷하게 모두 흰색 털 위에 검은 반점들이 있었다.

"어디 내가 다시 한번 살펴봄세." 이렇게 말한 네브세니는 머뭇거림 없이 세나의 잃어버린 암소에게 다가가 짧은 뿔을 움켜쥐고 세나를 불렀다. "이놈이 틀림없구먼. 우리 소들은 이놈보다 더 건강하고, 잘 먹어서 그런지 살도 투실투실하거든."

네브세니는 웃는 얼굴로 세나에게 다른 소들을 보여주었다. 네브세니가 보살피는 소들은 모두 뭉툭한 뿔 밑동 주위에 검은색 물감이 칠해져 있었다.

"이보게 세나, 자기 소에는 꼭 이렇게 표시를 해두라고. 아, 그리고 일하러 나와서는 독한 맥주를 너무 많이 마시지도 말고. 자, 저 우스꽝스럽게 생긴 놈을 데리고 어서 가 보게. 이러다 다른 놈들도 더 풀 맛이 좋은 곳을 찾아 도망쳐버리면 어떻게 하나!"

세나는 또 무슨 일이 벌어지기 전에 쥐고 있던 막대기를 휘둘러 도망쳤던 암소를 다시 끌고 왔다. 그리고 나머지 소들이 제자리에 얌전하게 있는 것을 보고 안도의 한숨을 내쉬었다. 이 암소들의 주인은 오늘 무슨 일이 있었는지 절대 알 수 없으리라. 아니, 굳이 무슨 일이 있었는지 알릴 필요조차 없었다.

"네브세니의 말이 딱히 틀리지 않아."

그는 다음 날까지 안전하게 지낼 수 있는 울타리 안으로 소들을 몰고 가며 이렇게 중얼거렸다. 자기가 책임지는 소에 알아볼 수 있는 표시를 하는 것 그리고 독한 맥주를 피하라는 것 모두 옳은 지적이었다. 그래도 아침에 겪었던 고통을 생각하면 그 치료제가 되는 맥주는 오늘은 말고, 내일부터 조심하는 게 더 나을 것 같았다.

집 앞에 도착한 세나는 그곳에 자리를 잡고 앉았다. 때마침 그 앞을 지나는 마을의 꿀벌치기 모시를 보고, 세나는 인사를 건네며 맥주 단지를 내밀었다.

"세나, 오늘 무슨 일 있었어?" 모시가 물었다. 세나가 오늘 있었던 일을 이야기하자 꿀벌치기가 위로했다. "어렸을 때 말이야, 나도 벌들에게 쏘여서 얼굴이 퉁퉁 붓는 일이 많았어. 지금은 쏘이거나 말거나 상관도 없고, 별로 신경도 안 쓰이지만 말이야. 어쨌든 이제 벌들도 나를 알아봐서 좀 덜 달려드는 것 같아."

모시는 독한 맥주를 몇 모금 홀짝였다. 그렇게 둘 다 얼마쯤 마신 뒤, 마음이 한결 풀어진 목동은 그날 잃어버렸던 암소 이야기를 들려주었다.

"그런데 도대체 벌은 몇 마리나 거느리고 있는 거야?" 세나가 혀가 꼬부라진 소리로 물었다. "아니, 벌이 몇 마리나 있는지 일일이 다 확인은 하는 거야? 혹시 집으로 안 오고 다른 벌집으로 가는 놈들도 있나?"

한동안 깊이 생각한 모시는 최선을 다한 대답을 들려주었다.

"벌들은 숫자가 너무 많고 또 너무 빨리 움직여서 확인하기는 어렵지만, 어쨌든 꿀을 모으기에는 충분하지 않을까? 그나저나 여기 잠깐 있어봐. 금방 좀 다녀올 테니."

어둠 속으로 사라졌던 꿀벌치기는 얼마 후 작은 그릇을 하나 가지고 돌아와 뚜껑을 열었다.

"이걸 얼굴과 상처 난 곳에 발라봐. 의사들이 꿀을 약으로 많이 쓰는 거 알지? 도움이 될 거야. 게다가 우리가 모은 꿀은 나라에서 운영하는 제빵소와 양조장에 납품된다니까. 우리 벌들하고 꿀은 특별하니까 말이야. 더 궁금한 거 있어? 내가 다 이야기해줄게!"

세나는 이미 오래전에 잠들었건만, 밤이 깊어갈 때까지 모시는 그렇게 조용히 이야기를 계속했다.

Chapter
9

풍성함이
가득하리라,
그 첫 번째 달

미라가 된
파라오

마후는 석판 위 천연소다 더미 속에 깊숙이 파묻혀 조심스럽게 보관되어 있는 아멘호테프의 시신 쪽으로 다가갔다. 마침내 시신을 방부처리해 미라로 만드는 작업이 끝나가고 있었다. 마후는 시신에서 빠져나온 체액을 흡수해 굳어버린 흰색 덩어리를 조심스럽게 퍼내 큼지막한 단지에 담았다. 파라오 시신의 대략적인 윤곽이 드러났다. 조심스러운 솔질이 더해지자 그 모습이 더 뚜렷해졌다. 지난 수십 년 동안, 수천 구의 시신을 미라로 만들어온 마후는 파라오의 시신을 주의 깊게 확인하면서 일종의 전율을 느꼈다. 코의 형태는 그대로였으며 손가락과 발톱도 손상된 곳이 없었다. 머리카락은 시신의 다른 부분과 마찬가지로 깨끗하게 닦아내야 했지만 상태가 나쁘지 않았다.

　마후가 이끄는 조수들은 즉시 작업에 착수해 피부에 붙은 천연소다를 깨끗하게 닦아내고, 향기가 나는 수지를 온몸에 얇게 펴 발랐다. 아름답게 조각된 방해석 상자는 이미 일주일 전에 도착해서, 언제든 방부처리된 네 개의 장기를 담을 수 있었다. 이윽고 천연소다로 처리해 건조한 장기들을 각각 아마포로 싸서 네 칸으로 구분된 상자 안에 집어넣었다. 그리고 각각의 칸 위에는 수호신의 머리를 새긴 뚜껑을 덮었다.

이제 곧 아멘호테프의 시신을 감싸는 작업이 시작될 예정이었다. 새로운 파라오 투트모세 4세와 티아 왕비는 시신을 최고급 아마포 천으로 덮어 싸기 전에 마지막으로 시신을 볼 수 있었지만, 그렇게 하지 않았다. 수분이 모두 제거되어 바싹 말라버린 시신을 보는 건 그리 유쾌한 일이 아닐뿐더러, 조각상이나 기념물 속에 묘사된 젊은 시절의 건강하고 혈기왕성한 파라오의 모습만 기억하는 게 더 나았기 때문이다. 비록 미라가 된 모습이 잠시 육신을 떠났던 영혼인 카가 알아보고 다시 돌아올 정도로 생전의 파라오 모습과 크게 달라지지 않았더라도 말이다. 그 대신 아문 신의 대사제 아메넴하트와 총리대신 아메네모페트 그리고 재무대신 제후티Djehuty가 도착했다. 특히 재무대신은 중무장한 호위병들을 비롯해 다른 일반 병사들을 대동했는데, 이 병사들은 파라오의 미라를 장식하기 위한 부적과 보석 등이 든 화려한 여러 개의 상자를 들고 있었다. 이집트의 최고위층인 세 사람은 살아생전 절친했던 친구의 바싹 말라붙어 움직이지 않는 시신을 보고 약간 당황했지만, 모두 시신이 훌륭하게 잘 처리되었다는 사실에 동의했다.

미라 제작의 최고 전문가인 마후는 죽은 자를 인도하는 신 아누비스Anubis를 나타내는 자칼의 가면을 쓰고 있었다. 최고급 아마포 천으로 시신의 팔과 다리를 비롯해 몸통을 차례대로 둘러싸는 과정에는 그때마다 전통적으로 암송해야 하는 주문들이 있었다. 마후는 막힘없이 주문을 암송해나갔다. 부장품은 하나같이 값비싸고 진귀한 금은보화였다. 총리대신과 재무대신을 제외하면, 이곳에 모인 사람 중에서 이토록 많은 양의 금은보화를 부장품으로 준비하는 걸 본 사람은 없을 터였다. 심지어 파라오가 살아 있을 때에도 그 정도의 보물을 몸에 걸쳐본 적은 없으리라. 혹시나 깨지거나 부서지는 걸 막기 위해 시신의 손가락과 발가락에는 황금으로 만든 덮개를 씌웠고, 목에는 화려한 색상의 유리구슬과 번쩍이는 보석으로 만든 목걸이를 걸었다. 아마포 천으로 몸을 감싸는 작업이 계속될수록 주문의 암송은 고조되었고, 마후의 얼굴에는 뿌듯함과 만족감이 차올랐다.

카노푸스 단지

시신에서 꺼내 방부처리한 내장을 담고 있는 용기를 이집트 학자들은 '카노푸스 단지'라고 부른다. 카노푸스Canopus 라고 불리던 고대 이집트의 그리스 거주민 정착지에서 특별한 항아리를 신으로 섬겼는데, 바로 여기에서 이름이 유래되었다. 일반적으로 미라를 만들 때 창자와 간, 위장 그리고 폐를 방부처리해서 각각 네 개의 단지 안에 보관하며, 각각의 단지 뚜껑은 호루스의 네 아들인 네 수호신의 머리 모양을 하고 있다. 발굴된 카노푸스 단지에는 고인을 기리

엄중한 호위를 받으며 도착한 또 다른 사람들이 두꺼운 천으로 감싼, 아주 묵직해 보이는 물건을 들고 천막 안으로 들어왔다. 이들이 조심스럽게 내려놓은 건 놀랄 만큼 아름다운 관이었다. 황금으로 감싼 관의 겉면이 깜박이는 불빛에 반사되어 번쩍거렸다. 관을 만든 장인 이네니는 사람들의 품평을 기다리며 관 옆에 조용히 섰다. 칭찬의 말이든, 부족한 부분에 대한 요구 사항이든 전부 받아들일 준비가 되어 있었다. 모두 아무런 말도 못하고 그저 놀란 듯 숨만 내쉬었다. 엄청난 일을 해낸 이네니에게 아메네모페트가 다가가 축하의 말을 건넸다.

이제는 완성된 미라를 관 안에 넣을 차례였다. 두꺼운 천으로 감싼 미라가 관 안에 딱 맞게 들어가기를 모두 간절하게 바랐다. 천천히 관 뚜껑이 열리고, 사람들의 기대와 불안 속에 아마포 끈을 밑으로 집어넣어 아멘호테프의 미라가 조심스럽게 옮겨졌다. 정교하게 만든 관 안으로 천천히 그리고 조심스럽게 미라가 자리를 잡았다. 남는 공간 없이 딱 맞게 미라가 들어가자 이네니는 안도의 한숨을 내쉬었다.

곧, 돌로 만든 병을 든 사람들이 들어왔다. 그들은 병 안에 든 값비싼 유제(油劑)를 관 안에 들이붓고는 관의 뚜껑을 달았다. 그리고 미리 만들어놓은 뚜껑과 몸체의 구멍을 맞춘 뒤 못으로 단단히 고정했다. 드디어 완성된 미라가 든 관이 천막을 나와 궁전 안으로 옮겨졌다. 방부처리한 내장을 담은 상자, 미라를 만들 때 사용했던 아마포 천과 천연소다 등을 담은 커다란 항아리들도 그 뒤를 따랐다. 이제 며칠 뒤면 관은 매장을 위한 마지막 여정을 떠나게 될 것이다. 최종 목적지는 남쪽의 위대한 장소였다.

밝은 대낮으로 나오기 위한 책, 사자의 서

아메네모페트는 몇 개월 동안 정신없는 나날을 보냈다. 세상을 떠난 파라오의 마지막을 담당하게 된 그는 묘지가 완성되고 장례식 절차가 제대로 준비되었는지 확인하는 책임을 맡았다. 주어진 일을 해나갈수록 총

● 신왕국 시대, 기원전 1427년에 태어나 1400년경 세상을 떠난 어느 관료의 카노푸스 단지. 단지 안에는 처음 만들 때 썼던 아마포 천 조각이 그대로 들어 있었다.

리대신은 깊은 생각에 잠기는 시간이 늘었다. 자신의 건강 상태를 생각하면, 어느 날 갑작스러운 죽음이 찾아온다 해도 이상하지 않았다. 문득 아메네모페트는 자신의 묘지와 사원을 찾아갔던 일이 떠올랐다. 그 일도 더는 지체할 수 없었다.

파라오의 장례식을 준비하기 위해 테베에 도착한 아메네모페트는 우선 특별한 종류의 문서를 다루는 테베의 서기관을 불러들였다. 서기관 누는 이른바 〈사자의 서〉를 쓰는 전문가였다. '사자(死者)의 서(書)'는 이승을 떠난 사람들을 위한 일종의 안내서로, 위험천만한 저승의 길을 지나 영원한 안식처에 무사히 도달하는 법을 소개하는 파피루스 두루마리였다. 자신을 부른 사람이 누구인지 대번에 알아본 서기관 누는 총리대신의 근심어린 이야기를 경청했다.

"그러니까 총리대신님께서는 곧 세상을 떠나게 될지도 모르니 〈사자의 서〉가 필요하시다 이 말씀이시군요." 서기관이 이렇게 상황을 정리했다. "비용은 많이 들겠지만 그 값어치는 충분히 하겠지요. 무사히 저승길을 헤쳐 나갈 수 있으실 겁니다!"

'저승에서 일어나는 일을 지금 우리가 어떻게 알 수 있겠나!' 아메네모페트는 회의적인 기분이 들었지만, 어쨌든 지금 걱정이 되는 건 자신의 앞날이었다.

"제가 〈사자의 서〉를 쓰겠습니다. 오직 총리대신님을 위한 것이지요. 총리대신님의 이름을 적어야 할 곳에 이름을 빠트리지 않고, 심판의 법정에서의 상황도 아주 실감 나게 설명을 해놓겠습니다. 완성이 되기까지 한두 달 정도 걸리겠지만, 어디에 내놓아도 부끄럽지 않은 최고의 안내서가 될 것입니다."

〈사자의 서〉 또는 〈밝은 대낮으로 나오기 위한 책〉이라고도 부르는 이 안내서는 이집트 사람 대부분은 감당할 수 없는 값비싼 사치품이었지만, 파라오의 총리대신은 어떤 대가를 치르더라도 그만큼의 가치를 할 것이라고 확신했다. 자신과 함께 묻히게 될 이 파피루스 두루마리에 적힌 대로만 한다면, 저승길을 무사히 헤쳐 나갈 수 있을 것이다.

목차만 수십 개에 달하는 〈사자의 서〉에는 망자를 유혹하는 악마들을 막아내는 주문을 비롯해, 오시리스 신의 무서운 마지막 심판을 성공적으로 통과하는 법 등에 대한 조언도 있었다. 죽은 자들의 신인 오시리스는 심판의 법정 가장 높은 자리에, 그 옆에는 누이인 이시스와 네프티스가 앉아 있다. 그리고 아메네모페트는 배심원 역할을 하는 42명의 또 다른 신들로부터 이승에서의 삶에 대해 심문을 받는다. 살면서 거짓말이나 도둑질을 하고, 누구에게 저주를 퍼붓거나 누군가를 굶주리게 한 적이 있는가? 사악한 사람들과 교제를 하고, 다른 사람들에게 고통을 가하거나 문제를 일으킨 적이 있는가? 신전이나 사원에서 제물이나 제기를 훔친 적은? 〈사자의 서〉는 이런 모든 질문에 대해 그렇지 않다고 대답하라고 조언한다.

심판의 법정에서 이루어지는 가장 중요한 절차는 진실과 선의를 나타내는 마트의 깃털과 죽은 자의 심장을 저울에 달아 이승에서의 삶을 평가하는 부분이다. 이때 옆에는 기록을 하는 토트 신과 뭔가를 간절히 기다리는 암무트Ammut가 있다. 암무트는 악어의 머리에 치타의 상반신 그리고 하마의 하반신이 하나로 합쳐진 사악한 존재다. 만일 저울 위에서 심장과 깃털이 서로 균형을 이루지 못한다면 암무트는 그 즉시 심장을 삼켜 버릴 것이며, 그것이 바로 영원히 존재조차 남지 못한 상태가 되어버리는 궁극의 형벌이다. 반면에 저울이 균형을 이뤄 이 과정을 통과한다면 영원히 행복한 삶을 누릴 수 있다.

"그러면 비용이 얼마나 들겠나?"

총리대신이 물었다.

"보통 〈사자의 서〉 하나를 만드는 데 건강한 암소 두 마리, 외국에서 들여온 포도주 큰 것으로 다섯 항아리, 신선한 대추야자 한 바구니 그리고 암소의 얼룩무늬 가죽으로 만든 발받침대 하나를 받습니다."

"그 정도면 별문제는 없겠군. 그렇다면 즉시 작업을 시작하도록 하시오."

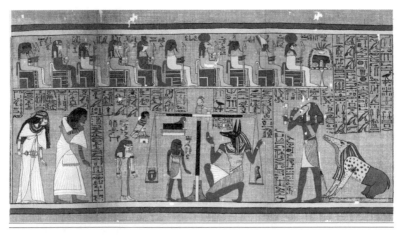

● 〈사자의 서〉에 실린 심판 법정의 한 장면.
죽은 자의 심장과 진실의 깃털이 저울 위에 있다. 따오기 머리를 한 토트 신은 기록을 하고,
무시무시한 야수의 모습을 한 암무트는 심장이 심판을 통과하지 못하기를 간절하게 기다린다.

저승으로 가는 길 안내서

🌸

〈사자의 서〉는 오직 파라오에게만 허용되었던 고왕국 시대의 '피라미드 문서Pyramid Texts' 그리고 훗날 중왕국 시대에 일부 부유층의 관에 새겨지던 '관 문서Coffin Texts'를 그 기원으로 본다. 신왕국 시대로 들어서면서 〈사자의 서〉는 비용을 감당할 수 있는 사람이라면 누구나 이용하는 인기 품목이 되었다. 파피루스 두루마리에 기록된 〈사자의 서〉는 목차가 최대 186개에 달하며, 보통은 관의 주인에 따라 내용이 조금씩 다르고 일부에는 주인을 구체적으로 묘사하는 그림이 포함되기도 한다. 지금까지 발견된 꽤 많은 양의 〈사자의 서〉를 통해, 저승 세계를 향한 고대 이집트인의 여정을 잠시나마 엿볼 수 있다.

아메네모페트의 다음 일정은 묘지 공사 현장의 인부들이 사는 특별한 마을을 방문하는 일이었다. 그는 공사 감독관인 베니아와 함께 공사 현장 책임자인 카를 만났다. 세 사람은 아멘호테프의 미라가 머물 묘지의 상태를 확인하고, 사원의 서고 담당자가 가져온 아주 특별한 파피루스 두루마리도 살펴볼 계획이었다. 마을에서 위대한 장소까지 걸어서 가야만 하는 여정은 총리대신에게 여간 힘든 일이 아니었다. 절벽 꼭대기까지 올라가는 동안 그는 숨을 고르기 위해 몇 번이고 발걸음을 멈추었고, 계곡을 따라 내려갈 때는 두 인부에게 팔을 맡기고 도움을 받았다. 계곡 기슭에서 얼마 떨어지지 않은 곳에 반대편 절벽이 있었고, 그 바닥에는 어두컴컴한 직사각형의 구멍 하나가 있었다. 현장 책임자인 카는 근처에 정확하게 수직으로 뚫려 있는 통로를 가리켜 보였다.

"저기를 보십시오, 총리대신님을 위한 장소는 바로 저곳입니다!" 카가 설명했다. "아케페루레 아멘호테프께서 약속하셨던 바로 그 장소지요! 총리대신님을 기리는 사원은 저쪽 귀족들의 묘역에 그대로 남아 있겠지만 미라는 결국 저기 밑에 마련된 방에 안치가 되겠지요. 이 얼마나 대단한 특권입니까!"

아메네모페트는 깊숙하게 뚫려 있는 구멍을 잠시 바라보았다. 카의 말처럼 자신에게 주어진 특권을 생각하자 얼굴에 전율이 일었다. 감격과 자랑스러움 그 어디쯤에 놓인 감정이었다. 그들은 계속해서 파라오의 묘지 입구 근처에 쌓인 거대한 석회암 더미들 사이를 지나쳤고, 그곳에서 세 명의 장인과 두 명의 또 다른 공사 관리자를 만났다. 묘지는 완성되었지만, 세부적인 장식들은 확인이 필요했다.

잠시 뒤 크고 평평한 바위 위에 사원의 서고에서 가져온 파피루스 두루마리가 펼쳐졌다. 파피루스 두루마리는 매장실의 벽에 새겨질 마법의 글로 가득했다. 바로 〈암두아트Amduat의 서〉였다. 〈저승의 서〉라고도 부르는 〈암두아트의 서〉는 태양의 신 라가 밤이 되어 저승에서 12시간 동안 머물다가 다시 아침이 되어 새롭게 태어나는 여정에 대한 내용을 담고 있다. 이 12시간 동안 태양의 신 라는 이승을 떠난 파라오와 수많은 신 그리고 또 다른 수많은 존재를 만나게 된다. 어려움을 만나 극복하고, 뱀의 모습을 한 사악한 적 아포피스를 무찌르기도 한다. 이 〈암두아트의 서〉에는 삽화도 많아서 아멘호테프의 아버지인 투트모세 3세의 묘지와는 다르게, 매장실의 여섯 기둥에도 여신을 비롯한 다양한 신과 어우러진 아멘호테프의 모습이 장식될 예정이었다.

아메네모페트는 모든 것이 계획대로 되어가고 있는지 직접 확인하겠다고 고집했다. 그는 매장실 벽에 흰색 회반죽을 칠해 그림 그릴 준비를 마쳤는지의 여부에서 파라오 묘지의 세세한 마무리까지 하나하나 점검했다. 마침내 확인을 마친 총리대신은 자신이 보고 느낀 바를 그대로 표현한 뒤 이렇게 덧붙였다. "이제 몇 주 안에 모든 준비를 확실하게 끝마쳐야 하오. 무엇보다 이 파피루스 두루마리에 나와 있는 글과 그림들이 매장실에 똑같이 장식되어야 하오!"

파라오의 장례식과 관련한 운송 문제도 간과할 수 없는 중차대한 일이었다.

"또 한 가지, 관과 다른 부장품을 이곳까지 운반해오기 위해서는 길을 정비할 필요가 있소. 베니아, 계곡 입구로 이어지는 오래된 사막 길을 좀 손봐야 하지 않을까? 그렇게 한다면, 절벽과 절벽을 넘어 필요한 것을 운반할 일은 절대 없을 거요!"

그 오래된 길은 아래쪽에 있는 평평한 평원에서 시작해 산속으로 이어지는 협곡 사이에 나 있었다. 더 돌아와야 했지만, 가파른 구역은 훨씬 적었다. 투트모세 3세의 장례식 이후 거의 사용되지 않았던 이 길은 확실히 확장과 보수가 필요해 보였다.

"모두 차질 없이 진행하겠습니다." 공사 감독관 베니아가 약속했다.

계곡 입구 부근의 길은 아직 충분히 사용할 만했다. 방문객들은 이곳에서 기다리고 있던 당나귀에 올라 다음 목적지이자 최근에 공사가 끝난 아멘호테프 묘지의 사원으로 향했다. 계곡 가장 아랫부분에 도착하니 새로 지은 사원이 멀리서도 한눈에 들어왔다. 회반죽을 발라 환하게 빛나는 흰 벽은 대부분 진흙 벽돌로 지어졌지만, 군데군데 사용된 석재도 보였다. 기둥 있는 안마당으로 이어지는 사원의 정문과 그 옆에 높게 솟은 탑이 특히 눈에 띄었다. 아메네모페트가 그 모습을 보고 감탄하자, 함께 있던 대사제 아메넴하트는 사원을 비우는 일 없이 영원히 제물을 바칠 수 있도록 사제들이 돌아가면서 찾아올 것이라고 설명했다.

이제 왕실 장례품 보관소와 장례용품 제작을 맡은 작업장을 포함해 방문할 곳이 몇 군데 남지 않았다. 파라오에게 어울리는 가구 대부분은 일반 작업장에서 만들거나 궁전에서 가져오기도 했지만, 종교와 장례 의식과 관련한 특별한 물품은 사원의 창고 안에 보관되어 엄중한 보호를 받

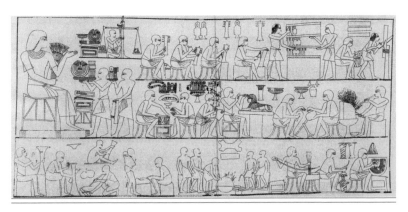

● 　장례용품을 만들어 궁전에 납품하는 작업실의 풍경. 금박을 입힌 사당 등이 보인다.

고 있었다. 모든 사항이 잘 준비되었다는 생각에 아메네모페트는 매우 만족스러웠다. 비로소 파라오의 미라가 이곳 테베로 오는 여정을 시작할 수 있을 터였다.

멤피스에서는 이제 막 금박을 입힌 커다란 나무 사당을 튼튼한 나무 썰매 위에 세우는 작업이 끝났다. 이 사당 안에는 파라오의 관이 들어갈 예정이었다. 그보다 훨씬 더 작게 만든, 옷장 크기의 사당 안에는 방부처리를 한 내장 상자가 보관된다.

궁전의 전용선을 지휘하는 이푸 선장은 파라오 아멘호테프가 살아생전 가장 좋아했던, 화려하고 거대한 전용선 '두 곳의 왕국을 세운 아케페루레'를 정비하느라 눈코 뜰 새 없었다. 테베로 향하는 이 배에는 파라오의 미라와 함께 동행이 허락된 소수의 왕실 가족과 소수의 수행원 그 밖의 필요한 인원들이 승선할 예정이었다. 갑판 위에 마련된 널찍한 선실은 승객들이 편안히 머물도록 세심하게 꾸며져 있었다. 마치 물 위로 궁전을 옮겨온 듯한 모습이었다. 하늘 높이 치솟은 뱃머리와 뱃고물에 장식된 호루스 신의 거대한 황금 머리 역시 잘 닦여 반짝반짝 윤이 났다. 조금이라도 문제가 있거나 미흡한 부분들도 모두 제자리를 찾았다.

모든 준비를 마쳤으니, 더는 지체할 필요가 없었다. 아멘호테프의 관이 썰매 위의 번쩍이는 사당 안에 자리를 잡자, 궁전의 안뜰에서부터 장례 행렬이 움직이기 시작했다. 행렬의 맨 앞에는 멤피스의 모든 신전과 사원에서 나온 고위 사제와 하급 사제들이 섰다. 어떤 이들은 향을 피워 향내를 사방에 퍼뜨렸고, 또 어떤 이들은 이집트 신들의 모습이 새겨진 깃발을 들고 있었다. 관을 실은 나무 썰매는 거대한 한 쌍의 황소가, 내장이 담긴 작은 사당은 황소 한 마리가 끌었다. 늘 밝은 모습을 보이던 여사제들도 이날만큼은 우울하고 침통한 모습으로 슬픔의 노래를 읊조렸다. 장례 행렬을 찾아다니며 전문적으로 곡을 하는 사람들도 보였다. 이집트 안에서도 가장 처연한 목소리를 곡을 한다고 손꼽히는 이들은 전차에 탄 투트모세 왕자와 티아 왕비, 왕실 가족들 그리고 일부 최고 관료들의 뒤를 따랐다. 명령이 떨어지자 궁전의 정문이 열리고, 마침내 장례 행렬이 궁전을 빠져나왔다.

항구까지 가는 그 멀지 않은 길을 따라, 파라오의 장례 행렬을 보기 위해 수많은 사람이 몰려들었다. 행렬 안에서 곡을 하는 이들의 소리에 응답이라도 하듯 사람들은 모두 통곡했고, 그 소리가 사방으로 울려 퍼졌다. 썰매 위에 자리한 사당의 모습은 좌중을 압도하기에 충분해서 그 모습을 보고 실신하는 사람들까지 나올 정도였다. 정박한 전용선과 항구를 잇는 다리 앞에는 이푸 선장과 선원들이 침울한 표정으로 기다리고 있었다. 곡소리와 울음소리가 계속 이어지는 가운데, 건장한 선원 몇 명이 썰매에서 소를 풀어 보내고 썰매와 함께 관이 실린 황금 사당을 갑판으로 끌어올려 단단히 고정했다.

파라오와의 동행을 허락받은 승객들이 배에 오르는 동안 파라오를 기리는 노랫소리와 곡소리, 울음소리가 한데 어우러져 이어졌다. 수십 명의 선원들이 다 함께 노를 젓기 시작하자, 이푸 선장은 배를 나일강 한가운데로 몰고 간 뒤 거대한 돛을 펼치라는 명령을 내렸다. 이내 바람에 활짝 부푼 돛을 펄럭이며 배는 테베를 향해 거슬러 올라가기 시작했다. 멤피스의 성벽이 점점 멀어져갔다.

　운만 따른다면, 그리고 다른 문제만 없다면 항해는 2주가 채 걸리지 않을 터였다. 토트 신에게 바쳐진 헤르모폴리스Hermopolis나 오시리스 신앙의 중심지인 아비도스Abydos 같은 큰 도시, 혹은 종교 중심지 등에 잠시 정박하는 것도 일정에 포함되어 있었다. 항해가 계속되는 동안 특별히 목청 좋은 여자 두 명이 뱃머리 근처에 자리를 잡고 앉아 온 이집트 백성들에게 파라오의 여정을 알렸고, 함께 배에 올라탄 고수(鼓手)들도 요란하게 북을 쳤다. 이 북소리는 선원들이 노를 저으며 박자를 맞추는 데 적지 않은 도움을 주었다. 이푸 선장은 모래톱을 포함한 어려운 구간들을 조심해서 빠져나가기 위해 해가 진 이후에는 배를 멈출 생각이었다. 엄청나게 귀한 화물이 실려 있었기에 실수는 물론, 그 어떤 사고도 용납되지 않았다. 전용선은 매일 저녁 강 한가운데에 닻을 내리거나 가능하다면 항구를 찾아 정박할 것이며, 신분이 높은 승객들은 호화로운 선실에서, 선원들은 갑판에서 잠을 청하며 새로운 내일을 준비할 것이다.

파라오의 장례식

　농부 바키의 아내 무투이는 태어나서 지금까지 평생을 테베 근처의 마을에서 살아왔다. 세월이 흐르면서 마을도 무투이처럼 조금씩 변해갔다. 어린 시절 무투이는 밖에서는 친구들과 뛰어놀고, 집에서는 어머니로부터 집안일을 배웠다. 그러다 지금의 남편인 바키를 만나게 되었고, 부모님의 권유로 열다섯 살에 혼인을 했다. 무투이의 부모 역시 같은 마을에서 나고 자라 인연을 맺은 사람들이었다. 무투이와 바키는 한 마을 축제에서 서로에게 처음 호감을 느꼈다. 무투이는 자신보다 조금 나이는 많지만, 건장한 체격의 농부가 왠지 마음에 들었다. 바키 역시 어여쁜 무투이가 신경 쓰였고, 거침없으면서도 재치 있는 말투와 행동에 마음이 끌렸다.

부부가 된 지 6년이 지난 지금까지 네 차례나 아이를 낳았지만, 둘만 살아남았다. 첫째는 네 살, 둘째는 세 살이었다. 바키는 점점 나이가 들어가면서 밭에 나가 농사일을 도울 수 있는 사내아이를 더 원하게 되었다. 부부는 바라는 대로 앞으로도 자식을 더 낳을 수 있을 거라고 굳게 믿었다.

무투이에게 삶은 꽤 평범하면서도 분주했지만, 견디기 어려울 정도로 힘든 일은 없었다. 매일 아침 동트기 전에 일어나 가족을 위해 아침밥을 차리고, 아이들을 돌보고, 바느질을 하거나 집 뒤편의 작은 텃밭을 가꾸는 게 일과의 대부분이었다. 물론 아침밥 말고도 점심밥과 저녁밥도 차려야 했지만. 텃밭은 야트막한 진흙 벽돌담으로 둘러싸인 직사각형의 높이 솟은 땅으로, 무투이의 손길 아래 양파와 무, 상추 등이 무럭무럭 자라났다. 텃밭을 가꾸는 데 필요한 물은 바키가 항아리를 지고 꾸준히 날라주었다. 바키가 농사를 지어 넉넉하게 거둬들이는 곡물과 집에서 키우는 푸성귀 덕에 먹을거리는 대부분 자급자족했으며, 남는 곡물이나 푸성귀는 다른 생필품과 교환했다.

그 특별한 날, 무투이는 강가에서 십여 명의 마을 아낙네와 함께 매끈매끈한 바위 위에 더러운 옷들을 이리저리 내리치고 문지르며 빨래를 하고 있었다. 하루 일과 중에서도 그녀가 가장 좋아하는 시간이었다. 아낙네들은 세상 돌아가는 소식이나 소문을 주고받으면서 즐거운 한때를 보내고 있었다. 함께한 어린아이들은 엄마들 근처에서만 놀고, 절대 물 가까이 가지 말라는 주의를 반복해 들어야 했다. 나일강의 거친 물살과 그 안에 사는 야생동물은 가볍게 여길 수 있는 존재가 아니었다.

문득 어디선가 경쾌하면서도 낯설고, 귓가를 찢을 듯한 소리가 들려왔다. 소리가 고조되는 가운데 얼마 지나지 않아 돛과 노로 움직이는 작은 순시선이 나타났다. 그 위에서 북을 치는 사람들이 모두에게 이쪽을 보라는 신호를 보냈다. 무투이를 비롯한 마을 사람들은 궁금함이 가득한 얼굴로 고개를 돌렸다. 그때 거대한 파라오의 장례 전용선이 나타났다. 파라오의 관을 실은 사당이 갑판 위에서 환하게 빛나고 있었다. 이 장관을 보기 위해 마을 사람 대부분이 서둘러 강가로 달려 나왔다. 배 위에서 흘러나오는 더욱 드높아진 곡소리와 울부짖음이 강 주위를 뒤흔들었다.

예상치 못했던 감정이 북받쳐 오르며 넋이라도 나간 듯 몸을 움직이지 못하는 무투이 곁으로, 바키가 다가와 섰다. 세상을 떠난 파라오에 대해 종종 비꼬는 말을 했던 바키도 장례 행렬의 분위기에 압도당한 건 마찬가지였다. 어쨌거나 이 농부는 태어나서 지금까지 평생을 상부 이집트와 하부 이집트의 주인인 아케페루레 아멘호테프의 통치를 받으며 살아오지 않았던가. 바키는 자신이 눈물을 떨구고 있다는 사실을 깨닫고는 깜짝 놀랐다. 강가에 서 있던 사람들은 통곡의 소리를 내질렀고, 일부 여자들은 비통함에 휩싸여 머리를 쥐어뜯고 흙을 집어 공중에 던지기까지 했다. 드디어 목적지에 도착한 전용선이 닻을 내렸다. 내일이면, 세상을 떠난 파라오가 이승에서의 마지막 여정에 나서게 될 것이다.

테베의 거대한 아문 신전 안뜰에 선 아메네모페트가 거대한 규모의 장례 행렬을 준비하고 있을 때, 지평선 너머로 태양의 신 라가 드디어 얼굴을 내비쳤다. 장례 행렬은 며칠 전 멤피스 궁전을 빠져나올 때와 거의 비슷한 구성이었지만 훨씬 규모가 컸고, 이동과 운반 과정도 더 복잡해졌다. 강의 서쪽에 있는 파라오 전용 정박지는 전용선이 도착해 작업을 진행할 수 있도록 모든 준비를 완료했다. 파라오의 장례식을 위한 장비와 물품이 장례 당일에 맞춰 준비되었고, 묘지 역시 그 주인을 맞이할 준비를 마쳤다.

드디어 배에서 나무 썰매가 내려졌다. 튼튼한 황소 두 마리가 썰매와 연결되는 동안 궁전에서부터 따라온 수백 명의 저명한 상류층 인사들이 늘어섰다. 아문 신을 모시는 대사제 아네멤하트와 창을 든 병사들을 필두로 깨끗하게 닦인 넓은 길을 따라 장례 행렬이 움직이기 시작했다. 분위기는 엄숙했지만 요란한 소리는 그치지 않았다. 멤피스를 출발할 때처럼 투트모세 왕자와 티아 왕비는 함께 전차를 타고 이동했다. 장례 행렬의 첫 번째 목적지는 얼마 전 공사가 끝난 아멘호테프를 기리는 사원이었다. 사원의 안마당에 썰매가 멈춰 서자, 새롭게 임명된 사원의 사제들이 한 줄로 늘어서서 특별히 만든 찬가를 읊조리며 준비한 제물을 바쳤다.

묘지 안에 함께 넣을 물품은 사원 안에 모두 보관 중이었다. 이 사원에서 잠시 머무는 동안 지금까지 따라왔던 사람들 대부분이 되돌아갔다. 신성한 계곡 안으로 들어서서 파라오가 묻힐 묘지까지 가는 여정은 투트모세 왕자와 티아 왕비가 총리대신의 조언에 따라 고르고 고른 아주 특별한 사람들만이 함께할 수 있었다. 선택을 받은 소수의 사람 이외에 따라갈 수 있는 사람은 역시 특별히 선택된 사제들과 조력자들 그리고 물품을 운반하기 위해 가려 뽑은 가장 신뢰할 수 있는 인부들뿐이었다.

총리대신은 다시 한번 투트모세 왕자와 티아 왕비를 선두로 왕실의 가족들과 대사제 그리고 선택받은 소수의 사람으로 장례 행렬을 구성했다. 파라오의 관을 실은 썰매가 그 뒤를 따랐고, 주로 묘지 공사 현장의 인부 마을에서 불려온 적지 않은 사람들이 아멘호테프의 시신과 함께 묘지 안에 묻힐 수백 가지 물품을 짊어지고 길게 줄을 서서 따라왔다. 그 사이사이에는 사람들의 슬픔을 장엄하게 표현하기 위해 전문적으로 곡을 하는 사람들도 섞여 있었다. 장례 행렬은 처음에는 언덕의 기슭을 따라 나 있는 길을 따라가다가 가파른 오르막길에서 왼쪽으로 방향을 바꿔 마지막으로 신성한 계곡으로 이어지는 완만한 오르막길을 오를 예정이었다.

최종 목적지까지 도착하는 데 걸리는 시간은 한 시간 정도였고, 사람들 대부분은 이 계곡이 처음이었다. 피라미드 모양의 산을 보고 다들 감탄하는 동안 태양은 머리 위에서 눈부시게 빛났다. 공사 감독관 베니아를 알아본 아메네모페트가 앞으로 다가갔다. 모든 준비가 끝났음을 알린 베니아는 투트모세 왕자가 아버지의 묘지로 가기 위해 전차에서 내리는 모습을 보고는 재빨리 뒤로 물러났다. 새로운 이집트의 통치자는 총리대신에게 지금은 특별한 상황이니 자신을 본 인부들이 그저 잠깐 바닥에 엎드려 고개를 숙이는 정도로만 인사를 해도 상관이 없다고 지시했다. 눈앞에는 과도하게 예의를 차리는 것 말고도 할 일이 산더미처럼 쌓여 있었다.

황소들이 끄는 썰매가 묘지 입구의 널찍한 진입로까지 이동했다. 썰매에서 풀려난 황소들은 그곳에서 자신들의 운명을 기다려야 했다. 장례용 물품을 짊어지고 온 사람들은 관이 든 사당의 문이 열리는 동안 조용히 앉아 대기하라는 지시를 받았다. 금박을 입힌 파라오의 관이 꺼내져 저끝에 세워졌다. 이제부터는 아메넴하트가 장례 절차를 진행할 차례였다. 파라오의 장례식은 여러 가지 면에서 일반 상류층의 장례식과 크게 다를 바가 없었지만, 그래도 역시 파라오에게 걸맞게 바뀌고 더해진 부분들이 있었다. 제문을 맡은 사제가 준비해온 파피루스 두루마리를 읽었고, 남녀사제 몇 명이 노래를 읊조렸다. 고인이 다시 한번 소리 내 말할 수 있도록관 뚜껑에 새겨진 얼굴의 입술 부분을 끌로 다듬는 의식도 진행되었다.이제 묘지 지하의 매장실에서 기다리고 있는 석관 안으로 파라오를 옮겨야 할 시간이었다.

투트모세 왕자와 아메네모페트 그리고 아메넴하트가 지하 깊은 곳으로 들어가자 가장 힘이 좋은 인부 몇 명이 관을 짊어지고 따랐다. 사방이어둑어둑했지만 천천히 움직이면 그럭저럭 지나갈 수 있었다. 아직 치우지 않은 공사의 흔적으로 가득한 통로를 지나 두 개의 작은 기둥이 떠받치고 있는 작은 방을 통과하자 마침내 비어 있는 매장실이 모습을 드러냈다. 아메네모페트는 큰 감명을 받았다. 자신이 주문했던 대로, 벽과 기둥에는 장인들의 손끝에서 시작된 글과 그림들이 아름답게 펼쳐져 있었다.〈암두아트의 서〉의 글과 그림은 마치 거대한 파피루스 두루마리를 벽 전체에 펼쳐서 붙여놓은 것처럼 찬란하고도 황홀했다.

파라오 아멘호테프의 관은 지상의 하늘처럼 짙푸른 바탕에 찬란한 금빛 별들로 수놓아진 천장을 바라보고 있는, 거대한 석관 속으로 조심스럽게 내려졌다. 아메넴하트는 세상을 떠난 통치자를 위해 마지막으로 장례식용 유제를 요청했다. 끈적거리는 액체를 부으며 기도문을 읊조리는 대사제 옆으로 두 사제가 다가와 관 위에 화환을 올려놓았다. 이 장면을 끝으로 투트모세 왕자와 사람들은 다시 지상으로 돌아가는 여정에 올랐다.

지상으로 올라오니 썰매를 끌었던 황소들을 잡아 잔치 준비가 한창이었다. 황소 고기가 구워지는 동안 의자와 깔개가 준비되었고, 이집트에서 구할 수 있는 가장 진귀하고 맛있는 음식들이 사람들에게 제공되었다. 목에 화려한 화환을 건 손님들은 여전히 세상을 떠난 파라오를 애도하면서

● 　파라오의 매장실에 있는 기둥에 그려진 그림. 아멘호테프가 하토르 여신 앞에 서 있다.

도 잔치가 시작되는 것이 즐거운 모양이었다. 뒤편에서는 인부들이 매장실과 연결된 다른 방들에 가져다 놓을 물품을 준비하느라 분주했다. 한 방에는 먹을거리와 마실 것들이, 다른 방에는 신들의 모습을 새긴 조각품이나 종교적 의미가 있는 물건으로 가득 채워질 것이다. 그리고 또 다른 방에는 언제든 파라오를 모실 수 있도록 정교하게 만든 시종들의 조각상 수십 개를 포함해, 파라오가 저승에서도 편안하게 살 수 있도록 다양한 물품이 들어찰 예정이었다. 그러나 이미 네 번째 방에는 몇 년 전부터 웨벤세누 왕자의 관이 안치되어 있었다. 파라오의 관을 모시고 온 사당은 묘지 안으로 가져가 거대한 석관 옆에 설치될 예정이었고, 방부처리된 내장을 싣고 온 작은 사당 역시 그 옆에 자리를 잡을 터였다.

장례식에 참석한 손님들이 배부르게 먹고 마시는 모습을 지켜보던 투트모세 왕자는 아버지의 관을 마지막으로 한 번만 더 보겠다고 말했다. 투트모세 왕자는 티아 왕비를 거의 품에 안다시피 해서 침묵이 사방을 압도하는 화려한 매장실로 내려갔다. 티아 왕비는 눈물을 삼키며 관 위에 새겨진 파라오의 얼굴과 눈을 바라보았다. 대사제가 부은 유제 때문인지 어딘지 모르게 눈이 번뜩이는 것 같았다. 티아 왕비는 목에 걸고 있던 화환을 벗어 그 위에 올려놓고는 발걸음을 돌렸다.

"언젠가는 다시 볼 수 있겠지? 그럴 수 있겠지?"

그녀의 물음에 투트모세 왕자는 아무런 대답도 하지 않았다. 이집트를 다스렸던 파라오 아멘호테프는 이제 지상에서는 더 이상 존재하지 않았다. 그리고 당장 처리해야 할 시급한 일들이 살아 있는 통치자인 왕자를 기다리고 있었다.

계곡 입구에는 전차들이 기다리고 있었다. 여전히 슬픔에 휩싸여 있지만 배부르게 먹고 마신 장례식 참석자들이 테베로 돌아갈 시간이었다. 그러는 사이 매장실 안에서는 엄청나게 무거운 석관의 뚜껑이 마침내 제자리를 찾았고, 석관 주위에는 썰매에서 내려진 금박 입힌 사당이 세워졌다. 모든 작업이 마무리된 매장실 입구에 인부들이 재빠른 솜씨로 돌담을 쌓고 그 위를 회반죽으로 발랐다. 회반죽칠이 마무리되자, 벽이 완전히 매끈해져서 마치 묘지가 그곳에서 끝난 것처럼 보였다. 남아 있던 짐꾼들과 인부들은 잔치에서 남은 음식을 먹어치웠다. 피곤한 몸을 이끌고 마을로 돌아가겠지만, 이들은 만족스럽게 배를 채웠을 뿐만 아니라 극소수의 사람만이 볼 수 있는 중요한 행사를 영원히 기억 속에 남길 수 있게 되었다.

그후 며칠 동안, 통로를 채우고 있던 쓰레기들을 치우고 묘지 입구를 막은 뒤 회반죽을 칠하는 작업이 이루어졌다. 그리고 공사 감독관 베니아와 현장 책임자인 카는 총리대신 아메네모페트가 보는 앞에서 아직 마르지 않은 회반죽 위에 파라오의 묘지임을 알리는 인장과 아케페루레 아멘호테프라는 이름이 새겨진 타원형의 명판, 즉 카르투슈를 찍었다. 세 사람은 이로써 이 위대했던 전사이자 파라오가 누구에게도 방해받지 않고 영원한 안식을 취하기를 진심으로 바랐다.

Chapter
10

풍성함이
가득하리라,
그 두 번째 달

새로운
파라오

이집트의 새로운 파라오가 된 투트모세가 멤피스 궁전의 침실에 있는 아름다운 흑단 의자에 앉았다. 금박이나 다른 귀한 소재로 아버지의 이름이 새겨진 것으로 보아, 전 파라오의 유품인 듯했다. 아멘호테프의 묘지에 많은 물건이 함께 묻혔기에 궁전 안에 전 파라오의 물건은 얼마 남지 않았지만, 투트모세는 모든 것을 정리하고 이집트를 진정한 자신의 제국으로 만들 때라고 마음을 굳혔다. 그달 초, 투트모세는 아메네모페트를 궁전으로 불러들여 장례식이 끝났으니 총리대신의 지위를 내려놓고 물러가라고 하명했다. 새로운 통치자를 따르는 새로운 관료들이 필요한 지금, 아메네모페트와 같은 최고위층 관료도 예외는 아니었다.

아메네모페트는 일찌감치 소문을 듣고 짐작했던 일이라 그리 놀라지 않았다. 아니, 오히려 마음이 놓였다. 총리대신은 투트모세가 태어나서 지금까지 성장하는 모습을 지켜보았고, 비록 그가 떠나간 옛 친구의 아들이라고는 해도 여전히 어린아이로 여겨지는 누군가에게 조언하는 일에는 별로 관심이 없었다. 아메네모페트는 새로운 파라오의 곁을 떠나며 말했다.

"도움이 필요하면 언제든 알려주십시오."

지금의 건강 상태를 생각하면 아마 그리 오래 살 수는 없겠지만, 적어도 막중한 임무에서 벗어나 자신의 별장에서 편안한 은퇴 생활을 하며 그동안 성실하게 충성을 다해왔다는 사실에 만족할 수 있으리라.

이집트를 통치하는 일은 그리 간단하지 않았다. 일상생활 속에서 가벼운 모험을 즐기다가, 갑자기 우주의 질서를 유지하는 그런 삶을 살게 된다는 생각은 새로운 파라오를 무척이나 불안하게 만들었다. 전임 총리대신을 떠나보낸 투트모세는 상부 이집트와 하부 이집트를 관리할 새로운 총리대신으로 각각 프타호테프Ptahhotep와 헤푸Hepu를 임명했다. 그리고 그의 아버지가 통치했을 때와 마찬가지로, 남쪽 누비아 지역의 적대적인 이웃들을 살피고 행정을 담당할 쿠시의 총독도 다시 임명할 예정이었다. 오래된 관료 중 일부는 그대로 자리를 유지하겠지만, 대부분은 교체될 것이다. 이집트의 파라오에게는 자신이 부릴 사람들을 마음대로 선택할 권한이 있었다.

투트모세는 프타호테프를 자신의 앞으로 불러들였다.

"지금부터 이곳은 나의 궁전이다. 그러니 새로운 가구와 벽걸이 장식 그리고 새로운 종교의식 물품이 있어야 할 것이다. 물론 전차도 마찬가지다. 새로운 파라오와 새로운 시대에 걸맞게 준비하라. 또한 전용선의 이름도 바꾸고 싶다. 그 배는 이제부터 '두 곳의 왕국을 세운 멘케페루레'로 불리게 될 것이다. 그리고 즉시 이집트에서도 가장 솜씨가 좋은 석공을 불러들이도록 하라."

"잘 알겠습니다."

새로 임명된 총리대신은 명령을 받잡고 파라오 앞에서 물러갔다.

그로부터 며칠이 지난 뒤 아넨이라는 이름의 석공이 프타호테프 앞에 도착했다.

"파라오께서 그대에게 맡길 대단히 막중한 임무가 있다고 하신다. 돌로 커다란 비석을 세우는 일이다. 최근에 정리가 끝난 기자의 스핑크스 앞발 사이에서도 눈에 확 뜨일 만큼 큰 것이어야 하지. 그리고 모든 솜씨와 기술을 동원해 여기 적힌 대로 비석에 정확하게 글을 새겨 넣어야 한다."

아넨은 여러 장의 파피루스 종이를 붙여 만든 짧은 두루마리를 내려다보았다. 내용이 다소 길고 복잡해 보였지만 자신의 솜씨라면 문제는 없을 듯했다.

투트모세와 티아 왕비, 아메넴하트 대사제 그리고 새로운 두 총리대신으로 구성된 작은 모임에서는 비석에 새길 내용에 대해 신중한 의견이 오고 갔다. 티아 왕비의 제안으로 시작된 이 일은 이집트에서도 가장 위풍당당한 기념물 앞에 거대한 비석을 세워, 새로운 파라오 투트모세의 정당한 권리를 알리려는 계획이었다. 투트모세의 이름과 몇 가지 칭호를 전면에 내세우고, 누가 보아도 이견을 달 수 없도록 파라오직 승계 전후의 사정을 설명하려는 것이다.

대사제 아메넴하트가 모임을 주도하면서 비석에 새길 내용을 요약했다. 그는 투트모세에게 말했다.

"먼저 스핑크스의 모습을 하고 이 땅에 내려온 태양의 신 호레마케트가 실제로 왕권을 건네주었고, 더불어 다른 신들도 힘을 보탰다는 이야기부터 적어야 합니다. 지금의 파라오께서는 신들의 사랑을 받는 청년이었으며, 세상을 떠난 아버지처럼 건장한 용사였다는 사실도 함께 적어야 하겠지요. 이제 이집트 전역에서 파라오를 두고 '빛나는 왕관'이요 '강력한 황소' 그리고 '아툼 신과 같은 강력한 왕권'처럼 수많은 장엄한 호칭으로 부를 것이며, 신들을 찬양하듯 파라오를 찬양할 것입니다. 그렇지만 역시 가장 중요한 부분은 파라오의 위대한 조상들이 바라보고 있는 바로 그 신성한 장소에서 꾸었던 성스러운 꿈에 대한 이야기겠지요. 그 이야기를 이렇게 짧게 줄여보았습니다."

"어느 날의 일이다. 파라오의 아들 투트모세 왕자가 정오쯤 기자 고원을 여행하고 있었다. 왕자는 스핑크스의 그늘에 앉아 쉬다가 해가 가장 높아질 때쯤 그 자리에서 잠이 들었다. 그러자 위대한 신 호레마케트가 잠이 든 왕자에게 마치 아버지가 아들에게 전하듯 말했다. '나를 보아라, 나의 아들 투트모세여! 나는 그대에게 지상의 왕권을 주고 살아 있는 모든 것을 주관하게 한 그대의 아버지이니라. 그대는 상부 이집트와 하부 이집트의 붉은 왕관과 흰색 왕관을 쓰게 될 것이다. 이집트의 모든 땅은 그대의 것이며 그 관리는 그대의 손에 달려 있다. 저 멀리 이집트 밖 땅의 모든 공물과 전리품도 다 그대의 것이니 그대는 살아가면서 오래도록 모든 것을 지배하리라."

스핑크스 비석

❦

파라오 투트모세 4세가 세웠다고 전해지는 이 인상적인 모습의 화강암 비석은 기자에 있는 카프레의 스핑크스 두 발 사이에 여전히 남아 있다. '꿈의 비석Dream Stele'이라는 이름으로도 불리는 이 비석의 높이는 약 3.6미터에 이르며, 무게는 무려 15톤에 달한다. 비석 하단의 손상된 일부분을 제외하면 비석에 새겨진 글은 대부분 해석이 가능하다. 스핑크스 주위에 쌓인 모래를 제거하려는 노력은 투트모세 4세 시절부터 있었지만, 이 스핑크스는 상당 기간 이렇게 난감한 모습으로 지내왔을 것이다. 1926년에 고고학자들이 나서서 스핑크스를 관리하기 시작했고, 그 이후부터는 연구와 보존이 잘 이루어졌다. 그 덕분에 이곳은 지금도 이집트에서 가장 인기 있는 관광 명소 중 하나로 손꼽힌다.

"그다음은 수리와 정리에 대한 부분입니다." 아메넴하트가 말을 이었다. "호레마케트 신이 모래 속에 묻혀 있는 자신의 위대한 기념물이 어떤 상태인지 설명하고 주의를 환기시키는 것이지요. '나는 그대가 오기만을

● 기자의 스핑크스와 그 두 발 사이에 보이는 꿈의 비석.

기다리고 있었노라. 그러니 나의 아들이자 수호자로서 응당히 할 일을 하도록 하라. 그러면 내가 그대를 이끌어주리라.'"

"비석이 완성되려면 얼마나 걸리겠소?" 파라오가 물었다.

"아넨이라는 석공의 말로는 5개월가량 걸린다는군요." 총리대신이 설명했다. "석회암이나 사암, 화강암 중에서 하나를 택할 수 있다고 해서 제가 화강암으로 하라고 했습니다. 작업 시간이 좀 더 걸리더라도 영원히 존재할 그런 비석을 만들어야겠지요."

"그렇다면 당장 작업에 들어가서 지금부터 정확히 5개월 뒤, 스핑크스의 두 발 사이에 비석이 설치될 수 있도록 하시오." 투트모세가 명령했다.

사랑의 노래를
부르는 어부

나일강에서는 또다시 활기찬 하루가 시작되었다. 어부들은 강둑에 모여 오늘 할 일을 준비했다. 웨니와 네페르는 오늘도 배를 몰고 나가 함께 그물을 설치하고, 특별히 큰 놈이 물 위로 모습을 드러내면 작살도 던질 심산이었다. 그러나 막상 일을 시작하고 나니 오늘따라 웨니의 움직임이 굼떠서 그물을 던질 때마다 물고기를 놓치고 말았다.

"무슨 일이 있어?" 네페르가 물었다. "전혀 일에 집중을 못 하는데?"

"네페르, 그게 말이야!" 웨니가 대답했다. "나 사랑에 빠져버렸어. 그 천짜는 일을 하는 타메레트 말이야. 그 여자 생각이 머릿속에서 떠나지를 않아. 얼마나 아름다운 여자인지…. 그 여자를 꼭 내 아내로 삼아야겠어!"

두 사람은 다시 물고기 낚는 일에 집중하려 했지만, 전혀 손발이 맞지 않아 작은 놈들만 조금 잡았을 뿐이다. 네페르는 더 이상 참지 못하고 혼자 강가로 돌아가 낚싯대를 써보기로 했다.

"이봐 네페르, 좋은 생각이 났어!" 갑자기 웨니가 소리쳤다. "타메레트에게 내 마음을 표현할 사랑스러운 시를 쓰는 거야. 그러면 아마 그 여자도 크게 감동하겠지. 벌써 머릿속에서 시가 막 떠오르는걸."

> "타메레트여, 나는 그대를 나일강의 물고기보다 더 사랑하오. 나는 그대를 내 친구 네페르보다도 더 우러러본다오. 그대의 곱슬머리는 우리가 쓰는 그물 같고, 그대의 몸매는 나일강의 어떤 물고기보다도 더 날씬하고 날렵하다오. 그대에 대한 나의 사랑은 큰 광주리 다섯 개를 채울 만큼 넘쳐날 것이오."

"이제 이 시를 타메레트 집 앞에 가져다 두어야지. 그러면 그걸 보고 곧 나를 찾아오겠지?"

"아니, 잠깐만 좀 있어보라고." 네페르가 웨니의 말을 가로막았다. "그 물고기니 그물이니 하는 이야기를 듣고 타메레트가 무슨 감동을 받을 것 같지는 않은데? 게다가 말이야, 애초에 우리는 글을 읽고 쓸 줄을 모르잖아? 그 여자도 아마 우리랑 똑같은 처지일 텐데."

잠시 고민하던 웨니는 뭔가 좋은 수를 생각해낸 듯 말했다. "네페르! 그러면 이렇게 하면 어떨까? 서기관에게 부탁하면? 목동 세나가 아는 서기관들이 있잖아. 그 집 아들 혼인 잔치에 서기관이 두 명이나 축하하러 찾아왔었다고. 그러니까 이따가 내가 세나에게 농어라도 두어 마리 가져다주고는 다리를 좀 놔달라고 부탁해야겠어!"

해가 저물자 웨니는 끈으로 엮은 물고기 두 마리를 어깨에 짊어지고는 밭 가장자리로 달려갔다. 어부가 나타났을 때 목동 세나는 소들을 이끌고 집으로 막 돌아오던 참이었다. 웨니는 세나를 찾아온 이유를 설명했고, 자초지종을 들은 세나는 잠시 생각에 잠겼다.

"나야 상관없지만 서기관 나리라면 이런 물고기 두어 마리로는 부족할걸. 하지만 나중에라도 조금 더 정성을 보일 수 있다면 내가 한번 나서서 알아보지, 뭐."

웨니는 목동에게 고맙다고 말한 뒤 희망으로 부푼 마음을 부여잡고 집으로 돌아갔다.

그로부터 이틀쯤 지났을 때, 낯선 사람이 마을 끄트머리에서 웨니를 기다리고 있다는 소식이 강가에 있던 어부들에게 전해졌다. 그 낯선 사람은 다름 아닌 미나크트와 혼인 잔치에 왔던 신참 서기관 다기였다.

"사랑의 시를 쓰는 데 도움이 필요하다고 해서 찾아왔습니다."

"네, 서기관님. 맞습니다, 맞아요. 이집트에서도 가장 아름다운 여인에게 나의 사랑을 바칠 그런 시가 필요하거든요. 읽자마자 바로 나와 결혼을 결심할 수 있는 그런 시 말입니다!"

"아, 그렇다면 그 아름다운 여인은 글을 읽을 수 있나요?"

서기관은 어부가 예상했던 질문을 던졌다.

"그건 잘 모르겠어요." 웨니가 대답했다. "하지만 그 여자의 여동생이라면 할 수 있을 것 같아요."

다기는 그 말을 믿을 수 없었지만, 이곳으로 자신을 보낸 건 선배 서기관인 미나크트였기 때문에 괜한 트집 같은 건 잡지 않는 게 좋겠다고 생각했다. 두 사람은 길가에 쓰러져 있는 대추야자 나무에 걸터앉았고, 웨니는 곧 자신의 시를 읊기 시작했다.

"타메레트여, 나는 그대를 나일강의 물고기보다 더 사랑하오. 나는 그대를 내 친구 네페르보다 더 우러러본다오…"

그러자 갑자기 다기가 웨니의 낭송을 가로막았다.

"그거 아주 멋진데요. 하지만 조금 고칠 부분이 있을 것도 같은데… 한 번 이렇게 해봅시다."

"사랑스러운 타메레트여,

그대를 보면 맥주를 마시지 않아도 기분이 흥겨워지고

늪에서 아름답게 지저귀는 새들의 노랫소리를 들을 때면

그게 꼭 당신의 노랫소리인 것 같구려.

나일강에 나설 때면 내 눈은 최고급 아마포 옷을 입고

목욕을 하는 그대의 모습을 찾고 있소.

나는 그대를 위해 수건을 들고 강가에서 기다립니다.

당신이 지나갈 때면 길가의 꽃들조차 자신들을 꺾어가라며

그대의 부드럽고 향기로운 머리에 꽂아달라며

그렇게 고개를 숙인다오.

시장에서 나는 당신이 나타나기도 전에

마음만으로 그대의 달콤한 향기를 알아차려 버립니다.

세상에서 가장 아름다운 사람이여,

내 인생에서 가장 큰 소망이 있다면

그대와 함께 사랑을 나누는 것

그리고 오래도록 둘이서 함께 행복하게 사는 것이라오.

나, 웨니는 그저 나일강의 어부에 불과하지만

그대를 여왕처럼 대접할 것이오.”

“이 정도면 어떻습니까?” 서기관이 웨니에게 물었다.

“정말 훌륭한데요! 당장 오늘 오후에 그 집 앞에 갖다 두겠습니다!” 웨니가 소리쳤다.

“그건 그렇고요, 다기 서기관님. 이 광주리라도 좀 받아주십시오. 이런 물고기밖에 드릴 게 없어서 정말 죄송하지만, 세나에게 부탁해 집까지 가져다드리라고 하겠습니다. 세나에게는 당나귀가 있거든요.”

“당나귀가 있다니 그것참 고마운 일인데요! 당신은 시를 얻었고, 나는 물고기를 얻게 되었군요. 이러면 모두 만족하겠지요. 어쨌거나 일이 잘되시기를 바랍니다!”

서기관은 이렇게 대꾸하고는 자신의 필기도구를 챙긴 뒤 서둘러 그 자리를 떠났다.

그날 오후 웨니는 시를 적은 파피루스 종이를 돌돌 말아 조심스럽게 끈으로 묶은 뒤 과부 자매의 집 문 앞에 두었다. 자매가 일터에서 돌아오면 분명 그 시를 발견하게 되리라. 실제로 두 사람은 비록 거의 발로 밟아버릴 뻔했지만, 간신히 그 작은 두루마리를 알아보았다. 그러나 조심스럽게 두루마리를 펼쳤을 때 그녀들은 누가 이걸 갖다 놓았는지, 무슨 내용인지 그저 추측만 할 수 있을 뿐이었다. 고향의 누군가가 편지라도 보낸 걸까? 혹시 무슨 일이라도 있는 것은 아닌지. 그날 밤 자매는 몹시 불안에 떨었고, 그 불안감은 다음 날이 되어서야 겨우 해소되었다. 작업장의 친절한 관리인이 파피루스 종이에 적힌 내용을 읽어주겠다고 나선 것이다. "사랑스러운 타메레트여…" 아첨을 한껏 담은 편지를 대신 읽어주며, 관리인은 자신도 모르게 그만 활짝 웃고 말았다.

열 번째 달의 계곡 축제

1년 중 열 번째 달이 되고, 그달의 첫 번째 보름달이 뜨는 날이 돌아왔다. 매년 이맘때, 사람들이 기다려온 계곡 축제Valley Festival가 열린다. 계곡 축제가 벌어지는 동안 테베의 위대한 신들은 나일강을 건너 서쪽으로 넘어가 이집트의 파라오들이 세운 신전과 사원을 돌아본다. 계곡 축제에서는 오페트 축제와 마찬가지로, 테베의 3대 수호신으로 알려진 아문과 무트 그리고 콘수 신의 모습을 새긴 조각상을 사당과 함께 배 위에 싣는다. 그러면 건장한 사제들이 이 배를 어깨에 짊어지고 떠들썩한 행렬과 함께 각각의 사원을 빠져나와 여정을 시작한다.

카르나크 대신전에서는 대사제 아메넴하트가 선택된 사제들에게 다시 한번 지시를 내리고 있었다. 뽑힌 사제들의 키와 덩치는 역시나 비슷했다. 그들은 아문 신은 물론이거니와, 무트와 콘수 신을 실은 배를 아무런 사고 없이 무사히 목적지로 모셔가야 했다. 그리고 오페트 축제와 마찬가지로, 이 계곡 축제에서도 신들의 이동은 정해진 고유의 절차를 따라야 했다. 사제들이 어깨에 짊어진 작은 배는 우선 강으로 간 뒤 정박해 있는 배에 실린다. 강의 반대편 기슭에 도착하면 다시 신전과 사원이 있는 곳을 향해 수로를 따라 거슬러 올라간다. 그런 다음 배를 멈춘 뒤 다시 사제들이 신들을 어깨에 짊어지고 걸어서 목적지까지 이동하는 것이다.

축제는 며칠 동안 계속되지만, 그 일정은 대단히 빡빡했다. 출발하기 전에 카르나크 대신전에서 치르는 출발 의식과는 별도로, 투트모세 3세와 최근 세상을 떠난 아멘호테프 2세를 기리는 사원을 포함해 서쪽 기슭에 있는 파라오들을 기념하는 신전과 사원을 방문해서 비슷한 의식을 치를 예정이었다. 각각의 신전과 사원에서는 사제들이 몇 주에 걸쳐 이 행사를 준비했는데, 이들에게는 1년 동안 열리는 행사 중에서 가장 중요한 행사였다.

많은 사람이 이 축제를 고대하지만, 가장 손꼽아 기다리는 사람들은 바로 상부 이집트와 하부 이집트의 상류층이었다. 상류층 전용 묘역에 묻힐 여유가 있었던 사람들의 친척들은 고인을 기리는 사당을 찾아 꽃과 재물을 바치며 잔치를 베풀었다. 이집트에 있는 모든 사제의 우두머리인 새로운 파라오 투트모세는 가능한 한 다양한 지역과 사원을 방문해 여러 행사에 적극적으로 참여하고, 또 비록 형식적이기는 하지만 여러 의식과 제사를 주관할 예정이었다.

당일 아침, 모든 사람이 제자리에 모인 가운데 금박을 입힌 화려한 전차를 탄 파라오 투트모세가 엄중한 호위를 받으며 위대한 아문 신의 신전에서 항구까지 가는 짧은 여정을 시작하면서, 계곡 축제의 막이 올랐다. 신들의 조각상이 실린 배들이 그 뒤를 따랐고, 늘 그렇듯 합창과 악기 연주 그리고 춤도 빠지지 않았다. 하토르 여신을 모시는 여사제 마트카도 그 자리에 함께 있었다. 나일강을 건너는 짧은 항해를 위해 모두가 배 위로 승선하고, 기대에 가득 찬 군중들의 환영을 향해 출발할 때까지 요란스러운 노랫소리와 환호성은 계속되었다.

마트카는 십수 년간 하토르 여신을 섬기는 사제로 살아왔으며, 대부분의 행사나 의식에 참여해 여신을 기리는 노래를 부르고 춤을 추었다. 마트카가 모시는 태양의 신 라의 딸 하토르가 나타내는 모습은 대단히 다양해서 일반적으로 묘사되는 것처럼 암소와 같은 모성을 대변하기도 하고, 때로는 이집트에서 가장 잔혹한 여신 중 하나로 알려진 세크메트로 변신하기도 한다. 암사자의 모습으로 묘사되는 세크메트는 빠르고도 무섭게 분노를 표출하는데, 그녀의 사악함은 마트카에게도 매우 익숙한 옛날이야기 속에 잘 드러나 있다.

아버지인 태양의 신 라가 인간들의 행동에 얼마나 실망했는지를 살펴본 하토르는 세크메트의 모습으로 변신해 눈에 보이는 모든 인간을 살해하고 파괴했다. 결국 여기에 놀란 태양의 신 라는 이 난폭한 행위를 끝내기 위해 계략을 꾸몄다. 마치 피를 모아놓은 듯한 붉은색 맥주로 채운 거대한 웅덩이가 생겨났고, 여기에 매혹된 세크메트는 맥주를 잔뜩 퍼마신 뒤 취해서 깊은 잠에 빠졌다. 그러고는 훨씬 기분이 풀린 상태로 잠에서 깨어났다. 이걸 보면 세크메트를 일컬어 숙취와 관련된 여신이라고도 하는 건 그리 놀랄 일이 아니다!

여사제 마트카는 매년 열리는 테크 축제Tekh Festival에도 참석했는데, 이 축제는 하토르 여신의 이런 모습을 기리는 특별한 행사였다. 매년 행사가 열릴 때마다 엄청난 양의 맥주와 포도주가 소비되었으며, 보통은 허락되지 않는 행동들도 여신과 교감을 한다는 의미에서 받아들여졌다. 마트카는 한때 그 행사의 정도가 매년 더 심해질 거라고 예상했지만, 이런저런 부작용이 많아지면서 사람들의 흥미도 식어갔다.

마트카 역시 거친 하토르 여신에 대해 관심이 줄어들었지만, 여전히 여러 축제와 행사에 참여해 춤을 추는 것은 더할 나위 없이 좋았다. 이때 손에 들고 흔드는 하토르 여신의 머리 모양을 닮은 금속 딸랑이와 목에 걸고 흔드는 특별한 구슬 목걸이는 아주 중요한 역할을 했다. 특히 구슬 목걸이는 여신을 기쁘게 만든다는 의미가 있었다. 마트카가 여사제로 봉사해온 기간이나 그녀의 나이를 감안하면, 사람들 앞에서 공중제비를 돌거나 몸으로 재주를 선보이는 일은 불편하게 느껴질 법도 했다.

그래서 마트카는 하토르 여신의 매력적이고 활기 넘치는 여사제로 뽑히기를 갈망하는, 젊은 여자들을 가르치는 스승 역할을 했다. 모든 사람이 사제가 되는 데 필요한 신체적 유연성이나 음악적인 감각, 매력적인 성격이나 엄청난 주량을 지니지는 않았지만, 그런 사람들조차 열심히 노력하면 하토르 여신을 모시는 사원에서 어느 정도 존경을 받으며, 그럭저럭 생활을 꾸려나가는 삶이 가능했다. 마트카는 계곡 축제의 화려한 행렬에서 최선을 다해 재능을 발휘했으며, 목적지까지 가는 도중에 이곳저곳에 들러 잔뜩 먹고 마실 때도 제자들에게 관례를 충실히 따르라고 격려했다.

이제는 자리에서 물러난 전임 총리대신 아메네모페트도 지난 오랜 세월 동안 이 계곡 축제에 셀 수 없이 참가해왔다. 그렇지만 이번만큼은 정말 특별했다. 그는 평생의 친구였던 아멘호테프에게 바쳐진 사원을 방문했고, 자신을 위해 마련된 묘지의 사원 안마당에서 먼저 세상을 떠난 친형 세네페르의 넋을 기리기도 했다. 적지 않은 친구들과 친척들이 참석했으며, 야외에서 열린 연회도 훌륭했다. 과거 총리대신이었던 레크미레의 묘지 근처에서 열린 잔치 역시 그러했다. 성대했고, 많은 이로 북적였으며, 즐거움이 가득했다.

그러나 여전히 아메네모페트의 마음은 편하지만은 않았다. 아직 완성되지 못한 자신의 묘지 때문이었다. 최근에 방문한 이후에도 작업은 거의 진척이 없었다. 이제 총리대신 자리에서 은퇴한 만큼 앞으로 몇 개월, 아니 어쩌면 몇 년 동안은 오로지 그 일에 집중하고 싶었다. 함께한 사람 중그 누구도 알아차리지 못했지만, 아메네모페트에게는 오늘 있었던 행사와 잔치가 가장 선명히 기억에 남았다.

살아 있는 파라오의 묘지

계곡 축제가 막을 내리고 얼마 뒤, 공사 감독관인 베니아는 새로운 파라오 앞으로 불려갔다. 프타호테프와 함께 기다리고 있던 새로운 파라오 투트모세는 자신의 특별한 계획에 대해 설명했다. 왕실의 묘역에 자신을 위한 묘지 건설이 즉각 시작되어야 한다는 내용이었다. 바로 그다음 날, 현장 책임을 맡은 카도 파라오를 알현하고, 묘지의 위치 같은 일반적인 계획에 대해 논의했다. 최근에 치러진 아멘호테프의 장례식 덕분에 위대한 장소까지 이어지는 길은 여전히 상태가 양호해서 비교적 쉽게 전차로 오갈 수 있었다. 사방이 고요한 신성한 계곡에는 일하는 사람들도 보이지 않았다. 카 그리고 그와 동행한 서기관은 조용히 앉아서 파라오와 측근들이 나타나기를 기다렸다.

마침내 투트모세가 모습을 드러내자, 카는 관례대로 무릎을 꿇고 코가 땅바닥에 닿을 정도로 고개를 숙였다. 프타호테프에게 눈을 찡긋해 보인 새로운 파라오는 보통 때보다 조금 더 카를 그대로 내버려두며 자신의 권위를 과시한 다음에서야 그가 몸을 일으켜 세우는 것을 허락했다.

"나는 나만의 영원한 장소를 건설하는 문제에 대해 의논하기 위해 이곳에 왔소."

파라오는 일부러 그러듯, 이미 다 알고 있는 사실을 언급했다.

"뭐든 바라시는 대로 명령만 내리십시오." 카가 대답했다. "파라오의 신성한 육신이 영원한 안식을 누리도록 이 특별한 계곡 중에서도 최고의 석회암 벽을 뚫어 장대한 묘지를 만들겠습니다. 그리고 그 안에 화려한 석관을 놓을 공간을 만들겠습니다. 무엇보다 저는 그 묘지의 시작 지점이 될 완벽한 장소를 알고 있습니다!"

카는 두 사람을 자신이 말한 곳으로 안내했다. 그곳은 아멘호테프 2세의 묘지에서 그다지 멀지 않은 곳에 위치하고 있었다. 투트모세는 장엄하게 솟은 절벽 기슭에 자리한 그곳이 별반 만족스럽지 않은 모양이었다.

"나의 아버지는 위대한 인생을 사셨고, 나는 이승에서건 저승에서건 끊임없이 아버지와 비교를 당하겠지. 그러니 나는 나의 묘지가 왕실의 묘역 안에서도 다른 곳에 만들어지기를 바란다!"

그러자 카는 미리 준비가 다 되어 있다는 듯, 계곡 반대편에 있는 또 다른 절벽 쪽으로 그들을 안내했다. 묘지 공사 현장의 인부들과 그 가족들이 사는 마을에서 그리 멀리 떨어지지 않아 작업하기 편리해 보이는 아주 조용하고 평화로운 곳이었다. 이따금 머리 위로 지나가는 새들의 소리만이 이 자연스러운 적막을 깨트릴 뿐이었다.

투트모세 4세의 묘지

오늘날 이집트 고고학계에서 KV 43, 즉 '왕가의 계곡 묘지 43호Kings Valley tomb number 43'로 알려진 투트모세 4세의 묘지는 그의 아버지인 아멘호테프 2세의 묘지KV 35와 매우 흡사하지만 규모면에서 조금 차이가 있다. 흥미롭게도 투트모세 4세의 묘지 내부에는 몇 개의 벽만 장식이 되어 있을 뿐 매장실에는 장식이 하나도 없다. 규암으로 만든 석관은 길이 3미터 이상, 너비 1.5미터 이상, 높이 1.8미터 이상으로 대단히 거대한 규모다. 묘지의 벽 한 곳에 새겨진 비공식적인 비문에 따르면, 묘지의 입구가 봉해진 지 약 70년 만에 도굴당했다고 한다. 그 이후 당시 이집트를 통치하던 다른 파라오의 명령으로 어느 정도 복구되었다. 1903년 영국의 고고학자 하워드 카터Howard Carter가 이 묘지를 발굴했을 때, 복구 이후에도 또 다른 도굴이 있었다는 사실을 발견했다. 그래도 여전히 흥미로운 유물들이 많이 남아 있었다고 한다.

"이곳이 훨씬 더 내 마음에 드는군. 여기에 내 묘지를 만들도록 하시오." 파라오가 명령했다. "아버지의 묘지와 비슷하지만 규모는 더 크게 말이야. 나는 특히 그 여섯 개의 기둥이 떠받치고, 옆에 네 개의 방이 따로 붙어 있는 매장실이 마음에 들더군. 딱 하나 부족해 보이는 게 있었다면 그건 석관의 크기였어. 그렇게나 오랫동안 살면서 위대한 업적을 많이 남긴 파라오에게 너무 간소한 석관이 아니었는가 말이지. 나는 똑같은 규암으로 훨씬 더 큰 석관을 만들 것을 명령하겠소. 더 위대한 통치자가 편안히 누워 쉴 수 있을 정도로 컸으면 좋겠군."

카는 정식으로 즉위한 지 얼마 되지 않은 파라오가 거만한 모습을 보이자 약간 당황했다. 그러나 감히 거기에 뭐라고 할 수 있는 위치는 아니었다. 그의 임무는 그저 자신의 의견을 조심스럽게 제시하고, 위에서 내려오는 지시와 명령을 충실하게 이행하는 것이었다.

"뭐든 원하시는 대로 이행하겠나이다." 현장 책임자인 카가 대답했다.

"그렇다면 즉시 작업을 시작하라." 투트모세가 몸을 돌리며 말했다. "내가 언제 세상을 떠나게 될지 누가 알겠는가?"

그런 파라오의 뒷모습을 보면서 카는 다소 당혹스러움을 느꼈다. 그는 지금까지 단 한 번도 그렇게 자신을 무시하는 듯한 대접을 받아본 적이 없었다. 엎친 데 덮친 격으로 이제 묘지 공사 현장의 인부들에게도 반갑지 않은 소식을 전해야 했다. 아멘호테프의 장례식이 끝나고 짧은 휴식만 가진 채 또다시 새로운 공사를 시작해야 하는 것이다. 묘지 입구를 파들어가는 작업은 바로 다음 날부터 시작될 터였다. 내려오는 지시 사항들은 늘 어느 정도는 부담이 되었다. 주변의 물리적 상황에 따라 일정이나 계획이 다소 조정된다 하더라도 마지막까지 반드시 따라야 했다.

파라오가 지시한 거대한 석관 또한 문제였다. 석관의 재료인 돌을 구하기 위해서는 최고 수준을 자랑하는 남쪽의 채석장으로 며칠 동안 배를 타고 가야 했다. 채석장에서 한 덩어리로 된 돌을 떼어낸 뒤에도 돌 속을 비우고 모양을 만들어 마무리하는 작업에만 얼마만큼의 기간이 걸릴지 예상할 수 없었다. 다 만들어진 석관의 무게 또한 상상을 초월할 것이 분명했다. 관을 덮을 뚜껑 작업 역시 상당한 노력이 필요한 중요하고 부담스러운 작업이 될 터였다.

마을로 돌아와 인부들을 마주한 카는 새로운 묘지 건설 계획을 공표했다. 인부들의 터져 나오는 불만을 가차 없이 무시한 뒤, 인부들에게 그들의 임무는 파라오를 위한 묘지를 건설하는 것이며, 그 사실 덕분에 왕실로부터 많은 것을 지원받는다는 사실을 상기시켰다. 세상에는 훨씬 더 어려우면서도 전혀 인정받지 못하는 그런 일들이 많았다. 그리고 불평불만이 많은 사람은 언제든 쫓겨날 수 있다는 사실 역시, 누구도 부인할 수 없는 현실이었다.

Chapter
11

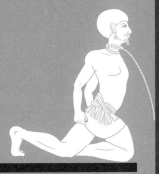

풍성함이
가득하리라,
그 세 번째 달

포로들의 운명을
가르는 자

어느 날, 하부 이집트의 새로운 관리자이자 파라오의 총리대신인 헤푸가 멤피스에 있는 파라오의 궁전으로 찾아왔다. 오랫동안 여러 직위를 거쳐 온 헤푸에게도, 이집트의 절반에 해당하는 하부 이집트를 관리하는 일은 늘 마주하는 어려움 때문에라도 부담스럽기 짝이 없었다. 게다가 오늘은 여러모로 더 신경 쓰이는 날이 될 터였다. 가나안에서 사로잡힌 수백 명의 포로들이 도착해 그 운명이 결정되는 날이었기 때문이다. 포로 대부분은 중범죄를 저지른 범죄자들과 마찬가지로 무척이나 어렵고 힘든 일을 떠맡게 될 것이기에, 그들의 운명을 결정하는 책임을 짊어지는 건 한없이 무거운 일이었다.

"어쨌든 그들은 이집트의 백성이 아니니까." 헤푸는 그런 변명으로 자신이 하는 일을 정당화하려고 했다. "게다가 실제로 일부 포로들은 적극적으로 이집트에 대항해 반란을 일으켰다가 운 좋게 살아남은 자들이 아닌가.”

궁전을 둘러싼 거대한 장벽을 넘어 입실을 허락받은 헤푸가 마침내 투트모세 앞에 섰을 때, 파라오는 창밖을 바라보며 서 있었다.

“파라오시여, 오늘은 제가 보고드릴 내용과 파라오께서 결정을 내리셔야 하는 중대한 사안들이 있습니다.”

새로운 파라오는 비교적 마음 내키는 대로 편안하게 지내왔던 시간이 막을 내렸다는 사실을 확실히 깨닫게 되었다.

“만사가 순조롭게 되어가고 있지만, 저 혐오스러운 가나안의 포로들을 실은 배가 도착해 파라오의 심판을 기다리고 있나이다.”

“그렇다면 당장 포로들을 만나보도록 하지!” 투트모세가 말했다.

헤푸는 잠시 그 자리를 떠나 시종에게 귓속말을 한 뒤 돌아왔다.

“파라오시여, 저기 궁전의 안뜰을 한번 내려다보십시오.”

저 아래에서는 턱수염을 기른 남자들이 한 줄에 120명씩 세 줄로 늘어서서 궁전 안으로 들어오고 있었다. 이들은 모두 팔이 등 뒤로 묶이고 머리는 앞으로 숙인 채였다. 병사들은 한 사람씩 줄로 엮여 있는 포로들이 멈추지 않고 계속 움직이도록 몽둥이를 휘두르기도 했다.

“모두 무릎을 꿇고 고개를 숙여라!”

포로들의 행렬을 이끌고 온 지휘관이 외치자, 포로들은 벽돌이 깔린 땅바닥에 무릎을 꿇고 고개를 처박았다. 팔로 바닥을 짚을 수 없었기에 코에 모든 무게가 쏠리는 여간 괴로운 자세가 아니었다. “모두 눈을 감아라!” 지휘관이 다시 소리쳤고 몽둥이질도 계속되었다.

창가에 서서 그 광경을 바라보던 투트모세는 조금 지루한 모양이었다.

"포로는 저게 전부인가? 아버지가 살아 계셨을 때는 수천 명도 넘었었던 것 같은데?"

"물론 포로들의 숫자는 더 늘어날 것입니다." 헤푸가 대답했다. "이제 앞으로도 계속해서 우리 이집트 병사들이 가나안 땅으로 들어가 반항하는 자들을 처단하고, 마땅히 우리가 받아야 할 것을 챙겨서 돌아올 것입니다. 그리고 복종하지 않는 자들은 물론, 가장 아름다운 여인들도 붙잡아 데려오게 되겠지요. 파라오께서는 잡아온 포로들을 어떻게 처분할지 혹시 생각해두신 바가 있으십니까? 최근에 동부 사막 지대에 있는 금광과 화강암 채석장에서 심각한 사고가 있었다고 하니, 아마 일부 포로들은 그곳으로 보내질 것입니다. 그리고 파라오를 기리는 신전 건축이 곧 시작될 터인데, 그곳에 있는 인부들을 도우러 보낼 수도 있겠지요."

투트모세는 헤푸의 설명이 끝나자마자 바로 대꾸했다.

"저 하잘것없는 포로들을 어떻게 처리하든 나는 아무런 상관이 없으니 당장 치워버리기나 하시오. 나에게는 더 중요한 일들이 있으니 말이지. 아, 그렇지만 혹시 그럴듯한 여자들이 있거든 나중에 몸을 씻기고 몸단장을 시켜 내 앞으로 데리고 오도록 하고."

"물론 파라오께서 명령하시는 대로 모두 시행하겠습니다. 그런데 그 전에 보여드릴 것이 있습니다."

헤푸가 포로들 쪽을 향해 손을 흔들자 즉시 병사들이 그들을 자리에서 일으켜 옆으로 물러서게 했다. 그리고 바로 그 자리에 덩치가 큰 남자들이 둘씩 짝을 이뤄 엄청나게 무거워 보이는 광주리들을 들고 뒤뚱거리며 나타났다. 역시 턱수염을 기른 채 양털 겉옷을 걸친 이 남자들은 가나안에서 온 자들임이 분명했다. 절대 고개를 앞으로 쳐들거나 위로 치켜들지 말라는 명령에 따라 고개를 숙인 채로 앞에 준비되어 있는 길고 깨끗한 천 위에 광주리 안에 든 것을 쏟아부었다. 최근에 복속시킨 동쪽 땅에서 빼앗아온 다양한 형태의 보물과 금은보화였다.

"저건 나쁘지 않군." 파라오는 고개를 끄덕였다. "나쁘지 않아. 금붙이는 녹이고 보석은 하나도 빠뜨리지 말고 따로 모아두시오. 어머니를 위해 멋진 목걸이를 만들어 선물하고 싶으니까."

남자들은 재빨리 광주리를 다시 채운 뒤 그 자리에서 사라졌다.

"아직 다 끝나지 않았습니다." 헤푸가 다시 말을 이었다. "이집트의 파라오를 위해 준비한 아주 특별한 선물이 기다리고 있습니다."

헤푸가 미리 약속해둔 대로 안뜰 입구에 서 있던 경비병에게 신호를 보내자, 안뜰까지 연결된 궁전의 문들이 차례로 열리면서 아름답게 꾸며진 수십여 마리의 말들이 깡충거리며 뛰어 들어왔다. 입에는 모두 가죽 고삐가 채워진 채였고, 머리에는 타조 깃털이 장식되어 있었다. 뿐만 아니라 전차를 끌고 들어오는 말들도 보였다. 그 모습을 본 투트모세는 끓어오르는 흥분을 간신히 감추었다. 창가에 총리대신을 그대로 내버려둔 채 파라오는 평소와는 전혀 다른 모습으로 이 놀라운 선물을 가까이서 감상하기 위해 친히 아래로 달려 내려갔다. 투트모세가 진정으로 아끼는 것이 있다면 그것은 바로 말이었고, 동쪽에서 온 이 아름다운 피조물들은 그야말로 깜짝 놀랄 만한 선물이었다.

신의 살, 이집트의 금

⚜

대부분 인간 사회에서 금의 가치를 높이 평가하는 건, 상대적 희소성과 눈이 부시도록 빛나면서도 사랑스러운 빛깔 그리고 무궁무진한 방법으로 사용할 수 있는 유연한 성질 때문일 것이다. 고대 이집트 사람들은 금을 일컬어 '신의 살'이라고 불렀다. 이집트에서는 특별히 은이 금보다 더 귀했는데, 은을 두고는 '신의 뼈'라고 부르기도 했다. 이 귀중한 금속들 외에도 홍옥수(紅玉髓)나 천하석(天河石), 청금석(靑金石), 석류석(石榴石) 그리고 자수정(紫水晶)과 터키석 등을 포함한 보석도 정교한 장신구 제작에 사용되는 귀중한 소재였다. 고대 이집트 사람들이 얼마나 금을 귀하게 여겼고, 또 얼마나 막대한 양을 보유하고 있었는지는 사실상 거의 도굴당하지 않고 온전하게 발견된 제18 왕조의 파라오 투탕카멘 묘지의 유물들을 보면 알 수 있다. 묘지 내부에서는 금박을 입힌 수많은 물품이 발견되었으며, 세 겹으로 만들어진 투탕카멘의 관 중 가장 안쪽에 있는 관은 순금으로, 그 무게만 무려 110킬로그램이 넘는다.

안뜰로 달려 나간 파라오는 말들을 일일이 살펴보면서 칭찬을 아끼지 않았다. 그는 흥분에 들뜬 모습으로 이집트 왕실의 마구간에 그 자리를 마련할 것이라고 선언했다.

"황금과 말이라!" 투트모세는 헤푸를 올려다보며 소리쳤다. "가나안에도 이렇게 쓸 만한 것이 있었군 그래!"

파라오로부터 포로들의 처분에 대한 전권을 위임받은 헤푸는 군의 지휘관들과 이 문제에 대해 상의했다. 지휘관 중에는 특정 포로들의 인적 사항에 대해 개인적으로 알고 있는 사람들도 있었다. 비록 포로로 잡혀왔지만 깜짝 놀랄 정도로 이집트에 협조적인 사람들도 있었고, 반항적이었지만 목숨을 걸고 이집트까지 끌려온 사람들도 있었다.

"반성의 기미가 전혀 없는 자들은 사막의 광산으로 보내도록." 총리대신이 명령했다. "사막에서 처절한 생활을 하면서도 얌전해지지 않는다면, 그러니까 거기에서조차 반항을 한다면 식량과 물을 줄여서라도 기세를 꺾어놓도록 해라. 그러다 보면 이집트 출신 노역자들도 분위기를 눈치채고 저들을 경계하겠지."

저들을 제외한 노예 대부분은 이집트에서 가장 힘들고 어려운 작업이면서 늘 인력 부족에 시달리는 진흙 벽돌 작업장으로 보내질 예정이었다. 진흙으로 벽돌을 빚어 필요한 수요를 충당하기 위해서는 수많은 인부가 상시로 동원되어야 했다. 동원된 인부들은 강가로 나가 하루 종일 물에 젖은 무거운 진흙을 퍼다 날랐고, 계절에 따라서는 그늘 한 점 없는 뜨거운 태양 아래에서 일해야 했다. 밭에서 거둬들인 지푸라기 조각을 진흙에 섞어 직사각형 나무틀로 모양을 잡은 뒤 햇빛에 말리면 진흙 벽돌이 완성되었다. 인부들은 완성된 진흙 벽돌들을 광주리에 담아 그대로 어깨에 짊어지고 필요한 곳으로 운반하는데, 운이 좋으면 당나귀 같은 가축의 힘을 빌릴 수도 있었다.

말할 것도 없이 지독한 작업환경이었지만, 그 안에서 일하는 포로들은 이집트 사람들은 모르는 자신들의 언어로 소통할 수 있었다. 그러다 보니 같은 고향 출신이라거나 어떤 식으로든 서로 공통점이 있다는 사실을 곧 깨닫게 되었다. 또한 포로들은 동쪽 어디쯤에서 끌려왔는지에 상관없이 모두 한 가지 사실만은 분명하게 알게 되었다. "무릎을 꿇어라", "절을 해라", "고개를 들지 마라", "빨리빨리 움직여라", "입을 다물어라", "서둘러라" 그리고 "여기 음식이 있다" 같은 이집트 말이었다. 이 몇 마디 말은 무슨 일이 있더라도 외우고 기억해야 했다.

총리대신 헤푸는 포로 대부분을 테베로 보내겠다고 결정했다. 그러면

● 고대 이집트에서도 진흙을 빚어 벽돌을 만드는 건 아주 어렵고 힘든 일이었다.

파라오 투트모세를 기리는 신전을 세우기 위해 필요한 진흙 벽돌을 만드는 데 이들을 이용할 수 있으리라.

잡혀온 포로들에게 멤피스를 떠나 남쪽의 테베로 향하는 항해는 이집트로 끌려올 때만큼이나 불편하고 고통스러웠다. 밤낮없이 좁은 갑판 위에 다닥다닥 붙어 있어야 했으며, 어설프게 탈출을 시도했다가는 익사할 가능성이 더 높았다. 병사들에게 대들면 바로 잔혹한 몽둥이질이 돌아왔다. 게다가 테베에 도착한 이후에도 비좁은 천막 안에서 땅바닥 위에 천 하나를 깔고 뒤엉켜 생활할 수밖에 없었다. 비록 빵과 맥주를 공급받겠지만, 앞으로도 병사들로부터 굴욕적인 모욕을 당하면서 언제 부상이나 탈진으로 죽을지 모르는 괴로운 나날을 보내야 했다.

이집트 사람들과 전혀 다른 모습에 억양도 이상하며 나일강변의 지리도 잘 모르는 외국의 포로들이 잡히지 않고 탈출하는 건 거의 불가능한 일이었다. 탈출을 시도하다 잡힌 포로들은 본보기로 가혹한 처벌을 받게 되며, 진흙 벽돌을 만드는 일이 부러워질 정도의 그런 험한 작업장으로 쫓겨나게 될 게 분명했다.

목동과 옹기장이의
취미생활

목동 세나는 자신이 가장 좋아하는 소일거리를 하러 갈 예정이었다. 간혹 소들의 주인인 지주가 며칠 동안 집을 비울 때가 있었는데, 그럴 때면 세나는 소들을 몰고 풀을 먹이러 나가는 대신 우리 안에 가둬두고 비상시를 대비해 모아둔 다른 먹이를 주곤 했다. 그렇게 아무 문제없도록 상황을 정리해둔 뒤에 친구인 옹기장이 로이를 만나 국가에서 운영하는 지역의 제빵소와 양조장 시설을 찾아가는 것이다. 고대 이집트에서 빵과 맥주는 국가에서 지급을 보장하는 생필품인 동시에 임금 역할도 하는 중요한 물품으로, 수많은 사람이 관여하는 거대한 산업이었지만 일 자체는 그리 복잡하지 않았다.

독한 맥주를 비롯해 다른 술에도 관심이 많았던 로이와 세나는 몇 년 전 근처 마을에서 열린 한 축제에서 처음 알게 되었다. 그날 저녁, 둘 다 실컷 술을 퍼마시고는 그만 정신을 잃고 말았다. 다음 날 아침이 되어 누구의 것인지도 모를 텃밭에서 나란히 눈을 뜬 두 사람은 묘한 동지애가 발동해 그날 이후 친한 친구 사이가 되었다.

세나와 로이는 제빵소와 양조장 시설에서 친구인 네페르헤베트를 만났다. 네페르헤베트는 이곳에서 생산되는 빵과 맥주의 품질을 확인하는 시설 관리자로, 오늘 두 친구가 이렇게 모습을 드러낼 것이라 짐작하고 있던 터였다.

"술을 맛볼 도구는 챙겨 왔겠지?" 그가 물었다. 두 친구는 각자 품속에 꽂아둔 길쭉하고 속이 텅 빈 갈대를 가리켜 보였다. 그렇게 관리자를 앞세운 시설 구경이 시작되었다.

"그러면 제빵소부터 구경해볼까. 여기는 곡물을 쌓아두는 창고야." 네페르헤베트가 말했다. "위대하신 파라오와 풍성한 수확의 자비를 허락하신 신들 덕분에 그리고 자네들이 내는 세금 덕분에 이 창고는 비어 있을 때가 거의 없지. 그리고 우리는 1년 내내 하루 종일 빵을 구워야 하고 말이야. 빵은 밀가루나 보릿가루로 굽는데, 맛이 아주 좋고 건강에도 좋아."

창고에서 그리 멀지 않은 곳에서는 수십 명이 넘는 여자들이 모여 곡물 낟알을 으깨서 가루로 만들고, 또 이렇게 만든 가루를 물과 섞어 부드러운 반죽으로 만들고 있었다. 둥근 그릇을 뒤집어놓은 것처럼 묘하게 생긴 수십 개의 거대한 화덕 안에서는 여러 가지 모양의 빵이 구워지는 중이었다. 반죽을 원뿔 모양의 틀 안에 넣어서 굽기도 하고, 알아서 둥글게 부풀며 익어갈 때까지 내버려두기도 했는데, 화덕 안에서 갓 구워낸 빵은 맛도 무척 좋았지만 며칠 동안 그 맛이 변하지도 않았다.

네페르헤베트의 말처럼, 이집트 전역에 있는 비슷한 시설에서는 신선한 빵이 매일 쉬지 않고 만들어져 지역 사람들에게 풍족하게 공급되었다. 축제 같은 특별한 행사가 있을 때면, 꿀이나 대추야자를 곁들여 단맛이 나는 빵을 굽기도 했다. 네페르헤베트는 친구들에게 갓 구운 빵을 맛만 보지 말고 조금씩 가져가라고 권했지만, 세나와 로이는 매일 먹는 빵을 굳이 가져가고 싶지 않았다. 두 사람이 고대하는 건 제빵소 다음에 있는 시설이었다.

갓 구운 빵으로 어느 정도 배를 채운 세 사람이 향한 곳은 양조장이었다. 특히 로이는 양조장 안을 둘러보는 걸 좋아했다. 사방에는 자신이 직접 만든 항아리와 단지들이 가득했고, 집중해서 돌아보면 그 하나하나를 다 알아볼 수 있다고 생각했다. 지난 몇 년 동안, 로이는 이 양조장의 의뢰를 받아 수천 개가 넘는 맥주 항아리와 단지를 만들어 보냈다. 말하자면, 제 자식들을 돌아보는 것과 마찬가지인 셈이었다. 언젠가 한번 그는 자신의 이런 감정을 세나에게 이야기한 적이 있는데, 도무지 이해하지 못하겠다는 세나의 표정을 보고는 아무래도 실수를 했다고 생각했다.

수백 개가 넘는 커다란 항아리들이 건물의 벽을 따라 줄지어 늘어서 있었다. 각각의 항아리에 나일강에서 길어온 깨끗한 물을 한 번 더 걸러 부은 뒤, 갓 구운 빵 덩어리를 집어넣어 자연 발효시키면 얼마 뒤에 도수가 약한 맥주가 완성된다. 이 맥주는 보건의 측면에서 봤을 때 정기적인 나일강의 범람으로 발생할 가능성이 있는 문제를 예방하는 위력이 있으면서도, 국가가 주도하는 공사에 동원된 인부들의 집중력을 방해할 정도로 도수가 강하지는 않았다. 다시 말해, 고대 이집트의 맥주는 술이라기보다는 영양가 있는 먹을거리에 가까웠으며, 지루함을 덜어줄 약간의 마취 효과가 더해진 음료였다.

로이와 세나가 가져온 갈대 줄기를 꺼내 들자, 네페르헤베트는 잘 알겠다는 듯 고개를 끄덕였다. 드디어 다양한 맥주를 맛볼 시간이었다. 매일 음료수처럼 마시는 평범한 맥주에서 축제 같은 행사나 부유한 사람들을 위해 준비된 특별한 맥주까지 여러 가지 맥주를 시음하는 기회였다. 이곳 양조장에 일하는 사람들은 친구나 지인에게 특별한 맥주의 맛을 보게 해주는 대가로 뭔가를 기대하곤 했다. 로이에게서는 쓰임새에 딱 맞게 만들어진 그릇을, 세나에게서는 그 부위나 양에 상관없이 쇠고기를 은근히 기대하면서 네페르헤베트는 조용히 미소 지었다.

그는 두 친구를 복잡한 작업 구역에서 멀리 떨어진 커다란 방으로 안내했다. 방 한쪽에 놓인 긴 의자에는 그럴듯하게 차려입은 관리들이 각자 무릎 사이에 맥주 단지를 하나씩 끼고는 긴 갈대 줄기를 입에 물고 행복하게 웃고 있었다. 로이는 그중 한 사람을 알아보았다. 국가에 납품하는 물품 문제로 로이의 작업장에 찾아오는 사람이었는데, 지금 그의 상태로 보아 아무리 일깨워주어도 로이를 기억하는 건 무리일 듯싶었다.

네페르헤베트는 로이가 머뭇거리는 걸 보고 아무 문제없을 거라고 안심시키며, 두 사람을 특별한 항아리가 있는 한쪽 구석으로 데려갔다. 그는 진흙으로 된 뚜껑을 열고는 의기양양한 모습으로 장담했다. "단언컨대, 지금까지 맛본 맥주 중에서 최고일 거야." 이 맥주는 보리빵 몇 덩어리와 대추야자, 꿀 그리고 고수와 정향을 적당히 뒤섞어 정해진 시간만큼 발효한 뒤 찌꺼기를 걸러낸 고급품이었다. 이렇게 빚어낸 맥주는 맛이 더 부드럽고 훨씬 독했다.

로이와 세나는 항아리 안에 길쭉한 갈대 줄기를 집어넣었고, 곧 두 사람은 네페르헤베트의 말이 맞다는 듯 고개를 끄덕였다. 정말 대단한 맛이었다! 옆에 서 있던 네페르헤베트도 크게 몇 모금을 들이켰다. 얼마 지나지 않아 세 사람은 기분이 몹시 유쾌해졌고, 세나는 이 세상 전부를 사랑한다고 소리쳐댔다. 그러는 사이 로이가 알아봤던 관리도 한껏 웃는 표정을 지으며 바닥에 고꾸라졌는데, 아마 나중에 깨어난 뒤에도 주변에서 무슨 일이 있었는지, 심지어 오늘이 며칠인지도 기억하지 못할 것이 분명했다. 그 모습을 본 로이는 겨우 마음이 놓였다!

양조장에서 그리 멀지 않은 곳에서는 농부 바키가 곡물을 거둬들이느라 분주했다. 몇 개월 동안 열심히 노력한 덕분에 밀과 보리가 아주 풍성하게 잘 자랐고, 일손이 모자라 가까이 사는 친척들까지 불러들여야 했다. 이 작업은 앞으로도 며칠은 더 걸릴 터였다.

수확은 다음과 같은 과정으로 이루어졌다. 우선 날카로운 돌을 나무에 붙인 낫을 가지고 곡물 줄기를 베어낸다. 그렇게 베어낸 줄기들을 광주리 안에 모아 바키의 집 옆에 있는 타작마당에 던져놓으면, 당나귀 두 마리가 나와 곡물 다발을 짓밟는다. 이런 식으로 껍질과 알곡이 대강 분리되어 뒤섞인 것을 갈퀴나 삽으로 퍼서 공중으로 뿌리면 불어오는 바람에 껍질만 날아간다. 그런 다음 남은 것을 체로 걸러낸 뒤 돌이나 쭉정이가 없는 알곡만을 모아 언제든 필요할 때 꺼내올 수 있도록 곡물 창고 안에 보관한다.

이 정도의 수확량이면 바키와 가족들이 먹고사는 데 부족함이 없었다. 남는 것은 내년에 다시 곡물을 수확할 때까지 다양한 생필품과 물물교환을 하거나 국가에 세금을 바치는 데 사용될 예정이었다. 물론 그 일부는 수확을 도운 친척들에게도 나눠주어야 했다.

● 　농부들이 밭에서 낫으로 곡물 줄기를 베어내고 있다.

수확이 끝난 밭에 남아 있는 텅 빈 줄기에 더 관심이 많은 사람들도 있었다. 이 지푸라기들은 불을 피우는 연료나 가축의 먹이처럼 다양한 용도로 사용되었고, 진흙 벽돌을 만들 때도 빠질 수 없는 재료였다. 수확할 때 당나귀를 빌려준 세나도 이 지푸라기들을 거둬가 저장했다. 비상시 자신이 돌보는 소들에게 먹일 먹이로 이만한 것이 없다나.

누비아 사람들의
놀라운 선물

이집트가 복속시킨 동부 지역에서 포로와 전리품이 들어온 지 얼마 지나지 않아, 파라오 투트모세는 화려한 전용선을 타고 유난히 호화스럽게 꾸며놓은 테베의 궁전으로 향했다. 그는 당분간 그곳에서 정무를 살필 계획이었다. 이집트가 복속시킨 또 다른 지역인 누비아에서 들여오는 물품을 확인하고, 자신의 신전 건설 계획도 점검할 예정이었다. 파라오에게는 전용선처럼 아름답고 편안한 이동 수단이 있었지만, 그는 바람과 물결에 몸을 싣고 나일강을 반복해서 오르내리기보다는 육지에서 자기 마음대로 움직이는 편을 더 선호했다.

그러나 막상 테베 궁전에 도착하니, 기분 좋은 일로만 가득했다. 최고급 목재와 상아 그리고 황금으로 만든 새로운 가구가 준비되어 있었고, 어느 하나 '멘케페루레 투트모세'라는 이름이 새겨지지 않은 것이 없었다. 이를 위해 왕실 작업장의 명성 높은 목수들은 쉴 틈 없이 일해야 했다.

이집트에서 숲이라고 부를 만한 곳은 거의 찾아볼 수 없었지만, 쓸 만한 목재는 비교적 손쉽게 구할 수 있었다. 아카시아나 버드나무 같은 활엽수가 흔한 대신 일부 고품질의 목재는 이집트 밖에서 들여왔다. 삼나무는 특히 쓰임새가 많았으나 이집트와 사이가 별로 좋지 않은 지중해 동부 지역에서 수입되었다. 언덕 등지에서 베어낸 나무를 해안까지 끌고 가 바다 위에 띄운 뒤 배 뒤에 묶어 나일강까지 운반했던 것이다. 파라오의 거대한 전용선들은 이런 고급 수입 목재로 제작되었다. 구리로 된 톱과 끌을 사용해 고급 수입 목재를 널빤지나 부속품 등으로 가공하고, 이를 재료로 전용선을 만들었다. 이제 곧 이집트의 파라오는 남부 지역에서 들여오는 흑단나무의 대단한 가치에 대해서도 알게 될 터였다.

총리대신 프타호테프는 파라오를 반갑게 맞이했다. 프타호테프에게는 파라오에게 보고할 몇 가지 중요한 소식이 있었지만, 성가실 정도로 많은 양은 아니었다. 우선 새로운 파라오의 등극을 축하하기 위해 선물을 가져온 누비아의 사신들이 기다리고 있었다. 얼마 전 멤피스의 궁전에서 가나안의 포로들과 보물들을 확인했던 것처럼, 투트모세는 아직 왕자였던 시절부터 아버지 파라오와 남쪽에서 올라오는 많은 보물을 직접 눈으로 확인하곤 했었다.

솔직히, 투트모세는 자신이 가장 경멸하는 민족이 가나안을 비롯한 동부 지역의 사람들인지, 아니면 남부 지역의 누비아 사람들인지 잘 알지 못했다. 그럼에도 황금과 말은 언제나 크게 환영했기에, 누비아 사람들은 가끔 이집트에 놀라운 선물을 보내왔다. 잠시 쉬었다가 파라오를 나타내는 간단한 머리 장식을 한 투트모세는 알현실에 새롭게 마련된 자신의 왕좌에 올랐다. 이 알현실에서는 바깥에 있는 안뜰이 훤히 내려다보였다. 왕좌 양쪽에서 부채를 든 시종들이 언제든 파라오에게 시원한 바람을 일으킬 준비를 하고 있는 가운데, 창과 단검으로 무장한 수십 명의 병사가 파라오를 호위했다. 늘 그렇듯 서기관들은 책상다리를 하고 앉아 고개를 숙인 채였다. 사방을 가득 채운 향기 속에서 이집트를 적대하는 세력에게 회유와 협박을 동시에 진행할 준비가 모두 갖추어졌다.

곧 프타호테프가 알현실에 나타나 파라오에게 진행 상황을 알렸다.

"파라오시여, 누비아에서 온 족장들이 알현을 청하옵니다. 이들은 포로가 아니며, 그저 파라오를 직접 뵙고 선물을 바치고 예의를 표하러 왔나이다."

"그렇다면 어서 들라 하라."

파라오가 명령하자, 머리에 깃털 장식을 하고 허리에 화려한 색상의 천을 감은 대여섯 명의 남자가 몇 겹이나 되는 화려한 궁전의 관문들을 거쳐 파라오 앞에 나타났다. 큼지막한 구슬 목걸이며 황금으로 만든 팔찌와 코걸이는 이들의 누리고 있는 지위와 권력을 짐작게 했다. 이집트의 파라오 앞에서 어떻게 처신해야 하는지 정확히 알고 있던 족장들은 바로 무릎

● 누비아 사람들이 파라오를 찾아와 황금과 기린을 바치는 모습.

을 꿇었고, 총리대신이 일어서라고 말할 때까지 그대로 기다렸다. 프타호테프는 투트모세 쪽을 바라보며 이들이 찾아온 목적을 설명했다.

"이 족장들은 새로운 파라오의 등극을 축하하기 위해 찾아왔으며, 이집트와 남쪽 지역과의 관계가 다툼 없이 평화롭게 지속되기를 바라고 있습니다."

"그런가? 그렇다면 저들은 무슨 선물을 가져왔는가?"

파라오가 참을성 없이 바로 하문했다. 총리대신은 족장들을 향해 손을 흔들고는 그들이 쓰는 언어로 몇 마디를 소리쳤다. 그러자 검은 피부를 가진 50명가량의 외국인 짐꾼이 궁전의 안뜰로 들어서며 놀라운 행렬이 시작되었다. 이들은 각자 짊어지고 온 물건을 파라오 앞에 하나씩 늘어놓고는 다시 왔던 자리로 돌아가 더 많은 물건을 가져왔다. 처음 지시받은 대로 별다른 명령이 없는 한 파라오의 눈을 똑바로 쳐다보는 사람은 없었다.

가장 먼저 가져온 선물은 누구나 탐을 낼 만한 귀한 흑단나무였다. 이 흑단나무가 수십 개가 넘는 덩어리로 묶여 잔뜩 쌓였다. 다시 짐꾼들이 역시 수십 개가 넘는 코끼리의 상아를 어깨에 짊어지고 와서 흑단나무 더미 옆에 쌓아 올렸다. 이집트의 장인들이라면 누구나 환영할 만한 선물이었다. 코끼리의 상아는 하마의 어금니보다 훨씬 더 귀한 취급을 받았기 때문이다. 그리고 크나큰 위험을 무릅쓰고 손에 넣은 수십 장의 치타 가죽과 향료를 가득 담은 광주리들도 선을 보였다.

갑자기 요란하게 박자를 맞춰 뭔가를 두드리는 소리가 들려왔다. 깜짝 놀란 사람들이 돌아보자 네 명의 누비아 남자가 표범 가죽으로 만든 북을 두드리며 앞으로 나섰고, 발목에 찬 발찌 말고는 완전히 벌거벗은 여섯 명의 젊은 여자가 북소리에 맞춰 몸을 흔들고 이리저리 뛰기 시작했다. 이들의 춤과 음악은 길게 이어지지 않았지만, 프타호테프는 특별히 깊은 인상을 받은 것 같았다. "궁전 안에 이들이 머물 자리를 마련하겠나이다." 그가 말했다.

늘 그렇듯 사람들은 이제 이국적인 동물들의 출현을 기대하기 시작했고, 누비아의 족장들은 이 점에 있어서는 결코 이집트 사람들을 실망시키지 않았다. 여러 마리의 타조가 두 마리씩 짝을 이뤄 각각 목줄에 묶인 채 깡충거리며 뛰어 들어오더니 갑자기 눈앞에 펼쳐진 기묘한 광경에 놀란 듯 사방을 두리번거렸다. 타조는 거대한 깃털과 엄청난 크기의 알 때문에 가치가 높았으며, 죽은 뒤에는 진귀한 요리로 만들 수 있었다. 새끼 코끼리와 덩치가 작은 기린도 진상되었다. 투트모세는 아주 어렸을 때는 그런 동물들이 재미있다고 생각했지만, 성인이 된 이후에는 별반 실용적이지도 않을뿐더러 쓸모가 거의 없다고 여겼다. 할아버지 투트모세 3세는 실제로 궁전 안에 동물원을 세우기도 했지만, 그때 있던 동물들은 모두 세상을 떠난 지 오래였고 새로운 파라오는 다른 일들에 관심이 더 많았다.

황금과 노예의 공급지, 누비아

고대 이집트에서 이야기하는 누비아는 지금의 아스완 Aswan이 있는 남쪽의 국경 지역에서 시작되어 수단의 수도인 하르툼Khartoum까지 이어져 있었다. 누비아에는 여러 부족이 어울려 살면서 정교한 문명이 많이 발달했는데, 이집트가 이 지역을 통제하고 희귀하고 가치가 큰 상품과 원자재를 얻으려 하는 과정에서 종종 충돌이 일어나기도 했다. 신왕국 이후 이집트 학자들이 '제3 중간기'라고 부르는 기간에 이집트는 약 90년 동안 누비아의 왕들을 복속시켜 이 지역을 사실상 통치했다. 누비아는 비교적 학자들의 관심을 덜 받는 지역이었지만 시간이 지날수록 고고학 연구의 중심이 되어갔고, '누비아학Nubiology'이라는 별도의 전문 분야가 만들어지기까지 했다.

파라오는 진기한 선물의 행렬에 크게 감동받은 듯했다. 그러다 이내 프타호테프 쪽으로 몸을 숙여 초조한 말투로 물었다.

"그런데 황금은 어디 있나?"

파라오가 대답을 듣기까지는 그리 오랜 시간이 걸리지 않았다. 짐꾼들이 작은 금조각과 금덩어리가 가득 찬 커다란 바구니 몇 개를 가장 눈에 잘 보이는 곳에 가져다 놓은 것이다. 투트모세는 만면에 웃음을 머금은 채 자리에서 일어섰다.

"프타호테프여, 족장들에게 내가 선물에 대해 깊이 감사하며, 언제든 더 많은 선물을 들고 찾아오기를 기다린다고 알리시오. 또한 이집트는 누비아의 백성들이 우리의 지배를 자연스럽게 받아들이기를 기대하며, 자신들의 땅에서 이집트 백성을 만나거든 오늘 이 자리에서 우리가 그들을 대했던 것처럼 친절하게 대해주기를 바란다고도 전해주시오.”

프타호테프가 파라오의 말을 통역관에게 전하자 그는 족장들에게 그 말을 전달했다. 투트모세가 알현실을 나설 때 족장들은 다시 한번 파라오를 향해 무릎을 꿇었다.

Chapter

12

풍성함이
가득하리라,
그네 번째 달

피할 수 없는
두 가지

멤피스의 궁전이 다시 분주해졌다. 새해를 맞이해 한 달여 만에 공식적으로 파라오의 대관식을 치를 예정이라, 멤피스뿐 아니라 이집트의 주요 장소에서 처리해야 할 세부 사항이 감당할 수 없을 정도로 넘쳤다. 실제로 파라오의 대관식은 파라오의 장례식보다 훨씬 더 복잡했다. 지상에 내려온 신의 현신으로서 이집트를 다스리는 투트모세의 역할을 공식적으로 인정받기 위해서는 제대로 된 대관식이 반드시 필요했다. 파라오의 장례식과 마찬가지로 대관식은 대단히 드물게 있는 일이라, 오래된 기록이나 나이 든 조언자들의 지시에 따라 진행되었다.

파라오의 정식 대관식은 멤피스에서 이집트의 여러 신을 대표하는 사제들이 건네는 상징물을 투트모세가 받아들이는 의식으로 시작한다. 파라오의 머리 위에 쓰는 붉은색 왕관은 하부 이집트를 그리고 그 위에 함께 쓰는 하얀색 왕관은 상부 이집트를 상징하며, 투트모세가 이집트 전체의 지배자임을 나타낸다. 또한 그가 군을 지휘하는 총사령관임을 나타낼 때 쓰는 파란색 왕관도 있었다. 코브라와 독수리 여신의 모습이 새겨진 머리 장식 또한 파라오가 상부 이집트와 하부 이집트, 이 두 땅의 주인임을 나타낸다. 의식은 상당히 정성 들여 진행되며, 비록 투트모세가 아버지의 장례식과 함께 이미 자신에게 주어진 여러 지위와 칭호를 발표했음에도, 이를 이집트 전역에 확실하게 각인하기 위해 정기적으로 발표가 될 예정이었다. 그렇게 공식적으로 신들로부터 인정과 축복을 받은 새로운 통치자를 모시게 되면, 이집트제국은 얼마 지나지 않아 모든 상황이 안정될 것이 분명했다.

테베 근처 마을에 살고 있는 농부 바키는 수확이 끝난 밭을 자랑스럽게 둘러보았다. 몇 개월 동안 열심히 일한 덕분에 그는 앞으로 1년을 넉넉하게 지낼 만큼 많은 곡물을 거둬들였다. 곧 나일강의 수위는 다시 높아질 것이다. 파라오 투트모세가 우주와 이 땅의 질서인 마트를 잘 유지하고 태양이 계속 떠오른다면, 또다시 각 시기에 맞춰 모든 일이 잘되어 나갈 것이다. 다만 그렇게 정기적으로 일어나는 일 중에서 바키가 경멸해 마지않는 일이 하나 있는데, 그 익숙한 일이 마을 길을 따라 내려와 농부들의 집을 차례차례 들르는 형태로 바키의 눈앞에서 펼쳐지고 있었다. 그것은 개인 소유의 토지를 평가하고 그에 맞게 세금을 책정하는 세무 관리의 방문이었다.

세금을 계산하고 바치는 과정에서 분개하지 않는 농부는 거의 없었다. 그토록 힘들게 일한 결과물의 일부를 가져다 바치지만, 그 대가로 무엇이 돌아오는지는 잘 알 수 없었다. 농부들이 세금으로 바친 곡물 대부분은 궁전이나 신전 그리고 파라오를 찬양하는 기념물 건설 같은 국가적인 사업에 관련된, 인부와 관료에게 고스란히 돌아갔다. 세금 문제에 대해서라면 자신도 어찌할 도리가 없다는 사실을 인정한 바키는, 올해 초 '자발적'인 노역을 피하기 위해 숨으려 했던 것과는 달리 자신에게 다가올 운명을 받아들일 준비를 하고 집 앞에서 서기관을 만났다.

그럴듯한 옷차림을 한 세금 담당 서기관 옆에는 덩치가 큰 병사가 한 명 서 있었다. 그는 자신이 맡은 임무가 다소 지루했는지 그저 조용했고, 서기관은 파피루스 종이 한 장을 훑어본 뒤 농부의 집 앞에 있는 벽돌 의자에 앉았다.

"그러니까 올해 경작한 밭의 면적이 작년하고 똑같네요?"

서기관이 물었다. 바키는 나일강이 범람한 후에 밭의 일부가 떠내려갔다고 주장하고 싶었지만, 곧바로 그런 생각을 떨쳐버렸다. 세금과 관련된 거짓말은 결코 가벼운 처벌로 끝나지 않았다. 서기관은 머릿속으로 몇 번 계산을 하고는 숫자를 적은 뒤 마침내 자신이 내린 결정을 이야기했다.

"지난해보다 밀을 10광주리 더 바쳐야겠군요. 이집트의 새로운 파라오이신 멘케페루레 투트모세 님이여, 늘 건강하게 만수무강하시기를! 그분을 위한 많은 계획과 공사가 기다리고 있으니까요."

바키는 불평을 늘어놓아봐야 소용이 없다는 사실을 잘 알았다. 그는 어쩔 수 없이 서기관이 정해준 때와 장소에 맞춰 밀을 가져다 바치고는 곧 그 일을 잊어버리게 될 것이며, 이집트의 거대한 곡물 창고는 다시 한번 가득 차게 될 것이다.

다시 한번, 혼인 잔치

그로부터 몇 주 뒤, 마을이 시끌벅적해졌다. 오늘은 어부 웨니와 천을 짜는 젊은 과부 타메레트의 혼인 잔치가 열리는 날이었다. 특별히 번거로운 절차 같은 건 없었다. 웨니와 타메레트는 서로의 마음을 확인했으며, 혼인을 하면 타메레트의 집에서 함께 살기로 했다. 타메레트의 여동생인 사트무트는 자신도 좋은 짝을 만날 때까지는 이들과의 동거를 참고 견딜 수밖에 없었다. 혼인 잔치는 늘 그렇듯 정신없이 요란스러웠고, 흥겨웠다. 차려내온 음식 또한 사람들의 기대를 한껏 충족해주었다. 목동 세나는 크게 다친 황소를 만나 무슨 수를 썼는지 살찐 다리 하나를 얻어왔고, 양조장의 친구들은 독한 맥주를 가져다주었다.

타메레트는 흰색의 주름 잡힌 아마포 옷을 차려입었다. 작업장에서 함께 일하는 아낙네들의 마음이 담긴 선물이었다. 웨니 역시 한 번도 입어본 적이 없는 깨끗한 남성용 치마를 입었다. 동료 어부들은 적어도 혼인 잔치에서만큼은 물고기 비린내가 풍기지 않기를 바라며, 그를 나일강으로 데려가 냄새가 나지 않을 때까지 씻기고 또 씻겼다. 북과 피리 소리에 맞춰 노랫소리가 흥겹게 울려 퍼졌고, 소녀들은 춤을 추며 사람들 사이를 빙글빙글 돌았다. 한쪽 구석에서는 신랑의 가장 친한 친구인 네페르가 사트무트와 신이 나서 떠들고 있었는데, 웃고 있는 사트무트의 얼굴이 왠지 붉게 달아오른 것처럼 보였다. 두 사람은 몇 시간이고 계속 이야기를 나누었다.

어둠이 내리기 시작하자 저 멀리 당나귀를 끌고 마을로 다가오는 한 남자가 보였다. 이내, 사람들은 그가 서기관 다기라는 걸 알아보았다. 궁전의 신참 서기관은 특별하고 갑작스러운 방문임에도, 이번에는 더 편안하고 거리낌이 없는 모습이었다. 다기가 신랑과 신부 쪽으로 다가가자 모두 길을 터주었다. 그는 당나귀 옆구리에 걸린 그물주머니 안에서 두 개의 커다란 항아리를 꺼냈다.

"이 특별한 날을 축하하기 위해서 가나안에서 가져온 가장 좋은 포도주가 여기 있습니다!"

옹기장이인 로이는 그 항아리가 자신이 직접 만든 가짜 가나안 항아리라는 것을 알아채고는 혼자 낄낄거렸다. 태양의 신 라가 다시 한번 새로 태어났음을 알리며 동쪽 하늘에서 첫 번째 빛이 밝아올 때까지, 혼인잔치는 그렇게 계속되었다.

투트모세 4세는 고대 이집트를 연구하는 학자들에게 다소 수수께끼와 같은 인물이다. 그는 한때 할아버지인 투트모세 3세와 아버지인 아멘호테프 2세 같은 전사 파라오의 시대에 존재했던, 역사적 정체성이 모호한 과도기적 인물로 여겨졌다. 그리고 그의 아들 아멘호테프 3세는 엄청난 부를 물려받아 상대적으로 평화로웠던 시기를 다스렸다. 투트모세 4세는 기원전 1400년에서 1390년까지 10년 정도 이집트제국을 통치했으며, 중요한 정복 전쟁에는 거의 참전하지 않았다. 여러 명의 아내와 자녀를 두었으며, 그의 어머니였던 티아 왕비는 특히 많은 권력을 누렸다. 투트모세 4세의 아내 중 한 사람은 시리아 북부 지역에 있던 이집트의 경쟁국 미탄니Mitanni 왕국이 보내온 공주였으며, 혼인을 통한 국제 외교는 이후에도 계속 반복되었다.

우리는 투트모세 4세가 어떻게 세상을 떠났는지는 모른다. 다만 남아 있는 그의 미라가 '대단히 수척한 모습'이었다는 기록을 보면, 아마 어떤 병을 앓다가 죽음을 맞이한 것이 아닐까. 그의 아버지 아멘호테프 2세처럼 투트모세 4세 역시 오늘날 왕가의 계곡으로 알려진 '위대한 장소'에 자신이 직접 마련한 묘지에 묻혔고, 어머니 티아 왕비는 아들보다 더 오래 살았다.

투트모세 4세가 파라오로 즉위해 통치하는 과정에서 있었던 조금 석연치 않은 부분은 특히 사람들의 큰 관심을 받았다. 스핑크스의 두 발 사이에 세워진 이른바 '꿈의 비석'은 그런 논란과 관련한 중요한 증거로 많이 인용되었다. 태양의 신 호레마케트가 투트모세 왕자의 꿈속에 나타났다는 이야기는 그의 즉위에 정당성을 부여하기 위해 사람들이 지어냈고, 그렇게 돌 위에 새겨진 것이 아닐까. 이 책의 이야기에서 언급한 바와 같이 여기에 제시된 주장, 즉 아멘호테프 2세가 자신의 후계자로 투트모세 왕자가 아닌 다른 왕자를 더 원했다는 내용은 전적으로 저자의 추측에 불과하다. 그러나 또 관심이 갈 정도로 그럴듯하게 들리는 것도 사실인데, 티아 왕비가 투트모세 왕자를 특별히 더 편애했다는 이야기 역시 마찬가지다.

투트모세 4세를 기리는 기념물은 아마도 그의 통치 기간이 짧았기 때문인지 그리 많이 남아 있지는 않다. 이집트의 여러 지역에서 진행된 공사 중에서 그는 테베의 카르나크 대신전 증축을 명령했다고 하는데, 아쉽게도 증축된 부분은 대부분 해체되었고 후대의 다른 파라오들이 석재들을 재사용했다고 한다. 그래도 할아버지 투트모세 3세가 세우기 시작해 그가 완성한 거대한 오벨리스크는 지금도 인상적인 모습으로 남아 있다. 당시 이 오벨리스크는 어디에서도 찾아볼 수 없는 가장 거대한 기념물이었고, 서기 4세기경 로마제국은 이를 이탈리아 로마로 옮겨갔다. 투트모세 4세의 모습을 새긴 조각상도 몇 개 남아 있으며, 그의 어머니인 티아 왕비와 함께 왕좌에 앉아 있는 조각상이 가장 유명하다. 파라오는 어머니인 티아 왕비에게 당시 최고 지위의 여사제, 즉 '아문 신의 아내'라는 칭호를 포함해 여러 칭호를 하사했다.

투트모세 4세의 후계자인 아멘호테프 3세는 38년 동안 이집트를 통치하면서 막대한 재화를 쏟아부어 자신을 위한 호화로운 궁전과 화려한 기념물은 물론, 신전 같은 종교적 기념물도 건설했다. 아멘호테프 3세는 아문 신을 섬기는 테베의 신전들을 더 크고 화려하게 꾸몄는데, 그의 치세 동안 아문 신이 계속해서 떠받들어졌다는 증거이기도 하다. 또한 오늘날까지 남아 있는 아멘호테프 3세를 기리는 사원의 흔적을 살펴보면, 다른 파라오들의 사원들보다 훨씬 더 거대하고 화려했다는 사실을 알 수 있다.

아멘호테프 3세의 아들 아멘호테프 4세는 태양의 신 라를 나타내는 여러 모습 중, 빛을 여러 갈래로 뿜어내는 원반인 아톤을 이집트의 유일신으로 섬기는 종교개혁을 일으켜 이집트를 뒤흔들었다. 그는 심지어 자신의 이름조차 '아톤 신을 이롭게 하는 자'라는 뜻의 '아케나톤Akhenaton'으로 바꾸었고, 정치와 종교의 중심지인 멤피스와 테베에서 멀리 떨어진 곳에 자신만의 새로운 수도를 건설했다. 아톤 신만을 섬기는 아멘호테프 4세의 이 유일신 신앙은 지금까지 아문 신을 섬겨왔던 강력하고 부유한 기득권층을 포함해 다른 신들을 섬기는 사원이며 사제들을 폄하하고 탄압했다. 일부 학자들은 투트모세 4세와 아멘호테프 3세가 다스리던 시절부터 이미 아톤 신앙이 이집트의 중요한 신앙으로 서서히 자리를 잡아갔다고 주장하기도 하지만, 아멘호테프 4세가 다스렸던 17년의 세월은 종교뿐만 아니라 예술의 개혁이라는 측면에서 봤을 때 이집트 역사에서 대단히 중요했던 시기였음이 분명하다.

아멘호테프 4세의 죽음으로 그가 적대시했던 많은 사람은 분명 안도의 한숨을 내쉬었을 것이다. 그의 뒤를 이어 제대로 기록조차 남지 않은 두어 명의 파라오가 있었고, 그 이후에는 전 세계적으로 이름이 널리 알려진 저 유명한 '소년 파라오' 투탕카톤Tutankhaton이 이집트를 다스렸다. 투탕카톤이란 '아톤 신의 살아 있는 형상'이라는 뜻이다. 그렇지만 파라오 투탕카톤은 곧 기득권의 압력으로 옛 관습을 되살렸고, 이름마저 '아문 신의 살아 있는 형상'이라는 뜻인 '투탕카멘'으로 바꾸게 된다. 1922년에 거의 온전하게 보존된 그의 묘지가 발견될 때까지 이 소년 파라오는 투트모세 4세와 마찬가지로 그 정체가 명확하게 알려지지 않았다. 아멘호테프 4세라는 특이했던 파라오와 그 이후 등장한 강력했던 파라오들 사이에 있었던 그는 약 10년에 걸쳐 짧게 이집트를 통치했다. 그리고 처음에는 사제가, 그다음에는 장군이 그의 뒤를 이었으며, 마침내 람세스 1세Rameses I와 함께 또 다른 왕조인 제19 왕조가 시작되었다.

제19 왕조 시절 이집트는 용맹한 파라오들의 지휘 아래 주변의 국가들과 충돌을 거듭했다. 그중에서도 가장 유명한 파라오인 람세스 2세는 60년 이상 이집트를 다스렸으며, 아멘호테프 3세와 마찬가지로 자신을 기리는 수많은 기념물을 세운 것으로 유명하다. 어떤 사람들은 제20 왕조의 또 다른 용맹한 파라오인 람세스 3세가 그 시대를 주름잡았던 진정으로 위대했던 파라오라고 주장하기도 한다. 람세스 3세는 바다를 비롯해 여러 곳에서 쳐들어온 침략자들을 성공적으로 격퇴하는 공적을 세웠다. 이집트를 연구하는 학자들은 제20 왕조가 저물면서 신왕국 시대 역시 끝이 났고, 고대 이집트의 진정한 황금시대도 함께 막을 내렸다고 주장한다. 경제가 붕괴되고 정치가 혼란에 휩싸이면서 왕가의 계곡에 마련되어 있던 묘지 중에서 이미 도굴당한 곳들이 정리되었다. 안치되어 있던 왕실의 미라들은 대부분 도굴꾼에게 약탈당했는데, 충성심 깊은 사제들은 남은 시신들을 수습해 다른 곳에 숨겼다고 한다.

신왕국 시대 이후의 이집트의 역사는 믿을 수 없을 정도로 복잡하다. 그리스와 로마를 비롯해 누비아와 아시리아 그리고 페르시아 등이 여러 차례에 걸쳐 이집트를 정복했으며, 특히 기원전 4세기경 마케도니아의 알렉산드로스 대왕 이후 이집트는 약 300년에 걸쳐 그리스 혈통의 주민들에게 지배를 받았다. 그리스에서 온 식민지 개척자들은 자신들의 언어와 종교 그리고 문화를 소개했고, 이집트문명은 여기에 크게 영향을 받는다. 기독교 역시 초창기에 이미 이집트에 전파되었으며, 나중에는 이슬람교와 그 문화 그리고 아랍어가 들어와 결국 오늘날까지 이집트를 지배하고 있다. 그 결과 파라오와 신들 그리고 상형문자로 대표되는 고대 이집트 문화의 많은 부분이 '사라진' 것처럼 보였지만, 오랜 세월이 지난 뒤 많은 관심을 가지고 있던 사람들이 이 문화를 재발견한다.

나일강 개발의 빛과 그림자

❖

1960년대 이집트 남부에 건설된 거대한 '아스완 하이 댐'은 이집트로서는 여러 가지 면에서 축복이었다. 댐이 건설되면서 그 뒤에 '나세르 호수'라는 거대한 저수지가 조성되었고, 이집트는 마침내 홍수나 가뭄으로 인한 두려움에서 해방되었다. 지금은 계절에 상관없이 매년 여러 종류의 농작물 경작과 수확이 가능하다. 아스완 하이 댐에서는 또한 엄청난 양의 전기도 생산된다. 다만 나일강의 자연적인 범람을 통해 토양이 자연스럽게 지력을 회복하지 못하면서 인공 비료가 꼭 필요하게 되었고, 그로 인해 장기적으로는 부정적인 결과가 발생할지도 모른다. 안타깝게도, 댐이 건설되고 나세르 호수가 만들어질 때 수많은 고고학적 유적지가 물에 잠길 위험에 처했고, 국제 문화계에서는 큰 우려를 표명했다. 결국 국제적인 협력을 통해 침수 가능성이 있는 많은 유적지를 확인했고, 신전이나 사원의 경우 전부 해체해 다른 곳으로 옮겨 세우기도 했다. 이집트 정부는 그중 한곳인 덴두르 사원을 여러 유적지를 구하는 데 도움을 준 미국에 감사의 선물로 헌정했다. 이 사원은 현재 뉴욕 메트로폴리탄 미술관의 특별 전시실에 그대로 재건되어 전시되고 있다.

역사적으로 그리고 문화적으로 많은 변화와 변신이 있어왔지만, 고대 이집트 시절부터 내려오는 일부 오래된 생활 방식은 현대 이집트에서도 계속해서 찾아볼 수 있다. 대부분 이집트 지역은 여전히 현대화가 진행되지 않았고, 농부들은 지금도 나일강을 따라 농작물을 기르기 위해 고군분투하고 있다. 물론 저 멀리 아스완에 건설된 현대식 댐이 나일강의 정기적인 범람을 통제하고, 사탕수수처럼 예전에는 찾아볼 수 없었던 농작물도 재배되고 있기는 하지만 말이다. 마을의 집들은 대부분 진흙을 빚어 만든 벽돌로 지어졌고, 소를 비롯한 여러 가축이 짐을 지고 먼지투성이 길을 오간다. 또 작은 조각배를 탄 어부들은 지금도 계속해서 나일강에 그물을 던진다.

이어지는 고고학적 발견

상상하기 어려울 정도로 오래된 고대 유물에 놀란 사람들이 계속해서 이집트를 찾았지만, 역사학자 대부분은 1798년 프랑스의 나폴레옹이 이집트를 침공하면서 비로소 현대 이집트학이 탄생한 것으로 여긴다. 나폴레옹은 과거의 유적이나 유물을 포함해 이집트의 모든 것을 기록하기 위해, 군대 말고도 화가와 학자들을 데리고 이집트에 갔다. 3년의 전투 끝에 프랑스 군은 결국 영국에 패배해 이집트에서 물러났지만 자신들의 연구 결과를 정리해 발표했고, 이 파라오의 땅에 수많은 사람이 관심을 갖게 되었다. 프랑스 사람들이 발견한 것 중에는 그리스어와 두 가지 종류의 이집트문자가 함께 기록된 커다란 석판이 있었는데, 이 석판이 이른바 '로제타석Rosetta Stone'으로 오래전 사라진 고대 이집트의 언어와 문자를 이해하는 결정적 단서를 제공했다. 프랑스의 이집트 학자 장 프랑수아 샹폴리옹Jean François Champollion은 일생을 바쳐 이 로제타석을 연구한 끝에 1822년에 해석을 완전히 끝냈다고 발표했고, 그의 해석 이후 학자들은 마침내 이 신비한 상형문자를 읽을 수 있게 되었다. 이렇게 고대 이집트의 기록을 연구할 수 있게 되면서 관련 지식도 크게 늘어났다.

고대 이집트의 유적을 조사하고 유물을 수집하기 위한 탐험은 19세기가 되면서 크게 유행하기 시작했다. 지금 우리가 아멘호테프 2세와 투트모세 4세 시대에 대해 많은 내용을 알게 된 것도 바로 그 덕분이다. 고고학 발굴 기술과 발견한 내용을 기록하고 보존하는 기술은 지난 몇 세기 동안 크게 발전했으며, 특히 이 책에 등장하는 이야기와 관련한 몇 가지 내용은 대단히 흥미로우면서도 중요한 의미를 지닌다.

신왕국 시대가 저물면서 사제들이 왕가의 계곡에서 왕실의 미라들을 수습해 다른 곳에 숨겼다는 사실은 이미 앞서 언급했다. 그런데 그 미라와 유물 중 일부가 1872년 테베 서쪽에서 그 지역의 도굴꾼에게 발견되었다. 새로운 유물이 발견되었다는 소문은 이집트 정부의 고대 유물 담당 부서까지 흘러 들어갔고, 결국 과거에 사용했던 묘역을 재활용해 50여 개 이상의 미라를 감춰두었다는 놀라운 사실이 밝혀졌다. 거기에는 신왕국 시절의 많은 왕족의 미라도 포함되어 있었다. 또한 왕가의 계곡에 있는 아멘호테프 2세의 묘지 안에서도 또 다른 비밀 장소가 발견되었는데, 과거에 한 번 도굴을 당했으니 또다시 도굴꾼들이 찾지 않을 거라는 생각에 아멘호테프 2세 말고도 투트모세 4세를 포함해서 12개의 미라를 그곳에 보관했던 것이다. 사람들의 추측처럼, 그중에는 아멘호테프 2세의 아들 웨벤세누의 미라가 포함되어 있을 가능성이 높다.

아멘호테프 2세의 묘지는 1898년 프랑스의 이집트 학자 빅토르 로레Victor Loret가 처음 발견했다. 파라오는 석관 안에 잘 말린 꽃다발과 함께 아주 온전한 상태의 미라로 누워 있었고, 옆에는 다른 미라들과 엄청난 분량의 부서지거나 온전한 형태의 부장품도 있었다. 이미 한 번 도굴을 당했던 아멘호테프 2세의 미라는 원래의 모습이 아니라 다시 손을 본 상태였고 관 역시 원래 그의 관은 아니었지만, 그 미라는 투탕카멘과 함께 바로 자신의 매장실 안에서 발견된 파라오 미라 중 하나였다.

도굴꾼을 피해 마련해놓은 비밀 장소에서 새롭게 발견된 왕실의 미라들은 대부분 수도 카이로에 있는 이집트 박물관으로 옮겨져 오랫동안 일반인에게 부정기적으로 공개되었다. 그러다가 좀 더 엄숙한 분위기의 장소를 찾아 질소를 채운 최첨단 진열장 안에 보관되었고, 2021년 카이로에 있는 국립 이집트문명 박물관으로 옮겨졌다.

1898년 로레는 왕가의 계곡에서 또 다른 묘지를 발견했다. 완전히 마무리가 끝나지 않았고 장식조차 제대로 갖추지 않은 묘지라, 안에서 찾아낸 유물도 보잘것없었다. 100여 년의 시간이 지난 2000년, 스위스 발굴대가 그 묘지를 조사해 묘지의 주인이 아멘호테프 2세의 아내이자 투트모세 4세의 어머니인 티아 왕비인 것 같다는 증거를 발견했다. 비록 불완전한 상태이긴 했지만, 티아 왕비는 왕가의 계곡에 파라오들과 함께 묻히는 엄청난 특권을 부여받았던 것이다.

20세기가 지나가는 동안 왕가의 계곡에서는 고고학자들의 발굴 작업이 계속되었다. 1903년 하워드 카터는 미국의 사업가이자 변호사인 시어도어 데이비스Theodore Davis와 함께 발굴을 하다 투트모세 4세의 묘지를 발견했다. 이미 다른 파라오의 묘지들과 함께 무자비하게 도굴당한 뒤였다. 아멘호테프 2세의 묘지와 비슷하게 부서진 부장품이 사방에 흩어져 있었는데, 아마도 두 차례 이상 도굴을 당한 것 같았다. 오래전 누군가 벽

위에 그린 듯한 낙서가 눈에 띄어 살펴보니, 이 묘지는 매장 후 약 70년 뒤 처음 도굴을 당했고 다시 정리되었다는 사실을 알게 되었다. 그리고 다른 파라오의 묘지들과 마찬가지로, 훗날 신왕국 시대가 저물면서 다시 파헤쳐진 투트모세 4세의 미라는 앞서 언급한 것처럼 또 다른 은밀하고 안전한 장소로 옮겨졌다.

파라오의 무덤을 노리는 사람들

고대 이집트의 도굴꾼은 대부분 아마포와 기름, 귀금속, 보석, 장신구처럼 밖으로 가져가 처분할 수 있는 값비싼 물품에 관심이 있었던 것 같다. 나무에 금박을 입힌 장신구가 있으면 금을 긁어냈고, 기름은 용기에 옮겨 담았으며, 고급 아마포도 자를 수 있을 만큼 잘라냈다. 고대 이집트에서 도굴은 수지맞는 장사였지만 극형을 받는 중범죄였다. 일부 파피루스 문서에는 파라오의 묘지를 약탈한 혐의로 기소된 용의자들의 재판 기록이 남아 있다. 만일 유죄가 확정되면, 범인은 화형이나 말뚝에 찔리는 방식으로 고통스럽게 죽음을 맞이한다. 이집트에 대한 외국 사람들의 관심이 늘어나면서 지난 몇백 년 동안 도굴꾼은 박물관과 관광객들에게 흥미로운 물품을 쉬지 않고 제공해왔지만, 이제 이집트에서 이런 골동품을 판매하는 것은 불법이며 그러한 행위에 관련되면 엄중한 처벌을 받는다.

1906년 데이비스가 이끄는 발굴단이 아멘호테프 2세의 총리대신이었던 아메네모페트의 소박하고 장식이 없는 묘지를 발견했다. 작은 직사각형 모양의 매장실은 이미 도굴을 당한 흔적이 있었고, 바닥에는 아메네모페트의 미라가 아마포 천이 벗겨진 채 부서진 부장품 사이에 누워 있었다. 발굴단은 근처에서 다른 발굴 작업을 하는 동안 아메네모페트의 묘지를 다시 흙으로 덮어놓았는데, 그 정확한 위치는 미국의 이집트 학자인 켄트 윅스Kent Weeks가 1986년 원격 감지 장비를 이용해 수직으로 뚫려 있는 통로의 입구를 다시 발견할 때까지 세상에 알려지지 않았다. 2008년에는 이 책의 저자 도널드 P. 라이언Donald P. Ryan이 다시 이 묘지를 발굴했고, 처음 매장되었을 당시의 흔적도 더 많이 찾아냈다. 그렇지만 미라는 묘지 안에 없었으며 여전히 어디로 사라졌는지 그 행방을 알 수 없다. 귀족들의 묘역에 있는 그의 개인 사원도 발굴되었는데, 사원 안은 장식 작업이 진행 중이었지만 끝끝내 마무리를 짓지 못한 듯했다.

10여 년에 걸쳐 많은 작업과 인상적인 발굴이 이어진 뒤, 1912년 데이비스는 왕가의 계곡에는 더 이상 새로운 유물이 남아 있지 않다고 발표한다. 그런데 또다시 10년이 지난 뒤 거의 온전하게 남아 있는 투탕카멘의 묘지가 발굴되면서 그의 주장은 틀렸다는 사실이 증명되었다. 투탕카멘 묘지 발굴은 고고학 역사상 그 어느 발견들과 견주어도 뒤지지 않는 커다란 업적이었다. 고대 이집트에 대한 탐구는 선사 시대부터 시작해 그리스와 로마 시대를 거쳐 그 이후까지 이어지는 고대 유적지와 기념물에 대한 조사와 함께, 오늘날까지도 계속되고 있다. 1922년 투탕카멘의 묘지 발굴 이후, 왕가의 계곡에서는 새로운 묘지가 거의 발견되지 않았다. 그러나 파라오들의 묘지를 연구하고 보존하기 위한 노력과 고고학적 조사는 여전히 계속되고 있으며, 주변에 흩어져 있는 다른 왕족이나 관료들의 작

● 　현재 남아 있는 왕가의 계곡의 일부.
　　1: 파라오 아멘호테프 2세의 묘지 입구
　　2: 아멘호테프 2세의 총리대신 아메네모페트의 묘지
　　3: 동물들의 미라가 있던 세 개의 작은 묘지가 발견된 장소. 아마도 아멘호테프 2세가 생전에 아꼈던 애완동물들이었을 것이다.

고 소박한 일부 묘지에 대한 재평가 작업도 진행되고 있다.

마르지 않는 고대 이집트의 발자취

현대 이집트 경제에서 중요한 부분은 관광산업으로, 특별한 변수가 없는 한 매년 무려 1,000만 명이 넘는 관광객들이 이집트를 찾는다. 이집트야말로 관광 명소 중의 명소이며, 보이는 모든 곳이 흥미진진하고 재미있는 일들로 가득한 매력이 넘치는 나라다. 당연하게도 가장 큰 관심을 받는 곳은 고대의 유적지다. 기자에서는 유명한 고왕국 시대의 피라미드를 구경하고, 꿈의 비석이 있는 스핑크스를 볼 수 있다. 그 남쪽에는 한때 이집트제국의 수도였던 멤피스가 있다. 생각보다 볼 것이 많지 않지만, 인근에 있는 거대한 고대 묘역 안에는 여러 시대에 걸쳐 완성된 작은 피라미드들과 장식된 묘지들이 있다.

소년 파라오의 무덤

투탕카멘은 고대 이집트 역사에서 상대적으로 위상은 보잘 것없지만, 이름만큼은 일반 사람들에게 가장 널리 알려진 파라오다. 왕가의 계곡에 있는 투탕카멘의 묘지는 이미 두 차례 이상 도굴꾼이 다녀간 흔적이 있었지만, 가장 중요한 매장실은 거의 손을 대지 못한 듯, 엄청난 분량의 유물과 부장품이 손상되지 않은 채 잘 보존되어 있었다. 투탕카멘의 묘지는 발견된 지 100여 년이 지난 지금도 여전히 사람들의 높은 관심을 받고 있으며, 발견된 유물은 다른 파라오들의 묘지에 대한 관심을 자극하는 단서를 제공한다. 투탕카멘의 묘지가 온전하게 보존될 수 있었던 건, 아마도 위쪽에 새로운 묘지들이 조성되면서 그때 파헤쳐진 흙에 깊숙이 파묻혔거나 아니면 갑작스럽게 일어난 자연환경의 변화 때문이 아니었을까. 또한 비교적 고대 이집트에 대한 지식이 늘어나고, 묘지 내부에서 발견된 수천 개의 물품을 전문적으로 정리하고 보존할 수 있었던 1922년 무렵에 이 묘지가 발견된 것도 행운이었다.

나일강을 따라 내려가다 보면, 과거에 테베로 불렸던 지금의 룩소르에 도착하기 전까지 수많은 매력적인 유적지와 만난다. 나일강 동쪽 기슭에는 거대하고 복잡한 룩소르 신전과 카르나크 대신전이 있는데, 이 신전들은 수 세기에 걸쳐 확장과 보수를 거듭하며 완성되었다. 2021년, 관광객들은 고대 모습 그대로 복원된 행진을 위한 통로를 따라 두 신전 사이를 오갈 수 있다.

나일강 서쪽 기슭에도 역시 볼거리가 많아서, 화려하게 장식된 관료들의 묘지는 관광객들에게 인기가 높다. 세밀한 벽화나 공예품으로 유명한 레크미레의 묘지와 천장의 결을 따라 그려진 포도덩굴과 포도송이로 유명한 세네페르의 묘지도 이곳에 있다. 두 사람은 모두 파라오를 보좌하던 총리대신이었다. 아멘호테프 2세와 투트모세 4세를 기리는 신왕국 시대의 사원들은 거의 남아 있는 부분이 없지만, 고대 이집트 역사에서 그보다 훨씬 중요한 의미가 있는 다른 파라오들, 특히 하트셉수트와 아멘호테프 3세, 세티 1세 그리고 람세스 2세와 람세스 3세를 기리는 사원이나 신전에는 여전히 어느 정도 볼거리가 남아 있다.

그리고 신왕국 시대의 왕실 묘역, 즉 왕가의 계곡도 있다. 수많은 관광객에 휩싸여 지나갈 때도, 높이 솟아오른 절벽들과 그보다 더 높은 곳에서 아래쪽을 바라보는 피라미드를 닮은 봉우리를 결코 놓치는 일은 없을 것이다. 계곡 안에는 60개가 넘는 묘지가 있으며, 중요한 묘지들은 순서에 맞춰 돌아가며 개방이 이루어진다. 아멘호테프 2세와 투트모세 4세의 인상 깊은 묘지들도 개방이 되어, 시기를 잘 맞추면 안을 들여다볼 수 있다. 깜짝 놀랄 정도로 좁고 소박한 투탕카멘의 묘지도 있는데, 오직 그 명성만으로도 수많은 관광객은 이곳 방문을 최우선 순위로 꼽는다.

왕가의 계곡에서 그리 멀지 않은 절벽 아래에 자리한 것이 바로 묘지를 건설했던 인부들이 가족과 함께 살았던 마을 유적이다. 고고학자들은 오랜 세월에 걸쳐 한때 번성했던 이 공동체의 주택들을 발굴해냈으며, 관광객들은 유적 사이를 걸으며 전성기의 모습을 상상해볼 수 있다. 고대에 살았던 이곳의 일부 주민은 왕가의 계곡 근처에 자신의 작은 묘지를 만들었고, 그 일부는 지금도 눈으로 확인이 가능하다. 아멘호테프 2세와 투트모세 4세 시대에 왕가의 계곡에서 일하는 인부들을 현장에서 지휘했던 카는 아내 메리트Merit와 함께 이곳에 묘지를 만들어 묻혔으며, 1906년 이탈리아 발굴단이 온전한 상태로 남아 있던 두 사람의 묘지를 발견했다. 이 정도로 훼손되지 않은 묘지가 발견되는 일은 극히 드물며, 그 화려한 부장품 대부분은 이탈리아 토리노에 있는 이집트 박물관에 전시되어 있다.

룩소르 지역에는 그 밖에도 볼만한 유적지나 명소가 많다. 이른바 신왕국 시대의 또 다른 왕가의 계곡이라 할 수 있는 왕비들의 계곡Valley of the Queens 같은 왕실 묘역. 고대 테베 시절의 놀라운 유물이 가득 들어차 있는 룩소르의 웅장한 박물관. 남쪽에서 시작되어 북쪽의 지중해 연안까지 펼쳐지는 수없이 멋진 풍경. 다시 말해 이집트 전체가 활기찬 현대 문화와 함께 선사 시대와 파라오의 시대 그리고 그리스와 로마, 기독교와 이슬람의 역사들로 가득한 하나의 거대하고 매혹적인 고고학 유적지인 셈이다. 또한 카이로 외곽에 있는 대(大)이집트 박물관을 비롯해 이집트 전역에는

● 　고대 테베의 유적지인 룩소르에 있는 거대한 카르나크 신전의 모습.

멋진 박물관이 많다.

고대 이집트의 유물들은 이집트가 아니더라도 전 세계에서 찾아볼 수 있다. 영국 런던의 영국 박물관, 프랑스 파리의 루브르 박물관, 이탈리아 토리노의 이집트 박물관 그리고 미국 뉴욕의 메트로폴리탄 미술관이 가장 대표적이며, 이곳에 소장된 유물들은 대부분 유물의 이집트 밖 반출이 합법적이던 시절에 들어온 것이다. 오늘날 이집트 정부는 고대 유물의 반출을 허락하지 않으며, 대신 정부가 정기적으로 이 놀라운 유물의 해외 전시를 기획하고 진행한다.

오늘날 이집트학은 대규모 사업에 가까우며, 여전히 국제적으로 인기가 높다. 지금까지 이집트에서 이루어진 고고학 발굴 작업은 대부분 외국의 발굴단이 진행했지만, 이집트 사람들이 직접 발굴하는 작업의 숫자가 빠르게 늘고 있으며 이집트 전역에서 놀라운 발견들이 속속 이어지고 있다. 전 세계의 이집트학 학회들은 평범한 호사가에서 전문가에 이르기까지 그 수준을 가리지 않고 점점 더 많은 사람의 목소리에 귀를 기울이며 그들의 관심을 지원하고 있다. 아직도 묻고 대답해야 할 수수께끼가 수없이 남아 있는 고대 이집트의 역사는 그 마르지 않는 경이로움으로 우리에게 영원히 영감을 전해줄 것이다.

감사의 글

나의 좋은 친구, 바버라 머츠Barbara Mertz에게 고마운 마음을 전한다. 머츠는 과거의 역사적 주제를 가지고 대중을 위한 흥미로운 글쓰기가 어떤 것인지를 보여주었다. 그녀는 엘리자베스 피터스Elizabeth Peters와 바버라 마이클스Barbara Michaels라는 필명으로 집필 활동을 했으며, 지난 2013년 세상을 떠났다.

셰리 라이언Sherry Ryan과 새뮤얼 라이언Samuel Ryan 그리고 로이스 슈워츠Lois Schwartz는 늘 내게 응원을 아끼지 않았고, 특히 편집 방향에 대한 셰리의 의견은 정말 큰 도움이 되었다.

가브리엘라 네메스Gabriella Nemeth를 포함한 마이클 오마라 북스의 편집자들은 참을성을 갖고 내게 많은 도움을 주었다.

마지막으로, 귀중한 통찰력과 지식을 지녔으며 뛰어난 이집트 학자인 나의 훌륭한 친구 에드먼드 멜처Edmund Meltzer 박사와 케네스 그리핀Kenneth Griffin 박사에게 특별한 감사의 인사를 전한다.

사진 출처

Communications

참고 문헌

Morris Bierbrier, *The Tomb-Builders of the Pharaohs*, 1993

James Henry Breasted, *Ancient Records of Egypt*, 1907

Betsy M. Bryan, *The Reign of Thutmose IV*, 1991

Peter Der Manuelian, *Studies in the Reign of Amennophis II*, 1987

Aidan Dodson and Dyan Hilton, *The Complete Royal Families of Ancient Egypt*, 2004

Dennis C. Forbes, *Imperial Lives: Illustrated Biographies of Significant New Kingdom Egyptians*, 2005

Carolyn Graves-Brown, *Dancing for Hathor*, 2010

Rosalind Hall, *Egyptian Textiles*, 1986

Colin Hope, *Egyptian Pottery*, 1987

Patrick Houlihan, *The Animal World of the Pharaohs*, 1997

Salima Ikram and Aidan Dodson, *The Mummy in Ancient Egypt*, 1998

Salima Ikram and Aidan Dodson, *The Tomb in Ancient Egypt*, 2008

Rosalind and Jac. Janssen, *Growing Up and Getting Old in Ancient Egypt*, 2007

Miriam Lichtheim, *Ancient Egyptian Literature*, 2006

Lise Manniche, *City of the Dead*, 1987

Lise Manniche, *Music and Musicians in Ancient Egypt*, 1991

John Nunn, *Ancient Egyptian Medicine*, 1996

William H. Peck, *The Material World of Ancient Egypt*, 2013

Donald Redford, ed., *The Oxford Encyclopedia of Ancient Egypt*, 2001

Nicholas Reeves and Richard Wilkinson, *The Complete Valley of the Kings*, 1996

Serge Sauneron, *The Priests of Ancient Egypt*, 2000

Garry J. Shaw, *The Pharaoh: Life at Court and on Campaign*, 2012

Ian Shaw, ed., *The Oxford History of Ancient Egypt*, 2000

W. K. Simpson et al., eds., *The Literature of Ancient Egypt: An Anthology of Stories, Instructions, and Poetry*, 2003

John Taylor, *Death and the Afterlife in Ancient Egypt*, 2001

Joyce Tyldesley, *Daughters of Isis: Women of Ancient Egypt*, 1995

Joyce Tyldesley, *The Complete Queens of Egypt*, 2006

Richard H. Wilkinson, *The Complete Temples of Ancient Egypt*, 2000

Hilary Wilson, *Egyptian Food and Drink*, 1988

추가 추천 자료

Peter Clayton, *Chronicle of the Pharaohs*, 2006

Aidan Dodson, *Monarchs of the Nile*, 2016

Dennis C. Forbes, *Tombs. Treasures. Mummies. Seven Great Discoveries of Egyptian Archaeology*, 1998

T. G. H. James, *Pharaoh's People*, 1994

Mark Lehner, *The Complete Pyramids*, 1997

Bill Manley, *Egyptian Hieroglyphs for Complete Beginners*, 2012

Barbara Mertz, *Temples, Tombs and Hieroglyphs: A Popular History of Ancient Egypt*, 2007

Barbara Mertz, *Red Land, Black Land: Daily Life in Ancient Egypt*, 2008

Nicholas Reeves, *Ancient Egypt: The Great Discoveries*, 2000

Donald P. Ryan, *Ancient Egypt on Five Deben a Day*, 2010

Donald P. Ryan, *Beneath the Sands of Egypt: Adventures of an Unconventional Archaeologist*, 2010

Donald P. Ryan, *24 Hours in Ancient Egypt*, 2018

A. J. Spencer, *The British Museum Book of Ancient Egypt*, 2007

Nigel and Helen Strudwick, *Thebes in Egypt: A Guide to the Tombs and Temples of Ancient Luxor*, 1999

Joyce Tyldesley, *The Penguin Book of Myths and Legends of Ancient Egypt*, 2012

Richard H. Wilkinson, *The Complete Gods and Goddesses of Ancient Egypt*, 2003

Richard H. Wilkinson, *Reading Egyptian Art*, 1994

Richard H. Wilkinson, *Symbol and Magic in Egyptian Art* 1999

Toby Wilkinson, *Lives of the Ancient Egyptians: Pharaohs, Queens, Courtiers and Commoners*, 2007

제국의 열두 달

1판 1쇄 인쇄	2024년 4월 8일
1판 1쇄 발행	2024년 4월 29일
지은이	도널드 P. 라이언
옮긴이	우진하
발행인	황민호
본부장	박정훈
외주편집	김기남
기획편집	강경양 김사라 이예린
마케팅	조안나 이유진 이나경
국제판권	이주은 한진아
제작	최택순
발행처	대원씨아이㈜
주소	서울특별시 용산구 한강대로15길 9-12
전화	(02)2071-2094
팩스	(02)749-2105
등록	제3-563호
등록일자	1992년 5월 11일
ISBN	979-11-7203-660-7 03930